国学经典藏书

韩 非 子

邱 锋 李晓慧 译注

吉林大学出版社
长 春

图书在版编目（CIP）数据

韩非子 / 邱锋，李晓慧译注 . — 长春 : 吉林大学出版社，2021.6
（国学经典藏书）
ISBN 978-7-5692-8555-0

Ⅰ . ①韩… Ⅱ . ①邱… ②李… Ⅲ . ①法家②《韩非子》- 译文③《韩非子》- 注释 Ⅳ . ① B226.52

中国版本图书馆 CIP 数据核字（2021）第 145787 号

国学经典藏书：韩非子
GUOXUE JINGDIAN CANGSHU: HANFEIZI

作　　者： 邱　锋　李晓慧 译注
策划编辑： 魏丹丹
责任编辑： 高珊珊
责任校对： 蔡玉奎
装帧设计： 蒋宏工作室
开　　本： 880mm × 1230mm　1/32
字　　数： 207 千字
印　　张： 10
版　　次： 2021 年 6 月第 1 版
印　　次： 2023 年 5 月第 2 次印刷

出版发行： 吉林大学出版社
地　　址： 长春市人民大街 4059 号（130021）
0431-89580028/29/21
http://www.jlup.com.cn
E-mail:jdcbs@jlu.edu.cn
印　　刷： 天津鑫旭阳印刷有限公司

ISBN 978-7-5692-8555-0　　　　**定价：** 40.00 元

编者的话

经典是人类知识体系的根基,是人类的精神家园,是我们走向未来的起点。莎士比亚说过:“生活里没有书籍,就好像没有阳光;智慧里没有书籍,就好像鸟儿没有翅膀。”21 世纪中国国民的阅读生活中最迫切的事情是什么?我们的回答是阅读经典!

中国有数千年一脉相传、光辉灿烂的文化,并长期处于世界文化发展的前列,尤其是在近代以前,曾长期引领亚洲乃至世界文化的发展方向。长期超稳定的社会发展形态和以小农生产为基础的、悠闲的宗法农业社会,塑造了中华民族注重实际、过分地偏重经验、重视历史的文化心理特征。从殷商时代的“古训是式”(《诗经·大雅·烝民》),到孔子的“述而不作,信而好古”(《论语·述而》),可以清楚地看出这种文化心理不断强化的轨迹。于是,历史就被赋予了神圣的光环,它既是人们获得知识的源泉,也是人们价值标准的出处。它不再是僵死的、过去的东西,而是生动活泼、富有生命力,并对现世仍有巨大指导作用的事实。因而就形成了这样一种固定的文化思维方式,也就是“以铜为鉴,可正衣冠;以古为鉴,可知兴替;以人为鉴,可明得失”(《新唐书·魏徵传》)。中国的文化人世代相承,均从历史中寻求真理,寻求“修身、齐家、治国、平天下”的崇高理想模式。

这种对于历史所怀有的深沉强烈的认同感,正是历史典籍赖以发展、繁荣的文化心理基础。历史上最初给历史典籍的研究和整理工作涂上政治、道德和伦理色彩的是春秋时期的孔子。当时的孔子因感“周室微而礼乐废、《诗》《书》缺”,于是乃删订了《诗》《书》《礼》《乐》《易》《春秋》等“六经”(见《史记·孔子世家》),寄托了自己在政治上“复礼”和道德上“归仁”的最高理想。孔子以后,历史典籍的编撰无不遵循着这一最高原则。所以《隋书·经籍志》总序中就说:“夫经籍也者,机神之妙旨,圣哲之能事。所以经天地,纬阴阳,正纲纪,弘道德,显仁足以利物,藏用足以独善……其王者之所以树风声,流显号,美教化,移风俗,何莫由乎斯道?……其教有适,其用无穷,实仁义之陶钧,诚道德之橐籥也。……夫仁义礼智,所以治国也;方技数术,所以治身也。诸子为经籍之鼓吹,文章乃政化之黼黻,皆为治国之具也。”(《隋书·经籍志一》)由此可见,历史典籍的编撰整理工作,已不仅仅是文化技术问题,更重要的是它还负有“正纲纪,弘道德”的政治和道德使命。于是,在两千多年的历史发展过程中,先人们为我们留下了汗牛充栋的文化典籍。这些宝贵的精神财富,不仅是我们中华民族的骄傲,也是全人类的骄傲,并已成为世界文化宝藏的重要组成部分。

中国的先哲们一向对古代典籍充满崇敬之情,他们认为,先王之道、历史经验、人伦道德以及治国安邦之术、读书治学之法等等,都蕴藏于典籍之中。文献典籍是先王之道、历史经验、人伦道德等赖以传递后世的重要手段。离开书籍,后人将无法从前朝吸取历史经验,无法传承先王之道。在日新月异的当代,如何对待这份优秀的文化遗产?毛泽东同志早就指出:“中国的长期封建社会中,创造了灿烂的古代文化。清理古代文化的发展过程，剔除其封建性的糟粕，吸取其民主性的精华，是发展民族新文化、提高民族自信心的必要条件。……中国现时的新文化也是从古代的旧文化发展而来，因此，我们必须尊重自己的历史，决不能割断历史。但是，这种尊重是给历史以一定的科学地位，是尊重历史的辩证法的发展，而不是颂古非今。”（毛泽东《新民主主义论》）古代典籍，不仅对中华民族的形成与发展历史地发挥了巨大的凝聚力作用，而且在当今中华民族伟大复兴中，依然会发挥无可替代的重要作用。

在科学技术迅猛发展的当代社会，人们的生活、观念正在发生着巨大而深刻的变革，面对蓬勃发展的现代科技和汹涌而至的各种思潮，人们依然能深切地感受到中国传统文化无所不在的巨大力量。人们渴望了解这种无形的力量源泉，于是绚丽多姿的中华典籍就成了人们首要的选择。它能够使我们在精神上成为坚强、忠诚和有理智的人，成为能够真正爱人类、尊重人类劳动、衷心地欣赏人类的伟大劳动所产生的美好果实的人。所以，在今天，我们要阅读经典；当数字化、网络化带来的“信息爆炸”占领人们的头脑、占用人们的时间时，我们要阅读经典；当中华民族迈向和平崛起和民族复兴的伟大征程时，我们更要阅读经典。因此，读经典，这个我们习以为常的平凡过程，实际上就成了人的心灵和上下古今一切民族的伟大智慧相结合的过程。但由于时代的变迁，这些经典对现代人来说已是谜一样的存在。为继承这份优秀的文化遗产，帮助人们更好地利用这些经典，在全国学术界诸多专家学者的支持下，我们策划了这套“国学经典藏书”丛书。

丛书以弘扬传统、推陈出新、汇聚英华为宗旨，以具有中等以上文化程度的广大读者为对象，从我国古代经、史、子、集四部典籍中精选 50 种,以全注全译或节选的形式结集出版。在书目的选择上,重点选取我国古代哲学、历史、地理、文学、科技、教育、生活等领域历经岁月洗礼、汇聚人类最重要的精神创造和知识积累的不朽之作。既注重选取历史上脍炙人口、深入人心的经典名著,又注重其适应现代社会的人文价值趋向。丛书不仅精校原文,而且从前言、题解,到注释、译文,均在吸收历代学者研究成果的基础上精心编撰。在注重学术性标准的基础上,尽量做到通俗易懂。我们相信,本丛书的出版,对提高人们的古代典籍认知水平,阅读和利用中华传统经典,传播中华优秀文化,提高人们的民族自信心和文化自豪感,进而为中华民族伟大复兴做贡献,均将起到应有的作用。高尔基说:“书籍是人类进步的阶梯。”“要热爱读书,它会使你的生活轻松,它会友爱地帮助你了解纷繁复杂的思想、感情和事件;它会教导你尊重别人和你自己;它以热爱世界、热爱人类的情感,来鼓舞智慧和心灵。”“当书本给我讲到闻所未闻、见所未见的人物、感情、思想和态度时,似乎是每一本书都在我面前打开一扇窗户,并让我看到一个不可思议的新世界。”“每一本书是一级小阶梯,我每爬一级,就……更接近美好生活的观念,更热爱这书”(《高尔基论青年》,中国青年出版社 1956 年版)。流传千年的文化经典,让我们受益匪浅,使我们懂得更多。正如德国著名作家歌德所说:“读一本好书,就是和一位品德高尚的人谈话。”的确,读一本好书,就像是结交了一位良师益友。我们真诚希望,这套经典丛书能够真正进入您的生活,成为人人应读、必读和常读的名著。

陈　虎

庚子岁孟秋

前 言

韩非(约前 280 年—前 233 年),战国末期韩国的贵族,据《史记·老子韩非列传》载为“韩之诸公子”,先秦法家思想的集大成者。

由于出身于显贵之家,自幼生长于深宫之中,这样接近权力中心的生活环境,对韩非思想的形成产生了巨大的影响。他的学说就注定不能与广大的民众和中下层的官吏声气相连,也很难带有儒家、墨家、农家那样的平民色彩,其服务和围绕的唯一对象只可能是君王,最终的目的也只是维护君王的独尊地位。

韩非早年间就喜爱刑名法术之学,曾与李斯一起受业于荀子。在那样一个空前动荡的战国时代,韩非曾迫切地希望韩国能够强大,他多次上书建议韩王改革政治、富国强兵,但一直未能被采纳。于是他发奋著书,作《五蠹》《说难》《孤愤》《内外储说》等篇。这些书后来传到了秦国,受到了秦王政的赞赏。据载,秦王政曾感慨地说:“嗟乎,寡人得见此人与之游,死不恨矣!”公元前 234 年,韩非出使秦国,劝说秦王存韩伐赵,说这对秦国非常有利。但韩非与李斯的政见相左,韩非欲存韩,李斯欲灭韩。又因为韩非和李斯曾经是同窗,李斯深知韩非辩才了得,担心秦王被韩非计谋所蒙蔽,也嫉恨韩非的才华,便联合姚贾趁机诬害韩非,说韩非游说的目的是为了替韩国着想,而并不是为秦国尽力。秦王认为李斯言之有理,便命人抓捕韩非。廷尉将其投入监狱,最后韩非被逼服毒自杀,死时年仅四十余岁。

韩非的著作,收集在《韩非子》一书中。《韩非子》旧称《韩子》,因到宋朝以后,恐与唐代大文学家韩愈的著作相混淆,故而改称为《韩非子》。根据《汉书》《隋书》等记载,《韩非子》为二十卷,五十五篇,与今通行本相吻合。但从内容上看,这五十五篇也不完全出于韩非之手,其中也混杂了纵横家的游说辞说、韩非后学所作的篇章等。然其大部分成于韩非本人,这点是毫无疑问的。

《韩非子》是我国先秦时代一部重要的思想文献,是一本政治学方面的名著,同时在古代哲学和文学史上也享有盛誉。

其中的政治思想主要有三个来源:一是商鞅的法,二是申不害的术,三是慎到的势。此外也吸收了道家、儒家、墨家、名家的一些思想,将这些加以融会贯通,构成了韩非的独到见解,形成了臻于完善的法家思想体系,这是他一生智慧的结晶。所谓法,就是以法治国,不以君主的个人意志为转移,而是“以法为本”,做到“矫上之失”“一民之轨”“法不阿贵”“令行禁止”,它与所谓“刑不上大夫,礼不下庶人”的贵族法权观念相比,显然是一种历史的进步。术,即是君主驾驭臣下的手段,它同法一样重要,二者缺一不可,“君无术则蔽于上,臣无法则乱于下,此不可一无,皆帝王之具也”。所不同的是,法宜公开,术宜深藏。势,就是君主的权势和地位,是一种抽象化的概念,也是韩非“法术势”体系的核心。汉学家林培瑞曾将“势”精妙地比喻为“盘绕在吊灯上的巨蟒”,它无须动作,自形成一种不必厘清界限的威慑。韩非不止一次地强调过,失去势,君主就大权旁落,权臣就会当道,国家就会衰亡;任势,就是实行中央集权的君主专制,可以实现富国强兵，乃至于“王天下”的理想。在当时来说，这是一种发展的必然趋势。先秦时期从事刑名学探索并提出独到见解的有如邓析、惠施、公孙龙等，但与政治哲学相结合，使书斋式的学理探讨经受住了残酷政治斗争考验的，似乎只有韩非一家，这便是使韩非产生理论自豪感的地方。但也正由于韩非太执着于眼前的政治功利，急于“货与帝王家”，无视有一个超越政治斗争的世界的存在，并断然排斥一切对于这个超越世界的追求，使得韩非本人只能是一个政治学家，而不能成为一个有着更高远的人文关怀的思想家。

《韩非子》也是先秦散文的杰作之一。韩非的文章，善于以大量的事实做出精辟的分析，以严谨的逻辑推导出论点。韩非每阐述一个观点的时候，都努力地抓住问题的关键和要害，笔锋犀利，入木三分，具有强烈的批判和战斗精神。《韩非子》的语言通俗流畅，质朴健美，善于运用简洁概括的语言，表达准确清晰的概念，并善于运用多种修辞手段，如比喻、排比、对偶、互文、夸张等，以此增强语言的形象性和音韵美。《韩非子》一书还保存了我国先秦时期大量的寓言故事，寓言多来自民间传说，它所选取的题材，也都是普通百姓日常生活中所常见的事物，往往能让人们在会心一笑中获得某种启示。寓言善于用简短的故事阐明深刻的哲理，因此在政治生活中常被用来做论争的武器。韩非在《说林》《内储说》和《外储说》中收集了大量的历史和生活类的寓言故事，这些故事往往被韩非应用于其他的篇章内容中，为其所阐发的主旨服务。韩非收集和引用的寓言故事，多是用来展现人性中的阴暗面，讽刺和批判形形色色危害法治的人和事。如“守株待兔”的故事中，讽刺了“欲以先王之政，治当世之民”的荒诞可笑；“买椟还珠”中痛斥了善于夸夸其谈的儒生会

“以文害用”;“燕人浴矢”中暗指了当臣下串通一气的时候,君主就会受到蒙蔽;“和氏之璧”悲愤于法术之士不被重用等等。《韩非子》中的寓言不仅数量多,而且思想和艺术都达到了很高的水平,成为我国古代文学史上的宝贵财富,一直流传到今天,为人们所珍视。

本书以王先慎撰本《韩非子》为底本,并参考其他的版本校勘,力求吸取前人和当代的研究成果,偶有个人的心得和体会也一并融入其中。本书共选取了《韩非子》中的十余篇重要篇目,每一文段后都有注释和译文,希望可以帮助读者理解韩非思想的基本内容。

邱　锋

2020 年 12 月

目　录

初见秦

“初见秦”即初次见到秦王，实际上这一篇是作者求见秦王的上书。其主旨是想要通过这篇上书，求得秦王的接见和任用。题目为后人编次时所加。

文章从分析山东六国的短处和秦国的优势入手，揭示了秦国虽然已经具备了兼并六国、一统天下的条件，但是由于秦国的谋臣不智不忠、拙于战事，所以使秦国多次丧失了称王称霸的良机。在贬斥了秦国的谋臣以后，作者认为秦国仍然具备兼并天下的条件，“秦之号令赏罚，地形利害，天下莫若也”，并希望能够见到秦王，从而献上统一天下的妙计。

这篇文章是否为韩非所作，前人众说纷纭。有说作者为张仪、范雎、吕不韦、蔡泽等，但都缺乏确凿的证据，姑且不论。

臣闻：“不知而言，不智；知而不言，不忠。”为人臣不忠，当死；言而不当，亦当死。虽然，臣愿悉言所闻，唯大王裁其罪①。

〔注释〕

①裁：裁断。

〔译文〕

我听说："不知道就说，是不明智；知道了却不说，是不忠诚。"作为臣子不忠诚，应当处以死罪；讲话不得当，也应当处以死罪。虽然这样，我还是愿意全部说出自己的见闻，请大王裁断我进言之罪。

臣闻："天下阴燕阳魏[①]，连荆固齐[②]，收韩而成从[③]，将西面以与秦强为难。"臣窃笑之。世有三亡，而天下得之，其此之谓乎！臣闻之曰："以乱攻治者亡，以邪攻正者亡，以逆攻顺者亡。"今天下之府库不盈，囷仓空虚[④]，悉其士民，张军数十百万，其顿首戴羽为将军[⑤]，断死于前，不至千人[⑥]，皆以言死。白刃在前，斧锧在后[⑦]，而却走不能死也。非其士民不能死也，上不能故也。言赏则不与，言罚则不行，赏罚不信，故士民不死也。今秦出号令而行赏罚，有功无功相事也[⑧]。出其父母怀衽之中，生未尝见寇耳。闻战，顿足徒裼[⑨]，犯白刃，蹈炉炭，断死于前者，皆是也。夫断死与断生者不同，而民为之者，是贵奋死也。夫一人奋死可以对十，十可以对百，百可以对千，千可以对万，万可以克天下矣。今秦地折长补短[⑩]，方数千里，名师数十百万。秦之号令赏罚，地形利害，天下莫若也。以此与天下[⑪]，天下不足兼而有也。是故秦战未尝不克，攻未尝不取，所当未尝不破，开地数千里，此其大功也。然而兵甲顿，士民病，蓄积索[12]，田畴荒，囷仓虚，四邻诸侯不服，霸王之名不成，此无异故，其谋臣皆不尽其忠也。

〔注释〕

①阴燕阳魏：即北方的燕国，南方的魏国。指当时战国的形势。

②固：连接，结合。与“连”互文。

③收：聚合。从：同“纵”，合纵。

④囷(qūn)仓：贮藏粮食的仓库。圆形的为囷，方形的为仓，浑言之则同。

⑤顿首：俯首听命。戴羽：军士系上羽毛为标志。

⑥至：止。

⑦斧锧：这里指代刑具。锧，铁砧。

⑧有功无功相事也：有功无功，视事而定。相，视，看。

⑨徒裼(xī)：脱去上衣露出身体的一部分。此句写士兵上战场的勇武之状。

⑩折长补短：截长补短。

⑪与：通“举”，攻取。

⑫索：尽，空。

〔译文〕

我听说：“天下的大局是北边的燕和南边的魏，联合楚国和齐国，纠合韩国而成合纵之势，将要向西去同强秦对抗。”我私下讥笑他们。世上有三种灭亡途径，六国都具备了，大概说的就是合纵攻秦这种情况吧！我听说：“以动乱的国家去攻打安定的国家，就会灭亡；以邪恶的国家去攻打正义的国家，就会灭亡；以倒行逆施的国家去攻打顺乎天理的国家，就会灭亡。”如今六国的财库不满，粮仓空虚，征发全国百姓，扩军数十百万，其中领命戴羽作为将军并发誓在前线决死战斗的不止千人，都说是要去拼死。利刃当前，刑具在后，还是退却逃跑不能拼死。不是这些士兵不能死战，而是六国君主不能使他们死战的缘故。说要赏的却不发放，说要罚的却不执行，赏罚失信，所以士兵不愿死战。如今秦国公布法令而实行赏罚，有功无功，全以事实论定。秦国的百姓自从脱离父母怀抱，生平还不曾见过敌人，但一听说打仗，跺脚赤膊、迎着利刃、踏着炭火上前拼死的比比皆是。拼死和贪生不同，而百姓之所以愿意死战，这是因为他们崇尚舍生忘死的精神。一人奋勇拼死可以抵挡十人，十人可以抵挡百人，百人可以抵挡千人，千人可以抵挡万人，万人可以攻克天下。如今秦国的领土截长补短，方圆数千里，声威远播的军队有数十百万。秦国的法令赏罚严明，地理位置有利，天下没有一个国家比得上的。凭这些有利条件攻取天下，无须费力就可兼并占有。因此秦国打仗没有不获胜的，攻城没有不占取的，遇上抵抗的军队没有不被击败的，开拓了几千里的土地，这实在是很大的成就。但是现在秦国的兵器铠甲残破，士民疲困劳顿，积蓄匮竭，田地荒芜，谷仓空虚，四邻的诸侯不肯归服，称霸的功名不能成就，其中没有别的缘故，只是因为秦国谋臣都没有尽忠。

臣敢言之：往者齐南破荆[①]，东破宋[②]，西服秦[③]，北破燕[④]，中使韩、魏[⑤]，土地广而兵强，战克攻取，诏令天下。齐之清济浊河[⑥]，足以为限；长城巨防[⑦]，足以为塞。齐，五战之国也，一战不克而无齐[⑧]。由此观之，夫战者，万乘之存亡也。且闻之曰："削迹无遗根[⑨]，无与祸邻，祸乃不存。"秦与荆人战，大破荆，袭郢[⑩]，取洞庭、五湖、江南[11]，荆王君臣亡走，东服于陈[12]。当此时也，随荆以兵，则荆可举；荆可举，则民足贪也[13]，地足利也，东以弱齐、燕，中以凌三晋[14]。然则是一举而霸王之名可成也，四邻诸侯可朝也。而谋臣不为，引军而退，复与荆人为和。令荆人得收亡国，聚散民，立社稷主[15]，置宗庙，令率天下西面以与秦为难。此固以失霸王之道一矣。天下又比周而军华下[16]，大王以诏破之，兵至梁郭下[17]，围梁数旬，则梁可拔；拔梁，则魏可举；举魏则荆、赵之意绝；荆、赵之意绝，则赵危；赵危而荆狐疑[18]；东以弱齐、燕，中以凌三晋。然则是一举而霸王之名可成也，四邻诸侯可朝也，而谋臣不为，引军而退，复与魏氏为和，令魏氏反收亡国，聚散民，立社稷主，置宗庙，令率天下西面以与秦为难。此固以失霸王之道二矣。前者穰侯之治秦也[19]，用一国之兵而欲以成两国之功，是故兵终身暴露于外，士民疲病于内，霸王之名不成。此固以失霸王之道三矣。

〔**注释**〕

①齐南破荆：指齐宣王十九年（前301年）齐国联合秦、韩、魏在重丘（今河南泌阳东北）击败楚军、割楚淮北之地、俘虏楚将唐昧之事。

②东破宋：指齐湣王十五年（前286年）齐国灭宋王偃之事。按：宋国不在秦国的东边，这里说的“东”是就战国整体形势而言。

③西服秦：指齐湣王三年（前298年），齐与韩、魏攻秦，兵至函谷关，秦割河东三城求和之事。

④北破燕：指齐宣王六年（前314年），齐国攻打燕国，燕王哙及其子

皆死之事。

⑤中使韩、魏：在中部驱使韩国和魏国。史事参见注释③。

⑥济：济水。河：黄河。

⑦长城：指齐国的长城。巨防：即防门，为长城与济水交会处的一个关口，距离平阳城（今山东平阴东北）三里。

⑧一战不克而无齐：指齐湣王十七年（前284年）燕将乐毅率领秦、楚、韩、赵、魏五国之师在济西打败齐国之事。乐毅连下齐七十余城，攻破齐都城临淄。齐湣王逃到莒，为楚将淖齿所杀。

⑨削迹无遗根：犹今之"斩草除根"之意。有版本作"削株无遗根"。

⑩袭郢（yǐng）：指秦昭王二十九年（前278年）秦国大将白起攻破楚国郢都之事。

⑪洞庭：洞庭湖。五湖：太湖。江南：黔中郡，今湖南沅陵西二十里有黔中故地，因在长江以南故称"江南"。

⑫服：通"备"，防守。

⑬贪：与下文"利"互文，俱为夺取之意思。

⑭三晋：指取代晋国而建立的韩、赵、魏三国。

⑮立社稷主：在社稷坛上立神主，即重建国家。与下句"宗庙"同为国家的象征。

⑯比周：密切勾结。军：驻军。华：华阳，韩国地名，今河南密县东北。

⑰梁：大梁，魏国国都，今河南开封。

⑱狐疑：犹豫不决，此指楚国在战、守、和的策略上举棋不定。

⑲穰侯：即魏冉，原为楚国人，是秦昭襄王母宣太后异父弟，秦昭襄王即位后，他曾四次任相。因受封于穰，故称穰侯。

［译文］

我斗胆进言：过去齐国南面打败楚军，东面攻灭宋王偃，西面迫使秦国顺服，北面击败燕国，在中部役使韩、魏两国为它效力，领土广阔而兵力强大，战则胜，攻则取，号令天下。齐国的济水、黄河，足以用作防线；长城、巨防，足以作为要塞。齐国是打了五次胜仗的国家，后来仅因一次战斗失利而濒于灭亡。由此看来，战争关系到大国的存亡。况且我听说这样的话："砍树不要留根，不和祸害接近，祸害就不会存在。"秦军和楚军作战，大败楚军，击破郢都，占领洞庭、五湖、江南一带，楚国君臣逃跑，在东面的陈城苟且设防。在这个时候，秦兵追歼楚军，就可占领楚国；既可占领楚国，楚民就足以归我所有，楚地就全部归我所用，向东面可进而削弱齐、燕，在中原可进而侵凌韩、赵、魏三国。果能如此，那就是一举而可成就霸王之名，可使四邻诸侯都来朝拜。然而谋臣不这样做，却率领军队撤退，重新与楚人讲和，使楚人得以收复沦陷国土，聚集逃散百姓，重立社稷坛，设置宗庙，使他们又能率领各国向西来与秦国为敌。这的确是秦国第一次失去称霸天下的机会了。合纵六国又紧密配合，驻军华阳之下，大王下诏击败他们，秦军兵临大梁城下。只要包围大梁数十天，就可攻克大梁；攻克大梁，就可占领魏国；占领魏国，楚、赵联合的意图就无法实现了；楚、赵联合意图无法实现，赵国就危险了；赵国危险，楚国抗秦的决心就会动摇。大王向东面可进而削弱齐、燕，在中原可进而侵凌韩、赵、魏。果能如此，那就是一举而可成就霸王之名，可使四邻诸侯都来朝拜。然而谋臣不这样做，却率领军队撤退，重新与魏人讲和，让魏国回过头来收拾残破的亡国，聚集逃散的百姓。重立社稷坛，设置宗庙，使他们又能率领各国向西来与秦国为敌。这的确是秦国第二次失去称霸天下的机会了。从前穰侯魏冉治理秦国时，想用秦国一国的兵力，既开拓秦国的疆土，又扩大自己的封邑，因此士兵终身在野外艰苦作战，百姓在国内疲惫不堪，霸主的功名不能成就。这的确是秦国第三次失去称霸天下的机会了。

赵氏，中央之国也[1]，杂民所居也，其民轻而难用也[2]。号令不治，赏罚不信，地形不便，下不能尽其民力。彼固亡国之形也[3]，而不忧民萌[4]，悉其士民军于长平之下，以争韩上党。大王以诏破之，拔武安。当是时也，赵氏上下不相亲也，贵贱不相信也。然则邯郸不守。拔邯郸，管山东、河间[5]，引军而去，西攻修武，逾羊肠[6]，绛、上党[7]。代四十六县，上党七十县，不用一领甲，不苦一士民，此皆秦有也。以代、上党不战而毕为秦矣，东阳、河外不战而毕反为齐矣，中山、呼沲以北不战而毕为燕矣。然则是赵举，赵举则韩亡，韩亡则荆、魏不能独立[8]，荆、魏不能独立，则是一举而坏韩、蠹魏[9]、拔荆，东以弱齐、燕，决白马之口以沃魏氏[10]，是一举而三晋亡，从者败也[11]。大王垂拱以须之[12]，天下编随而服矣[13]，霸王之名可成。而谋臣不为，引军而退，复与赵氏为和。夫以大王之明，秦兵之强，弃霸王之业，地曾不可得[14]。乃取欺于亡国，是谋臣之拙也。且夫赵当亡而不亡，秦当霸而不霸，天下固以量秦之谋臣一矣。乃复悉士卒以攻邯郸，不能拔也，弃甲兵弩，战竦而却[15]，天下固已量秦力二矣。军乃引而复，并于李下[16]，大王又并军而至，与战不能克之也，又不能反运[17]，罢而去[18]，天下固量秦力三矣。内者量吾谋臣，外者极吾兵力[19]，由是观之，臣以为天下之从，几不难矣。内者，吾甲兵顿，士民病，蓄积索，田畴荒，囷仓虚；外者，天下皆比意甚固[20]。愿大王有以虑之也。

〔注释〕

①中央之国：赵国的国都是邯郸，燕国在北，齐国在东，楚、魏在南，秦、韩在西，所以称“中央之国”。

②轻：轻浮，轻佻。

③形：形势。

④民萌：民众。萌：通“氓”，土著称“民”，外来称“氓”。

⑤管：控制。山东：指崤山以东地区。河间：战国时赵地，处于黄河与永定河之间，地属今河北、河南、山东三省。

⑥羊肠：古要塞名，位于今山西境内。

⑦绛、上党：一说当从《战国策》作“降代、上党”。

⑧独立：单独保全。

⑨蠹：蛀虫。此处用作动词，与上句“坏”互训，谓使溃败。

⑩白马之口：白马津，古黄河渡口，在今河南滑县东北。沃：这里指用水淹。

⑪从：同“纵”，指合纵政策。

⑫垂拱：垂衣拱手，形容从容安闲，不必多作为。须：等待。

⑬编随：排列相从。编，以次序编排。随，跟随，跟从。

⑭曾：竟然。

⑮战竦而却：畏惧而撤退。战，与“竦”同义。

⑯并：会师。李下：地名，在今河南温县。

⑰反：同“返”。运：此字异说颇多，一说应为“军”。

⑱罢（pí）：疲惫。

⑲极：尽，这里指耗尽。

⑳比意：亲密结合的意愿，这里指关东六国合纵以抗秦的意图。

〔译文〕

赵国是处于天下中央的国家，是各方民众杂居的地方，国内的百姓轻浮而难以役使。它的法令不严整，赏罚不讲信用，地形不利防守，又不能使下面的百姓使出他们的力量。它本就处在亡国的形势下，却又不体恤百姓，征发全国百姓驻军在长平之下，来争夺韩国的上党。大王下诏击败他们，占领赵国的武安。在这个时候，赵国君主和臣下不团结，官民不能彼此信赖。这样邯郸就会失守。如果秦军攻取了邯郸，控制山东、河间一带，再带领军队离开那里，向西攻打修武，越过要塞羊肠，降服代郡、上党。代郡四十六县，上党七十县，不用一兵一甲，不劳一个百姓，这些就都归秦国所有了。代郡、上党不经战斗而全归秦国所有，东阳、河内不经战斗而全归齐国所有，中山、呼沲以北地区不经战斗而全归燕国所有。这样一来赵国就被占领了；赵国被占领，韩国就灭亡了；韩国灭亡，楚、魏就不能单独保存；楚、魏不能独自存在，就是一举而摧毁了韩国、破坏了魏国、挟制了楚国，再向东削弱齐国和燕国，进而掘开白马津的渡口来灌淹魏国，这就能一举而消灭韩、赵、魏三国，合纵的联盟也就失败了。大王只要垂衣拱手来等待，天下诸侯就会依次相随来臣服，霸主的功名也就可以成就。然而谋臣却不这样做，率领军队撤退，又和赵人讲和。凭借大王的英明，秦国军队的强大，却丢掉了霸主的伟业，土地竟然未能得到，还被危亡的赵国所欺骗，这是谋臣愚拙的缘故。况且赵国应当灭亡而不灭亡，秦国应当称霸而不称霸，天下一定凭此估量秦国的谋臣，这是一。秦国竟然又征调全部兵力去攻打邯郸，不但没能攻下，还丢掉盔甲兵器，战栗地退却，天下一定凭此估量秦国的武力，这是二。于是把军队带了回来，会合在李下一带，大王又派援军来增援，但和敌人作战还是不能取胜，又不能主动撤回，等到军队疲困的时候才退兵，天下一定凭此估量秦国的实力，这是三。内部估量到我国的谋臣，外部耗尽了我国的兵力。由此看来，我认为六国的合纵策略，差不多没有什么困难了。国内，我们的兵器铠甲残破，士民疲困劳顿，积蓄匮竭，田地荒芜，谷仓空虚；国外，六国都怀着合纵抗秦的牢固信念。希望大王切实考虑这些形势。

且臣闻之曰："战战栗栗，日慎一日，苟慎其道[①]，天下可有。"何以知其然也？昔者纣为天子，将率天下甲兵百万，左饮于淇溪[②]，右饮于洹溪，淇水竭而洹水不流，以与周武王为难[③]。武王将素甲三千[④]，战一日，而破纣之国，禽其身[⑤]，据其地而有其民，天下莫伤[⑥]。知伯率三国之众以攻赵襄主于晋阳[⑦]，决水而灌之三月，城且拔矣[⑧]；襄主钻龟筮占兆[⑨]，以视利害，何国可降。乃使其臣张孟谈，于是乃潜行而出，反知伯之约，得两国之众，以攻知伯，禽其身，以复襄主之初。今秦地折长补短，方数千里，名师数十百万；秦国之号令赏罚，地形利害，天下莫如也。以此与天下，可兼而有也。臣昧死愿望见大王[⑩]，言所以破天下之从，举赵，亡韩，臣荆、魏，亲齐、燕，以成霸王之名，朝四邻诸侯之道。大王诚听其说，一举而天下之从不破，赵不举，韩不亡，荆、魏不臣，齐、燕不亲，霸王之名不成，四邻诸侯不朝，大王斩臣以徇国[⑪]，以为王谋不忠者也[⑫]。

〔注释〕

①道：原则。

②饮(yìn):饮马。

③为难:为敌。

④素甲:白甲,指代穿白甲的军队。当时文王姬昌死后不久,周人服丧,故而士兵都身穿白色衣甲。

⑤禽:古同"擒"。

⑥伤:怜悯,哀伤。

⑦知伯:即智伯,名瑶,春秋末期晋国六卿之一,他与赵、韩、魏灭了范、中行,瓜分其土地,后又联合韩、魏攻打赵襄主,反为赵、韩、魏三家所灭,国亡身死。三国:即智伯和韩、魏。

⑧且:将要。

⑨筮:与"钻龟"俱为古代占卜术。占兆:用卜筮所表现的兆象推测吉凶。

⑩昧死:即冒死,不顾死罪。望见:拜见,用"望"以示尊敬。

⑪徇:巡行示众。

⑫此句一本作"以为王谋不忠者戒也"。

〔译文〕

况且我还听说:"小心戒惧,一天比一天谨慎,如果能够谨慎地遵循治理的原则,就可以得到天下。"怎么知道是这样的呢?过去殷纣做天子,率领天下百万大军,东边饮马于淇水,西边饮马于洹水,淇水为之干枯而洹水为之不流,凭借如此浩大的阵容来和周武王作战。武王率领三千穿着白色衣甲的士兵,开战一天,就灭掉了殷纣的国都,活捉了纣王本人,占据他的领土并拥有了他的民众,天下的人没有谁怜悯纣王。智伯统率三家大军攻打晋阳的赵襄子,掘开晋水来持续灌城多月,晋阳城将要被攻下的时候,襄子通过卜筮占卦来推测利害吉凶,看应该投降哪一家。然后派出他的臣子张孟谈,于是张孟谈偷跑出城,推翻智伯的三家盟约，争取到韩、魏两家的军队，一同反攻智伯，活捉了智伯本人，恢复了赵襄子原有的地位。如今秦国的领土截长补短，方圆数千里，声威远播的军队有数十百万。秦国的法令赏罚严明，地理位置有利，天下没有一个国家比得上的。凭这些攻取天下，完全可以兼并而占有天下。我冒着死罪盼望见到大王，陈说一下用来破坏天下合纵，攻取赵国，灭掉韩国，使楚、魏前来臣服，让齐、燕前来投靠，进而成就霸王的名声，让四邻诸侯向秦朝拜的策略。大王假如真的听从了我的策略，一次举动不能破除天下六国的合纵，赵不能攻取，韩不能灭亡，楚、魏不能臣服，齐、燕不来投靠，霸王之名不能成就，四邻诸侯不来朝拜的话，请大王把我杀掉在国内巡行示众，以此作为替大王谋划不尽忠的人的前戒。

主道

“主道”即君主之道，指做君主的原则。

韩非继承了黄老思想，批判地改造了道家的学说，并把道家虚静无为的哲学思想运用到政治生活中去。全文的主旨，在于以道家的道理，阐述君主以“术”治御君臣的原则和方法。在韩非的观点中，无为只是对君王的要求，其前提是臣下人人自危，其目的则是保证“不贤而为贤者师，不智而为智者正。臣有其劳，君有其成功”，保证君王对一切权力的“独擅”，即进行专制统治。其中昭示着道术分裂的路径，可以窥见中国思想史上道家无为哲学向刑名法术之学的嬗变。

本文用韵文写成，多用对偶句，句式整齐凝练，在《韩非子》一书中别具一格。

道者，万物之始，是非之纪也①。是以明君守始以知万物之源，治纪以知善败之端②。故虚静以待③，令名自命也④，令事自定也。虚则知实之情⑤，静则知动者正⑥。有言者自为名⑦，有事者自为形⑧，形名参同⑨，君乃无事焉，归之其情。故曰：君无见其所欲⑩，君见其所欲，臣自将雕琢⑪；君无见其意，君见其意，臣将自表异⑫。故曰：去好去恶，臣乃见素⑬；去旧去智⑭，臣乃自备[15]。故有智而不以虑,使万物知其处;有行而不以贤,观臣下之所因[16];有勇而不以怒,使群臣尽其武。是故去智而有明,去贤而有功,去勇而有强。群臣守职,百官有常[17],因能而使之,是谓习常[18]。故曰:寂乎其无位而处,漻乎莫得其所[19]。明君无为于上[20],群臣竦惧乎下[21]。明君之道,使智者尽其虑,而君因以断事,故君不穷于智;贤者敕其材[22],君因而任之,故君不穷于能;有功则君有其贤,有过则臣任其罪,故君不穷于名。是故不贤而为贤者师,不智而为智者正[23]。臣有其劳,君有其成功,此之谓贤主之经也[24]。

〔注释〕

①纪:纲纪,准则。

②端:开端,端绪,指事情的起因。

③虚:虚无,这里指排除私欲成见,不表现对客观事物的好恶。静:清静,这里指守法而不浮躁盲动。

④命:命名,规定名称。

⑤实:与“虚”相对,指客观事物。

⑥动:与“静”相对,指行动表现。正:直,这里指善恶的准则。

⑦名:名称,这里指见解、主张。

⑧形:表现。

⑨参同:验证相合。参,验证。同,契合。

⑩无:不要。见:同“现”,显露。

⑪雕琢:即修饰和掩盖。

⑫表异:伪装,即掩饰自己平常的观点,曲意奉迎君王的意旨。

⑬素:本色,真情。

⑭旧:成见。

⑮备:戒备,谨慎对待。

⑯因:遵循,依据。

⑰常:指常规、常法。

⑱习:因袭遵循。

⑲漻:高远空旷。

⑳无为:《老子》中提出的一个哲学概念。道家的无为是指宇宙的存在状态,指出道无为,万物自化,从而又体现了“无为而无不为”的最高境界。韩非接受无为思想,把它运用到治国理政方面,形成了法家任势用术的最高原则。无为已经成为韩非法治思想的理论基础。他认为君主“无为”,就可以不费力气地让臣下把事情做好。

㉑竦:通“悚”,害怕,恐惧。

㉒敕:整饬,这里相当于发挥、施展。

㉓正:长官。

㉔经:常法。

〔译文〕

道,是万物的本原,是非的准则。因此英明的君主把握本原,来了解万物的起源;研究准则,来了解成败的起因。所以君主要用虚静的态度来对待一切,让名称由它自己所表达的内容来命定,让事情由它自己的实际情况来确定。虚无了,才知道实在的真相;冷静了,才知道行动的准则。进言者自会确定主张,办事者自会产生效果,效果和主张验证相合,君主就无须躬亲琐事,而使事物呈现出本来面目。所以说:君主不要显露他的欲望,君主显露他的欲望,臣下将自我粉饰;君主不要显露他的意图,君主显露他的意图,臣下将自我伪装。所以说:除去爱好,抛开厌恶,臣下就表现实情;除去成见,抛开智慧,臣下就约束自己。所以君主有智慧也不用来谋事,使万物处在它适当的位置上;有贤能也不表现为行动,以便察看臣下依据什么行事;有勇力也不用来逞威风,使臣下充分发挥他们的勇武。因此君主离开智慧却仍有明察,离开贤能却仍有功绩,离开勇力却仍有强力。群臣恪守职责,百官都有常法,君主根据才能使用他们,这就叫作遵循常规。所以说:清静啊!君主好像没有处在君位上;寥廓啊!臣下不知道君主在哪里。明君在上面无为而治,群臣在下面诚惶诚恐地尽职。明君的原则是,使聪明人竭尽思虑,君主据此决断事情,所以君主的智力不会穷尽;鼓励贤者发挥才干,君主据此任用他们,所以君主的能力不会穷尽;有功劳则君主占有贤名,有过失则臣下承担罪责,所以君主的名声不会衰减。因此不显示贤的却是贤人的老师,不显示智的却是智者的君长。臣下承担劳苦,君主享受成就,这就叫贤明君主治国的常法。

道在不可见[①],用在不可知。虚静无事,以暗见疵[②]。见而不见[③],闻而不闻,知而不知。知其言以往[④],勿变勿更,以参合阅焉。官有一人,勿令通言,则万物皆尽。函掩其迹[⑤],匿其端,下不能原[⑥];去其智,绝其能,下不能意[⑦]。保吾所以往而稽同之[⑧],谨执其柄而固握之。绝其望,破其意,毋使人欲之。不谨其闭[⑨],不固其门,虎乃将存[⑩]。不慎其事,不掩其情,贼乃将生。弑其主,代其所,人莫不与[⑪],故谓之虎。处其主之侧,为奸臣,间其主之忒[⑫],故谓之贼。散其党,收其余,闭其门,夺其辅[⑬],国乃无虎。大不可量,深不可测,同合刑名[⑭],

审验法式[15]。擅为者诛,国乃无贼。是故人主有五壅[16]:臣闭其主曰壅,臣制财利曰壅,臣擅行令曰壅,臣得行义曰壅[17],臣得树人曰壅[18]。臣闭其主则主失位,臣制财利则主失德,臣擅行令则主失制,臣得行义则主失明,臣得树人则主失党[19]。此人主之所以独擅也,非人臣之所以得操也[20]。

〔**注释**〕

①道:指君主掌握的道,这里实际指驾驭臣下的"术"。

②疵:小毛病。

③而:好像。

④以往:以后。

⑤函掩:据下文句例,"掩"应当是因注文而衍。函,掩盖。

⑥原:推测根源。

⑦意:揣摩。

⑧所以往:所向往的,指意向。稽:考核。同:指言论和实际一致。

⑨闭:门闩所插入的孔,这里指门闩。

⑩虎:喻窥窃君权的奸臣。

⑪与:顺从。

⑫间(jiàn):窥伺。忒(tè):差错,过失。

⑬辅:奸臣的帮凶。

⑭刑名:刑指形体或实际,名指名分、法令、言论等,刑名即名实,法家主张循名责实、慎赏明罚,故后人称其学说为刑名法术之学。刑,通"形",行为的表现。

⑮法式:法度。

⑯壅:蒙蔽。

⑰行义:窃行君主应施的恩泽。

⑱树人：指任免官员，培植私人党羽。

⑲党：支持者。

⑳操：行使。

〔译文〕

君主所掌握的道，不能被臣下观测；运用道的时候，也不能被臣下察觉。君主虚静无为，在暗中观察臣下的过失。看见了好像没看见，听到了好像没听到，知道了装作不知道。了解臣下主张以后，不要予以变动更改，而要用验证比较的办法来考察他们的言论是否与实际相符合。每个官职只设一个人任职，不要让官员们相互通气，那么万事万物的真相都会显露出来。君主掩盖自己的行迹，隐藏事物的苗头，臣下就无法探测；君王摒除自己的智慧，不用个人的才能，臣下就无法揣度。君主要坚守自己的意图去考核臣下言论是否与实际相符，谨慎地抓住国家权柄而牢固地掌握它。杜绝臣下的窥探，破除臣下的揣测，不要让人贪求君位。如果不小心门闩，不紧闭门户，恶虎就将闯入；如果不慎重从事，不掩盖自己的真情，贼子就将产生。敢于杀死君主，篡夺君位，人们没有不畏惧顺从的，所以称他为老虎；侍奉在君主的左右暗中窥伺君主的过失，所以称他为贼子。君主如果粉碎奸臣的朋党，逮捕奸臣的余孽，封闭奸臣的私门，铲除奸臣的帮凶，国家就没有恶虎了。君主的治术大到不可估量，深得不可探测，考核臣下是否言行一致，考验群臣的行为是否合于法度，擅自妄为的就予以诛罚，国家就没有贼子了。因此君主有五种受蒙蔽的情况：臣下遮蔽了君主的耳目，是第一种蒙蔽；臣下控制了国家的财利，是第二种蒙蔽；臣下擅自发布命令，是第三种蒙蔽；臣下窃行君主应施的恩泽，是第四种蒙蔽；臣下得以扶植党羽,是第五种蒙蔽。臣下使君主闭塞,君主就失去了实际的名位;臣下控制国家的财利,君主就失去了恩德;臣下擅自发布命令,君主就失去了控制的权力;臣下窃行君主的恩泽,君主就失去了英明;臣下得以扶植党羽,君主就失去了支持者。这些权柄都是君主应当独自专擅的,绝非是臣下可以把持的。

人主之道,静退以为宝①。不自操事而知拙与巧,不自计虑而知福与咎②。是以不言而善应,不约而善增③。言已应则执其契④,事已增则操其符⑤。符契之所合,赏罚之所生也。故群臣陈其言,君以其言授其事,事以责其功。功当其事⑥,事当其言则赏;功不当其事,事不当其言则诛。明君之道,臣不得陈言而不当。是故明君之行赏也,暧乎如时雨⑦,百姓利其泽;其行罚也,畏乎如雷霆⑧,神圣不能解也。故明君无偷赏⑨,无赦罚。赏偷则功臣堕其业⑩,赦罚则奸臣易为非。是故诚有功则虽疏贱必赏,诚有过则虽近爱必诛。疏贱必赏,近爱必诛,则疏贱者不怠,而近爱者不骄也。

〔注释〕

①《老子》六十七章:“我有三宝,持而保之:一曰慈,二曰俭,三曰不敢为天下先。”为此句所本。静退:指虚静以待,不为人先。

②咎:灾祸。

③约:约束,规定。

④契:古代的一种凭证。古代在竹简或木片上刻字为契,分为两半,双方各分一半,验证时将两半相合。

⑤符：古代朝廷遣使传命的一种凭证，与上句“契”互文。用竹、木或铜、玉制作，双方各分一半，验证时将两半相合。

⑥当（dàng）：相称。

⑦暧（ài）：温润。时雨：及时雨。

⑧畏：通“威”，威严。

⑨偷：苟且，随便。

⑩堕：通“惰”，懈怠，轻忽。

〔译文〕

君主的原则，以静退为贵。不亲自操持事务而知道臣下办事的拙和巧，不亲自考虑事情而知道臣下谋事的福和祸。因此君主不多说话而臣下就要很好地谋虑，不做规定而臣下就要很好地办事。臣下已经提出主张，君主就拿来作为凭证；臣下已经做出事情，君主就拿来作为凭证。拿了凭证进行验核，就是赏罚产生的根据。所以群臣陈述他们的主张，君主根据他们的主张授予他们职事，依照职事责求他们的功效。功效符合职事，职事符合主张，就给予赏赐；功效不符合职事，职事不符合主张，就加以处罚。明君的原则，不容许臣下陈述主张而不得当。因此明君行赏，像及时雨那么温润，百姓都能受到他的恩惠；君主行罚，像雷霆那么可怕，就是神圣也不能解脱。所以明君不随便赏赐，不赦免惩罚。赏赐随便了，功臣就懈怠他的事业；惩罚赦免了，奸臣就容易做坏事。因此如果确实有功，即使疏远卑贱的人也一定赏赐；若是确实有罪，即使亲近喜爱的人也一定惩罚。有功劳即使疏远卑贱的人也一定赏赐，有罪过就算亲近喜爱的人也一定惩罚，那么疏远卑贱的人就不会懈怠，而亲近喜爱的人就不会骄横了。

二 柄

“二柄”即刑罚与庆赏两种政治手段。韩非主张君主治国，要掌握和恰当运用刑、赏，两种手段不可偏废。人们研究法家治国之术，过分强调了严刑酷法的一面，而忽视了其刑德并重的思想。这篇文章，有助于全面认识韩非的治国理论。

明主之所导制其臣者[①]，二柄而已矣[②]。二柄者，刑、德也。何谓刑、德？曰：杀戮之谓刑[③]，庆赏之谓德[④]。为人臣者，畏诛罚而利庆赏[⑤]，故人主自用其刑、德，则群臣畏其威而归其利矣[⑥]。故世之奸臣则不然[⑦]，所恶则能得之其主而罪之[⑧]，所爱则能得之其主而赏之[⑨]。今人主非使赏罚之威利出于己也，听其臣而行其赏罚，则一国之人皆畏其臣而易其君[⑩]，归其臣而去其君矣。此人主失刑、德之患也。夫虎之所以能服狗者[⑪]，爪牙也，使虎释其爪牙而使狗用之，则虎反服于狗矣。人主者，以刑、德制臣者也，今君人者释其刑、德而使臣用之，则君反制于臣矣。故田常上请爵禄而行之群臣[⑫]，下大斗斛而施于百姓[⑬]，此简公失德而田常用之也，故简公见弑。子罕谓宋君曰[⑭]：“夫庆赏赐予者，民之所喜也，君自行之；杀戮刑罚者，民之所恶也，臣请当之[15]。”于是宋君失刑而子罕用之，故宋君见劫[16]。田常徒用德[17]，而简公弑；子罕徒用刑，而宋君劫。故今世为人臣者兼刑、德而用之，则是世主之危甚于简公、宋君也[18]。故劫杀拥蔽之主[19]，非失刑、德而使臣用之[20]，而不危亡者，则未尝有也。

〔注释〕

①导制：引导控制。

②柄：权柄，手段。

③戮：杀，惩罚。

④庆赏：奖赏。

⑤利：动词，意思是贪求。

⑥利：名词，好处。

⑦故：可是，但是。

⑧所恶则能得之其主而罪之：奸臣所厌恶的人和事，就能以巧诈迷惑君主，得到君主的威力而归罪于所恶之人和事。“得之”的“之”指君威。

⑨得之：“之”指君恩。

⑩易：轻慢，轻视。

⑪服：制服，降服。

⑫田常：即田成子，也叫陈恒、陈成子，春秋末齐国贵族，公元前481年发动政变，杀齐简公(名任)，另立简公弟平公骜，控制了齐国政权。上请：向国君请求(得到)。上，在上(朝廷)。

⑬下：在下，在民间，或对百姓。

⑭子罕：春秋中期宋国臣子，名乐喜，姓戴。平公时任司城，兼管刑狱。他劫杀宋桓侯，夺取了宋国政权。宋君：指宋桓侯，名璧。

⑮当：掌管。

⑯劫：威逼，威胁。

⑰徒：只是，仅仅。

⑱世主：当代的君主。

⑲拥：堵塞。

⑳非："兼"字之误。

〔译文〕

明君用来控制臣下的，不过是两种权柄罢了。两种权柄就是刑和德。什么叫刑、德？回答是：杀戮叫作刑，奖赏叫作德。做臣子的害怕刑罚而贪图奖赏，所以君主亲自掌握刑、赏权力，群臣就会害怕他的威势而追求他的奖励。而现在的奸臣却不是这样，他们对所憎恶的人，能够从君主那里取得权力予以惩罚；对所喜爱的人，能够从君主那里取得权力予以奖赏。假如君主不让赏罚的威严和利益掌握在自己手里，而是听任他的臣下去施行赏罚，那么全国的人就都会害怕权臣而轻视君主，就都会归附权臣而背离君主了。这是君主失去刑、赏大权的祸害。老虎能制服狗，靠的是爪牙，假使老虎去掉它的爪牙而让狗使用，那么老虎反而会被狗所制服。君主是要靠刑德来制服臣下的，如果做君主的丢掉刑、赏大权而让臣下使用，那么君主反而会被臣下所控制了。所以田常在上向君主请求爵禄而赐给群臣，对下用大斗出小斗进的办法把粮食施舍给百姓，这就是齐简公失去奖赏大权而由田常掌握，简公因而遭到杀害。子罕告诉宋桓侯说："奖赏恩赐是百姓喜欢的，君王自己施行；杀戮刑罚是百姓憎恶的，请让我来掌管。"于是宋桓侯失去刑罚大权而由子罕掌握，宋桓侯因而遭到挟制。田常仅仅掌握了奖赏大权，齐简公就遭到了杀害；子罕仅仅掌握了刑、赏大权，宋桓侯就遭到了挟制。

所以当代做臣下的如果统摄了刑、赏大权，那么这代君主将会遭受到比齐简公、宋桓侯更大的危险。所以被劫杀被蒙蔽的君主，一旦同时失去刑、赏大权而由臣下执掌，这样还不导致危亡的情况，是从来没有过的。

人主将欲禁奸，则审合刑名①。刑名者，言与事也。为人臣者陈而言②，君以其言授之事，专以其事责其功③。功当其事④，事当其言，则赏；功不当其事，事不当其言，则罚。故群臣其言大而功小者则罚，非罚小功也，罚功不当名也。群臣其言小而功大者亦罚，非不说于大功也⑤，以为不当名也，害甚于有大功，故罚。昔者韩昭侯醉而寝⑥，典冠者见君之寒也⑦，故加衣于君之上。觉寝而说，问左右曰："谁加衣者？"左右对曰："典冠。"君因兼罪典衣与典冠。其罪典衣，以为失其事也；其罪典冠，以为越其职也。非不恶寒也，以为侵官之害甚于寒⑧。故明主之畜臣⑨，臣不得越官而有功，不得陈言而不当。越官则死，不当则罪。守业其官⑩，所言者贞也⑪，则群臣不得朋党相为矣⑫。

〔注释〕

①审合刑名：考察刑名是否相符。刑，通"形"，指事实。名，指言论。

②陈而言：别本作"陈事而言"。陈述事情而向君主进言。而，应是"其"字，有误。

③责：索取。引申为要求，此处为引申义。功：成绩，功效。

④功当其事：功效和他所承担的职事相符。当，符合。

⑤说:“悦”的古字。

⑥韩昭侯:战国时韩国君主,公元前362年至前333年在位。曾以申不害为国相,国大治。

⑦典冠者:主管君主冠冕的近侍之官。

⑧侵官:侵犯其他官员的职权。

⑨畜:养。

⑩守业:恪守。业,治理。

⑪贞:正,真实。

⑫朋党相为:意思是相互勾结而做坏事。

〔译文〕

君主要想禁止奸邪,就要去审核形名。形名是指言论和职事。做臣下的发表一定的言论,君主根据他的言论授予相应的职事,专就他的职事责求他的功效。功效符合职事,职事符合言论,就赏;功效不符合职事,职事不符合言论,就罚。所以群臣言大功小的要罚,这不是要罚小功,而是要罚功效不符合言论。群臣言小功大的也要罚,这不是对大功不喜欢,而是认为功效不符合言论的危害超过了所建大功,所以要罚。从前韩昭侯喝醉酒睡着了,掌帽官见他冷,就给他身上盖了衣服。韩昭侯睡醒后很高兴,问近侍说:“盖衣服的是谁?”近侍回答说:“掌帽官。”昭侯便同时处罚了掌衣官和掌帽官。他处罚掌衣官,是认为掌衣官失职;他处罚掌帽官,是认为掌帽官越权。不是不担心寒冷,而是认为越权的危害超过了寒冷。所以明君驾驭臣下,臣下不能越权去立功,不能说话不恰当。超越职权就该处死,言行不一就该治罪。司守本职,言而有信,群臣就不可能结党营私了。

人主有二患：任贤，则臣将乘于贤以劫其君[1]；妄举[2]，则事沮不胜[3]。故人主好贤，则群臣饰行以要君欲[4]，则是群臣之情不效[5]；群臣之情不效，则人主无以异其臣矣[6]。故越王好勇而民多轻死[7]；楚灵王好细腰而国中多饿人[8]；齐桓公妒而好内[9]，故竖刁自宫以治内[10]；桓公好味，易牙蒸其子首而进之[11]；燕子哙好贤[12]，故子之明不受国[13]。故君见恶[14]，则群臣匿端[15]；君见好，则群臣诬能[16]。人主欲见[17]，则群臣之情态得其资矣[18]。故子之托于贤以夺其君者也，竖刁、易牙因君之欲以侵其君者也。其卒子哙以乱死[19]，桓公虫流出户而不葬[20]。此其故何也？人君以情借臣之患也[21]。人臣之情，非必能爱其君也，为重利之故也。今人主不掩其情，不匿其端[22]，而使人臣有缘以侵其主[23]，则群臣为子之、田常不难矣。故曰："去好去恶，群臣见素[24]。"群臣见素，则大君不蔽矣[25]。

〔注释〕

①乘：凭借。

②举：提拔。

③沮：败坏，毁坏。胜：成功。

④要（yāo）：迎合。

⑤情：内心，真实感情。效：呈现，表露。

⑥异：区别，辨别。

⑦越王：指越王勾践，春秋时越国国君。

⑧楚灵王：春秋时楚国国君，公元前 540 年至前 529 年在位。

⑨齐桓公：春秋时齐国国君，公元前685年至前643年在位。妒而好内：性情嫉妒而喜好女色。内，内宫。

⑩竖刁：齐桓公的近侍之臣。宫：古代刑法之一，即阉割。

⑪易牙：齐桓公的近侍之臣。

⑫子哙（kuài）：即燕王哙，战国时燕国国君，公元前320年至前312年在位。

⑬子之：原为燕王哙相，哙慕古代帝王让贤之事，将王位让给子之，结果招来内乱，几乎灭亡。明：表面上。

⑭见恶：表现出厌恶什么。见，"现"的古字。

⑮端：头绪，苗头。指君主所厌恶的行为。

⑯诬能：欺骗说自己有君主所喜欢的才能。

⑰欲见：应是"见欲"，有误。

⑱资：凭借，依据。

⑲卒：最终，结果。

⑳桓公虫流出户而不葬：齐桓公不采纳管仲生前的用人意见，重用竖刁、易牙等人，引起内乱。桓公死，尸体停在床上六十七日无人葬埋，尸体上的蛆虫多得从门缝中爬出。

㉑人君以情借臣之患也：这是君主把情绪流露给臣下而带来的祸患。

㉒端：事物的一头或一面，引申为头绪、方面。

㉓缘：缘由，机会。

㉔素：本色，本质。

㉕大君：君主。

〔译文〕

君主有两种祸患：任用贤人，臣下就会依仗贤能来威逼君主；随便推举，就会败坏事情而不能成功。所以君主喜好贤能，群臣就粉饰行为来迎合君主的欲望，这样群臣的实情便不会显露；群臣的实情不显露，君主便无法识别他的臣下了。所以越王喜好勇敢,以致民众大都轻视死亡。楚灵王喜爱细腰,结果国内有许多甘愿挨饿的人。齐桓公心性妒忌而爱好女色,所以竖刁自行阉割以便掌管内宫。齐桓公爱好美味,易牙蒸了自己儿子的脑袋去进献。燕王哙喜欢贤名,所以子之表面上不接受君位。所以君主流露出厌恶情绪的,群臣就会迅速掩盖;君主流露出喜好情绪的,群臣就会假装有能力。君主的欲望表现出来,群臣的情态表示就有了依托。所以子之假托贤名来篡夺君位,竖刁易牙借着君主的欲望来侵害君主。其结果,子哙因兵乱而死,齐桓公死后直到蛆虫爬出门外也得不到安葬。这是什么原因呢?是君主把真情流露给了臣下招致的祸害。臣下的真情不一定就是爱戴他的君主,而是为了重利的缘故。如今君主要是不掩盖自己的真情,不隐藏自己的意图,而使臣下有机会来侵害自己,那么群臣充当子之、田常这样的角色就不难了。所以说:“去掉喜好厌恶,群臣暴露本色。”群臣暴露本色,国君就不会受蒙蔽了。

扬 权

关于《扬权》的题旨，梁启雄曾翻译为“高举权柄”或“崇尚和称扬君权”。本文着重讨论了君权至上的原理。韩非从他个人对老子学说的把握中，将现世的“君”与理念的“道”作类比，从而把形而上的道家学说改造成为宣扬权术的政治学说，以人间的君王代替万物之母的大道，把道家的清虚无为思想转换成了君王政治斗争中的权术。他认为“明君贵独道之容”，君主必须树立独一无二的无上权威；以“道不同于万物”来论证“君不同于群臣”，认为君臣之间有天然的等级差异；主张“虚静无为，道之情也”，宣扬无为而治的政治思想；针对“奸邪满侧”的残酷现实，韩非极力推崇法治，君主应该“自执其度量”“以割其下”。

简言之，本文是一篇以韵文写成的集中阐扬君权思想的哲理性政纲。

天有大命[①]，人有大命。夫香美脆味[②]，厚酒肥肉[③]，甘口而病形[④]；曼理皓齿[⑤]，说情而捐精[⑥]。故去甚去泰[⑦]，身乃无害。权不欲见[⑧]，素无为也[⑨]。事在四方[⑩]，要在中央[⑪]。圣人执要，四方来效。虚而待之，彼自以之[⑫]。四海既藏，道阴见阳[⑬]。左右既立，开门而当[⑭]。勿变勿易，与二俱行[⑮]。行之不已，是谓履理也[⑯]。

〔注释〕

①大命:客观规律、法则。

②味:美味的食物。

③厚:醇。

④病形:使身体生病。

⑤曼理:细腻的皮肤。

⑥说:同“悦”,愉悦。捐精:使人的精气受到耗损。

⑦去甚去泰:泰,太。“甚”“泰”都是过分之意。

⑧见:同“现”,显现。

⑨素:本色。无为:原是道家的哲学思想,主张人要顺应自然的变化,韩非借用来表示君王利用法、术、势以驾驭臣民。

⑩四方:指臣民。

⑪要:机要大权,国家政权。中央:指君主。

⑫以:用。

⑬道:由,从。阴:指静。阳:指动。

⑭当:受。

⑮二:异说颇多,疑为“之”字之形误,代文首“大命”。

⑯履:遵守。

〔译文〕

自然界有自己的规律和法则,人类社会也有自己的法则。香脆鲜美的食物,醇厚的酒,肥美的肉,虽然可口但却有害身体;皮肤细嫩、牙齿洁白的美女,令人心情愉悦但却损耗精力。所以抛弃太过分的享受,身体才会不受损害。权谋不应该表现出来,而应保持本色、无为而治。具体的事情由臣民去做,大权却应该集中在君主手中。圣明的君主执掌着关键的大权,四方的臣民都会来效劳。以虚静的态度去对待一切，那些臣民自然会使出自己的才能。天下既已安定无事，君主就可以从静中观察臣下的动态。文武官员既经设置，君主就可以广开言路接待他们。不要变更，不要改动，按照自然和人类的法则去行动，不停顿地做下去，这就叫作遵循事理。

夫物者有所宜[①]，材者有所施，各处其宜，故上下无为。使鸡司夜[②]，令狸执鼠[③]。皆用其能，上乃无事。上有所长，事乃不方[④]。矜而好能[⑤]，下之所欺。辩惠好生[⑥]，下因其材。上下易用[⑦]，国故不治。

〔注释〕

①宜：适宜。

②司夜：掌管夜晚的时间，指雄鸡在天亮前啼叫。司，主管，掌管。

③狸：猫。

④不方：不当。

⑤矜：自夸，自大。

⑥辩惠好生：即“好生辩惠”。辩，口才。惠，通“慧”。

⑦易：相反，颠倒。

〔译文〕

事物有它适宜的用处，人的才能有它施展的地方，事务、人才各得其位，所以君主就能清静无为。让公鸡掌夜报晓，让猫来捕捉老鼠，如果都像这样各展其才，君主就能够无为而治了。君主显示自己的特长，政事就不能办成。君主喜欢自夸逞能，正是臣下进行欺骗的凭借；君主喜欢卖弄口才和智力，正是臣下加以利用的依托。君臣职能颠倒着使用，国家因此得不到治理。

用一之道[①]，以名为首[②]。名正物定，名倚物徙[③]。故圣人执一以静，使名自命，令事自定。不见其采[④]，下故素正。因而任之[⑤]，使自事之[⑥]；因而予之，彼将自举之；正与处之[⑦]，使皆自定之。上以名举之[⑧]，不知其名，复修其形[⑨]。形名参同[⑩]，用其所生。二者诚信[⑪]，下乃贡情。谨修所事[⑫]，待命于天。毋失其要，乃为圣人。圣人之道，去智与巧。智巧不去，难以为常。民人用之，其身多殃；主上用之，其国危亡。因天之道，反形之理[⑬]，督参鞠之[⑭]，终则有始[⑮]。虚以静后，未尝用己。凡上之患，必同其端[⑯]；信而勿同，万民一从。

〔注释〕

①一：即形而上的道。道：方法，原则。

②名：名义，概念。

③倚：偏。徙：移动。

④见：同"现"，显现。采：文采，指君主的智能，与下句"素"相对。

⑤因：依据。

⑥事：从事。

⑦正：清静。与：以。

⑧举：任用。

⑨修：研究。

⑩参：检验。同：符合。

⑪诚信：确实可靠。

⑫修：对待。

⑬反形之理:句谓回复到具体事物的实际情况之中。反,推及。
⑭督:考察。参:检验。鞠:通“鞫”,寻根究底。
⑮则:而。有:通“又”。
⑯端:事物的一个方面。

〔译文〕

运用道的方法,要把确定名分放在首位。名分恰当,事情就能确定;名分偏颇,事情就会走样。所以圣明的君主掌握统一规律而采取虚静的态度,使名分自然形成,让事情自然确定。君主的智能不显现出来,臣下就体现出自己的本色。依据臣下的情况加以任用,使他们自己去从事各自的事情;依据臣下的情况交给他们事务,他们将会自行完成;恰当地安排他们,使他们都能自动地尽职尽责。君主根据臣下的主张用人,如果不清楚臣下的主张是否恰当,那就再考察臣下的行动。言行既经综合审定,然后酌情给予赏罚。赏罚确实可信,臣下就会献上真心。谨慎地处理政事,等待自然规律去起作用。不要丧失治国的大权,才有可能成为圣明的君主。做圣明君主的原则,就是抛弃智慧与巧妙;如果智慧和巧妙不能排除,就难以建立治国的常规。平民使用智慧与巧妙,自身就会多遭灾殃;君主使用智慧与巧妙,他的国家就会陷于危亡。遵循自然的普遍规律,返回到事物的具体道理,深入观察,交互验证,寻根究底,终而复始。无论什么都等待虚静以后再做判断,而不凭自己的主观意志。凡是君主的祸患,都是由于过于赞同事情的某一方面,信任但不轻易赞同,人民才会一致服从君主。

夫道者,弘大而无形;德者①,核理而普至②。至于群生[3]，斟酌用之，万物皆盛而不与其宁[4]。道者，下周于事[5]，因稽而命[6]，与时生死。参名异事，通一同情[7]。故曰：道不同于万物，德不同于阴阳，衡不同于轻重[8]，绳不同于出入[9]，和不同于燥湿[10]，君不同于群臣。凡此六者，道之出也。道无双，故曰一。是故明君贵独道之容[11]。君臣不同道，下以名祷[12]，君操其名，臣效其形[13]，形名参同，上下和调也。

〔注释〕

①德：事物的普遍属性。

②核：内涵。普：遍。

③群生：天地万物。

④盛：通“成”。宁：息。

⑤周：普遍。

⑥因：根据。稽：考察，指考察事物从道所得的性能。命：命名。

⑦情：实质。

⑧衡：衡器，称量轻重的器具。

⑨出入：这里指木料不直不平的部分。

⑩和：古代用于定音律的乐器。燥湿：干燥和潮湿，指影响乐器声音高低的气候。

⑪容：形象，表现形式。

⑫名：这里指言论、建议。祷：祈求。

⑬形：实绩，事功。

〔译文〕

道，是弘博广大而没有具体形状的；德，是内含道理而普遍存在的。道降临于万物,万物各依自己的情况汲取一些,万物都因为具备了道而形成,但道并不与万物一起停息。道普遍存在于事物之中,依据考察而命名,随着时间的推移而生存和衰亡。虽然事物从名义上分析千差万别,但从大道上去通贯,其本质却是相同的。所以说:道和它所生成的万物不相同,德和它所包含的阴阳不相同,衡器和它所衡量的轻重不相同,墨线和它所矫正的弯曲不相同,定音器与影响声音的干湿不相同,君主和他所任用的臣子不相同。这六种情况,都是道衍化出来的。道是独一无二的,所以叫作“一”。因此,圣明的君主看重道那种独一无二的形式。君主和臣子所需要掌握的原则是不同的,臣下以自己的主张向君主祈求,君主执掌着臣下的主张,臣下贡献出一定的事功,事功和主张交互验证相符合了,君臣上下的关系也就协调了。

凡听之道,以其所出[①],反以为之入[②]。故审名以定位,明分以辩类[③]。听言之道,溶若甚醉[④]。唇乎齿乎,吾不为始乎;齿乎唇乎,愈惛惛乎[⑤]。彼自离之[⑥],吾因以知之;是非辐凑[⑦],上不与构[⑧]。虚静无为,道之情也;参伍比物[⑨],事之形也。参之以比物,伍之以合虚。根干不革[⑩],则动泄不失矣[⑪]。动之溶之[⑫],无为而改之。喜之则多事,恶之则生怨。故去喜去恶,虚心以为道舍。上不与共之,民乃宠之[⑬];上不与义之[⑭],使独为之。上固闭内扃[⑮],从室视庭,参咫尺已具,皆之其处[⑯]。以赏者赏,以刑者刑,因其所为,各以自成。善恶必及,孰敢不信?规矩既设,三隅乃列[⑰]。

〔注释〕

①出:指言论,即名。

②入:指实效,即形。

③分:分际,界限。辩:通“辨”,辨别。

④溶:通“容”,容貌。

⑤惛:同“昏”,糊涂。

⑥离:分析,陈述。

⑦辐凑:像车轮上的辐条凑集在车毂上,喻臣下的各种意见集中到君王一人身上。

⑧构:连接,参与。

⑨参伍:交互错杂,错综比验。

⑩根干:即根本,这里指道。革:移动,变化。

⑪泄:这里指摇动。

⑫溶:通“搈”,扰乱。

⑬宠:尊敬。

⑭义:通“议”。

⑮内:同“纳”。扃(jiōng):门闩,这里指关门。

⑯之:到。

⑰三隅:泛指多方面的事物。

〔译文〕

君主听取意见的方法是,根据臣下发表的言论,反过来去检验他们应该做出的实效。所以要审核言论来确定职位,弄清是非界限来辨析类别。听取意见言论的一般原则,若无其事地就像喝醉了一样。群臣纷纷摇唇鼓舌,我总也不先开口;群臣纷纷鼓舌摇唇,我越发装得糊糊涂涂。让臣下们自己去分析陈述他们的主张，我从而加以了解；正确与错误的意见一起集中上来，君主却不要参与。保持虚静的态度而无所作为，是道的本质属性；多方验证、反复比较，这就是事物的表现形式。用排比事物的方法来验证，用会合抽象概念的方法来考核。道的根本原则不改变的话，那么摇摆动晃也不会出现任何问题。动荡啊，纷扰啊，君主仍旧要用无为的原则来加以处理。君主表示出喜爱，臣下就会多事讨好；君主表示出厌恶，臣下就会生出怨恨。所以要排除爱憎，使内心空虚，成为道的住所。君主不和臣民共事，臣民才会尊敬君主；君主不和臣民议事，要让臣下独立去做。君主紧紧地关闭起门户，从室内观察庭院，近在咫尺，一切就都在眼前了。君主认为该赏赐的就赏赐，该惩罚的就惩罚，根据臣下的所作所为，各自受到相应的处置。善恶一定受到赏罚，谁还敢不诚实？规章制度既经设置，其他方面也就从而确定了。

主上不神[①]，下将有因[②]；其事不当，下考其常[③]。若天若地，是谓累解[④]；若地若天，孰疏孰亲？能象天地，是谓圣人。欲治其内[⑤]，置而勿亲；欲治其外[⑥]，官置一人，不使自恣[⑦]，安得移并[⑧]？大臣之门，唯恐多人。凡治之极，下不能得[⑨]。周合刑名[⑩]，民乃守职；去此更求，是谓大惑。猾民愈众，奸邪满侧。故曰：毋富人而贷焉，毋贵人而逼焉，毋专信一人而失其都国焉[⑪]。腓大于股[⑫]，难以趣走[⑬]。主失其神[⑭]，虎随其后[⑮]。主上不知，虎将为狗[⑯]。主不蚤止[⑰]，狗益无已[⑱]。虎成其群，以弑其母[⑲]。为主而无臣，奚国之有？主施其法，大虎将怯；主施其刑，大虎自宁。法刑狗信[⑳]，虎化为人，复反其真。

〔注释〕

①神:神妙难测。

②因:凭借。

③考:考察。常:常例。

④累解:古语,即平正。

⑤内:指宫廷内部。

⑥外:指宫廷以外,即朝廷官府。

⑦恣:放肆,这里指越职。

⑧移:指君王威权外借、大权旁落。并:指臣下兼并职权、染指君权。

⑨不能得:指不能得到分外的职权。

⑩周合:即切合。刑:通“形”。

⑪都:都城。

⑫腓(féi):腿肚子。股:大腿。

⑬趣(qū):小步跑。走:跑。

⑭神:权术,心计。

⑮虎:比喻窥窃君权的臣下。

⑯为:有。狗:比喻奸臣的朋党。

⑰蚤:通“早”。止:制止。

⑱已:停止,指奸臣朋党比周,日渐增多。

⑲母:指君主。

⑳狗:通“苟”。信:指得到切实执行。

〔译文〕

君主不是神妙莫测,臣下就会有所凭借;君主行事不能得当,臣下将会引为成例。君主处事若能像天像地那样无私,就叫作公平正直；若能像地像天那样无私，又会对谁疏远，对谁亲近呢？如能像天地一样公正，才能称为圣明的君主。君主想要治理好宫中，要设置官员但不可亲近他们；想要治理好宫外，要每个官职只设置一人，不让他们肆意妄为，他们又怎能越职侵权呢？大臣的门下，就只怕人多势大。凡是极佳的治理状态，就是让臣下无机可乘。名分与职事相吻合，臣民才会安守本分；抛弃这一原则而追求其他的做法，就是最大的迷惑。刁民就会越来越多，奸臣就会遍布君侧。所以说：不要使臣下太富裕，自己反而去借贷；不要使臣下太显贵，自己反而受逼迫；不要专门信任一个人而自己却丧失了国家。小腿比大腿粗，就难以快跑。君主失去了心机和神妙，老虎就会跟随其后。君主仍不察觉，老虎就会聚集起走狗。君主不能及早制止，狗就会不断地增加。等到老虎聚集成群，就会一起杀掉君主。做君主而没有忠臣，还有什么国家可言？君主施行他的法令，大虎就会害怕；君主施行他的刑罚，大虎自会服帖。法令刑罚如果坚决执行，老虎就会重新变成人，又恢复他做臣子的本色。

欲为其国[①]，必伐其聚[②]；不伐其聚，彼将聚众。欲为其地，必适其赐；不适其赐，乱人求益。彼求我予，假仇人斧[③]；假之不可，彼将用之以伐我。黄帝有言曰："上下一日百战[④]。"下匿其私，用试其上；上操度量[⑤]，以割其下[⑥]。故度量之立，主之宝也；党与之具[⑦]，臣之宝也。臣之所不弑其君者，党与不具也。故上失扶寸[⑧]，下得寻常[⑨]。有国之君，不大其都；有道之臣，不贵其家。有道之君，不贵其臣；贵之富之，彼将代之。备危恐殆[10]，急置太子，祸乃无从起。内索出圉[11]，必身自执其度量。厚者亏之[12]，薄者靡之[13]。亏、靡有量，毋使民比周同欺其上[14]。亏之若月，靡之若热[15]。简令谨诛，必尽其罚[16]。

毋弛而弓[17]，一栖两雄[18]。一栖两雄，其斗噸噸[19]。豺狼在牢，其羊不繁。一家二贵，事乃无功。夫妻持政[20]，子无适从。

〔注释〕

①为：治理。

②聚：指丛生的草木，这里比喻朋党。

③假仇人斧：句犹谓授人以柄。假，借。

④战：这里指冲突。

⑤度量：在此指法、术、势。

⑥割：制裁。

⑦党与：即党羽，朋党。具：形成。

⑧扶寸：古代长度计量单位，四指的宽度为一扶，一指的宽度为一寸。

⑨寻常：古代长度计量单位，八尺为一寻，两寻为一常。

⑩备：防备。殆：危险。

⑪内索：指逮捕犯人。内，同“纳”。索，古代用来捆绑犯人的绳索。出圉（yǔ）：释放犯人。圉，监狱。

⑫亏：减损。

⑬靡：增加。

⑭比周：勾结。

⑮亏之若月，靡之若热：二句谓减轻赏罚要像月之渐缺，加重赏罚则要像天气变暖一样逐渐升温。

⑯简令谨诛，必尽其罚：二句谓要简化律令，谨慎处罚，同时又要彻底

执行处罚。

⑰而：你。弓：比喻君权。

⑱一栖两雄：即一国二主。栖，鸟窝。

⑲噮噮（yán）：争斗的声音。

⑳持政：主持家务。

〔译文〕

想要治理国家，君主必须要除掉朋党；不禁止结党，他们就将要越聚越多。想要管好自己的田地，君主必须赏赐适当；赏赐一旦不当，乱臣就会要求得更多。臣下有要求，君主就给予，是在借给仇人利斧；给予不当，乱臣就会用利斧杀害国君。黄帝曾经说过："君臣相争，一日内就能有百次冲突。"臣下藏匿他们的私心，用来试探君主；君主掌握国家法纪，用来制裁臣下。所以法度的建立，是君主的法宝；朋党的形成，是臣下作乱的依靠。臣下之所以不能弑杀他的君主，是因为朋党还未形成。所以君主有扶、寸那样小的失误，臣下就会获得寻、常那样大的收获。统治国家的君主，不扩大臣下的城邑；服从法治的大臣，不使自己的家族尊贵。懂得治国之道的君主，不使他的臣下显贵；如让他们变得尊贵且富裕，他们将会要取代君主。要防备危险，害怕出乱，就要及早设立太子，祸患也就无从发生。在内廷搜索奸人，在宫外防备奸臣，君主必须亲自掌握法度。对爵高禄厚的人要加以削减，对爵低禄薄的人要予以增加。减少和增加都要有分寸，不要使臣民紧密勾结，共同欺侮君主。减轻超过制度的赏罚要像月之渐缺，加重赏罚则要像天气变暖一样逐渐升温。简明法令，谨慎诛杀，同时又要坚决地执行处罚。

不要放松你的弓，要防止一个窝里有两只雄鸟。一个窝里栖居两只雄鸟，争斗的声音就会吵闹不休。豺狼在羊圈里，羊群就不会增多。一个家族里面有两位尊贵的人，事情就会没有成效。夫妻共同当家，孩子就无所适从。

为人君者，数披其木[①]，毋使木枝扶疏[②]；木枝扶疏，将塞公闾[③]，私门将实，公庭将虚，主将壅围[④]。数披其木，无使木枝外拒[⑤]；木枝外拒，将逼主处。数披其木，毋使枝大本小[⑥]；枝大本小，将不胜春风，不胜春风，枝将害心[⑦]。公子既众[⑧]，宗室忧吟[⑨]。止之之道，数披其木，毋使枝茂。木数披，党与乃离。掘其根本，木乃不神。填其汹渊，毋使水清[⑩]。探其怀[⑪]，夺之威。主上用之，若电若雷。

〔注释〕

①披：删削。

②木枝扶疏：喻大臣党羽广布。扶疏，枝叶茂盛。

③公闾：公门，这里指君权。

④围：包围。

⑤木枝外拒：树木枝叶向外伸展，这里喻大臣势力扩张。

⑥本：树干，这里喻君主。

⑦心：指树干，亦比喻君王。

⑧公子：庶子。

⑨宗室：将继承君位的太子。

⑩清：激越，奔腾。

⑪怀：内心。

〔译文〕

作为君主，治国要像裁减树枝，（不断削除大臣的党羽），不要使它滋生茂盛；树木枝叶茂盛，将会充塞官府；私人家族将会富实，而君主的朝廷就会虚弱，君主将要被壅塞蒙蔽。树木要经常劈伐，不要使树枝向外伸展；臣子的枝条向外伸展，就要威胁到君主的地位。树木要经常劈伐，不要使枝条粗大、树干弱小；枝条粗大、树干弱小，将再也经受不住春风；经受不住春风，树枝将会损害树干。君主的公子们一旦增多，主持宗室的长子就会忧愁悲叹。防止这种情况的办法，就是经常劈削树木，不要使它枝叶茂盛。大树屡次遭到砍伐，朋党才会离散。掘掉树根，大树就没有生气了。填塞汹涌的深渊，不要让水泛滥奔腾。探测臣下的内心，剥夺臣下的威势。君主使用起威势来，果断地要像电闪雷鸣。

八 奸

八奸，就是八种奸术，特指对专制君主的权力构成威胁的政治手段。其中包括：同床、在旁、父兄、养殃、民萌、流行、威强、四方等八种方式，体现了韩非对官场斗争的敏锐洞察力和高度概括力。文章的开篇首先详细地列举论述了八奸，并告诫君主对此"不可不察"。针对上述八种奸术，韩非又提出了相应的具体防范措施，并进一步从根源上指出君主要量能授官、称功赋禄的结论，将刑名参验的哲学思想融合到为专制君主服务的权术学说上。

凡人臣之所道成奸者有八术①：一曰在同床。何谓同床？曰：贵夫人，爱孺子②，便僻好色③，此人主之所惑也。托于燕处之虞④，乘醉饱之时，而求其所欲，此必听之术也。为人臣者内事之以金玉⑤，使惑其主，此之谓同床。二曰在旁。何谓在旁？曰：优笑侏儒⑥，左右近习⑦，此人主未命而唯唯⑧，未使而诺诺，先意承旨⑨，观貌察色，以先主心者也。此皆俱进俱退，皆应皆对，一辞同轨以移主心者也⑩。为人臣者内事之以金玉玩好⑪，外为之行不法，使之化其主，此之谓在旁。三曰父兄。

何谓父兄？曰：侧室公子[12]，人主之所亲爱也；大臣廷吏，人主之所与度计也[13]。此皆尽力毕议[14]，人主之所必听也。为人臣者事公子侧室以音声子女[15]，收大臣廷吏以辞言，处约言事[16]，事成则进爵益禄以劝其心[17]，使犯其主，此之谓父兄。四曰养殃。何谓养殃？曰：人主乐美宫室台池[18]，好饰子女狗马以娱其心，此人主之殃也。为人臣者尽民力以美宫室台池，重赋敛以饰子女狗马，以娱其主而乱其心，从其所欲而树私利其间[19]，此谓养殃。五曰民萌[20]。何谓民萌？曰：为人臣者散公财以说民人[21]，行小惠以取百姓，使朝廷市井皆劝誉己，以塞其主[22]，而成其所欲，此之谓民萌。六曰流行。何谓流行？曰：人主者固壅其言谈[23]，希于听论议[24]，易移以辩说[25]。为人臣者求诸侯之辩士，养国中之能说者，使之以语其私，为巧文之言，流行之辞[26]，示之以利势，惧之以患害，施属虚辞以坏其主[27]，此之谓流行。七曰威强。何谓威强？曰：君人者，以群臣百姓为威强者也。群臣百姓之所善，则君善之，非群臣百姓之所善，则君不善之。为人臣者聚带剑之客、养必死之士以彰其威[28]，明为己者必利[29]，不为己者必死，以恐其群臣百姓而行其私，此之谓威强。八曰四方。何谓四方？曰：君人者，国小则事大国，兵弱则畏强兵。大国之所索[30]，小国必听；强兵之所加，弱兵必服。为从臣者重赋敛，尽府库，虚其国以事大国[31]，而用其威求诱其君[32]；甚者举兵以聚边境而制敛于内[33]，薄者数内大使以震其君[34]，使之恐惧，此之谓四方。凡此八者，从臣之所以成奸，世主所以壅劫、失其所有也[35]，不可不察焉。

〔注释〕

①道：由，通过。成奸：罪恶阴谋得逞。术：手段。

②孺子：指年轻美貌的姬妾。

③便(pián)僻：指善于逢迎谄媚。好色：美色。

④托：依托，乘着。燕处：安居，指退朝后的生活。燕，通“晏”，安。虞：通“娱”，安逸快乐。

⑤事：侍奉，这里指贿赂。

⑥优笑：以歌舞、诙谐供人娱乐的人。侏儒：对身材特别矮小者的称呼，这里也指以此娱人者。

⑦近习：亲近宠信的人，指侍从。

⑧唯唯：应承的声音，与“诺诺”同义。

⑨先意承旨：指在君王的想法还未表露出来时，近臣就揣摩到并且预先把事情办妥当了。

⑩一辞同轨：统一口径和行动。移：改变、影响，下文“化”同义。

⑪玩好(hào)：赏玩嗜好的物品。

⑫侧室公子：君主除嫡长子之外的儿子，泛指君主的叔伯或兄弟。

⑬度计：考虑、策划。

⑭尽力毕议：竭尽全力出谋划策。

⑮音声：音乐。子女：美丽的少女。

⑯约：紧要，关键。

⑰劝：鼓励。

⑱美：美化，修饰，与下句“饰”对文。

⑲从：同“纵”，放纵。

⑳民萌：民众。萌，通“氓”，百姓。

㉑说：同“悦”，取悦。

㉒塞：蒙蔽。

㉓固壅：堵塞，即闭目塞听。

㉔希：少。

㉕辩说：巧辩邪说。

㉖流行：这里是圆滑的意思。

㉗施属（zhǔ）：编造。属，连缀。虚辞：假话。坏：损害。

㉘带剑之客：刺客。必死之士：亡命之徒。

㉙明：公开宣扬。

㉚索：要求，索取。

㉛虚：空虚，这里指耗尽国力。

㉜求：要挟。诱：诱骗。

㉝制敛：控制，挟制。

㉞薄：轻。数（shuò）：屡次。内：同“纳”，引入。大使：指外部力量。震：恐吓。

㉟世主：当代君主。壅劫：指受蒙蔽、被挟制。

［译文］

臣下得以实现奸谋有八种手段：第一是同床。什么叫作同床？我认为：是指高贵的君主夫人、受宠宫妾、善于阿谀逢迎的美女，这些都是君主所迷恋的。趁着君主在闲居快乐的时候，借着君主酒醉饭饱的机会，来央求她们想要得到的东西，这是让君主一定听从的手段。做臣子的向宫廷内部的人贿赂以金银珠玉，让她们去蛊惑君主，这就叫作同床。第二是在旁。什么叫作在旁？我认为：是指供君主取乐的倡优、侏儒，君主身边的亲信侍从，这些都是在君主还没下令就连连应承，君主还未派遣就连连答应,事先领会揣摩君主的意图去迎合,察言观色来预先摸到君主心意的人。这些人都是一致行动、一个腔调,统一口径和行动来改变君主心意的人。做臣子的向宫廷内部的人贿赂以金玉珍宝,又在宫廷之外为他们做不法的事,叫他们去影响君主,这就叫作在旁。第三是父兄。什么叫作父兄?我认为:是指君主的叔伯兄弟,是君主亲近爱护的人;大臣廷吏,是和君主一起咨议谋划的人。这些都是倾尽全力出谋划策而君主一定能听从的人。做臣子的用音乐和美女来侍奉讨好君主的叔伯兄弟,又用花言巧语来笼络大臣廷吏,处在事情的关键时刻让他们向君主进言,事情办成之后就为他们晋爵加禄,这样来鼓动大臣们的心,使他们去干扰君主,这就叫作父兄。第四是养殃。什么叫作养殃?我认为:君主喜欢修饰宫殿、居室、高台、池苑,喜欢打扮美丽的女子和犬马来让自己赏心悦目,这是君主的灾殃。做臣子的用尽民力来修饰宫室台池,加重赋敛来打扮美女犬马,这样来娱乐君主而扰乱他的心事,顺从君主的欲望,而在这其中夹杂自己的私利,这就叫作养殃。第五是民萌。什么叫作民萌?我认为:是指做臣子的散发公家的财物来取悦民众,行小恩小惠来收买百姓,让朝廷和民间都鼓动起来称颂自己,这样来蒙蔽君主而实现他的欲望,这就叫作民萌。第六是流行。什么叫作流行?我认为:是指君主闭塞了言路,很少听到臣下的言论,容易被各种巧辩邪说动摇。做臣子的寻求诸侯国中善辩的人,供养国内能言的人,让他们来为自己的私利进说。说出华美的言语,圆滑流利的词句,用有利的形势来诱导他,用祸害来恐吓他,编造虚假的言辞来损害君主,这就叫作流行。第七是威强。什么叫作威强?我认为:是指作为人君的人,以群臣百姓为强大威势。群臣百姓认为好的,君主就同样认为好;群臣百姓认为不好的,君主也就同样认为不好。做臣子的收罗携带武器的刺客，供养亡命之徒，用来耀武扬威，表明拥护他的人必有好处，不拥护他的人一定灭亡，这样来恐吓群臣百姓从而实现个人意图，这就叫作威强。第八是四方。什么叫作四方？我认为：是指做国君的，国家小就要侍奉大国，兵力弱小就害怕强大的军队。大国的索取，小国必然听从；强大的军队侵入，弱小的军队必然降服。做臣子的，加重田地赋敛，耗尽国库的钱粮，削弱自己的国家去侍奉大国，借用大国的威势来要挟诱骗自己的君主。严重一些的，招引大国的军队压境来挟制国内；轻一些的，屡次引来大国的使者，恐吓自己的君主，使他感到畏惧，这就叫作四方。所有这八种手段，是臣子实现奸谋的途径，是当代君主受到蒙蔽挟制、以至失掉权势的原因，是不可以不明察的。

明君之于内也，娱其色而不行其谒①，不使私请。其于左右也，使其身必责其言②，不使益辞③。其于父兄大臣也，听其言也必使以罚任于后④，不令妄举。其于观乐玩好也，必令之有所出⑤，不使擅进、擅退，不使群臣虞其意⑥。其于德施也，纵禁财⑦，发坟仓⑧，利于民者必出于君，不使人臣私其德。其于说议也，称誉者所善，毁疵者所恶⑨，必实其能⑩，察其过，不使群臣相为语。其于勇力之士也，军旅之功无逾赏⑪，邑斗之勇无赦罪⑫，不使群臣行私财。其于诸侯之求索也，法则听之，不法则距之⑬。所谓亡君者，非莫有其国也，而有之者皆非己有也。令臣以外为制于内，则是君人者亡也。听大国为救亡也，而亡亟于不听⑭，故不听。群臣知不听，则不外诸侯[15]；诸侯知不听，则不受臣之诬其君矣[16]。

〔注释〕

①娱：娱乐，引申为享受。谒：请托。

②使：役使。责：考察。

③益：增加，夸大。

④任：承担责任。

⑤令：法令。出：依据，根据。

⑥不使：乾道本在“擅退”二字上，今据陈启天说改。虞：猜度。

⑦纵：发放。禁财：禁中之财，指国库中的财物。

⑧发：打开。坟仓：大仓库，指国家粮仓。

⑨毁疵：诽谤。

⑩实：核实，参验。

⑪逾：超越，这里指破格。

⑫邑斗：乡里私斗。

⑬距：通“拒”，拒绝。

⑭亟(jí)：快，急。

⑮外诸侯：对外与诸侯勾结。

⑯受：接受。诬：欺骗。

〔译文〕

贤明的君主对于宫内的人，欣赏她们的美色而不理睬她们的请托，不让她们提出私人的要求。对于左右近侍，使用他们，一定要考察他们的言论，不要让他们夸大其词。对于父兄和大臣，听取他们的意见，但一定要使他们用受罚担保后果，不让他们随意地举荐。对于观赏玩乐喜欢的东西，必须要有法律的根据，不准群臣擅自进献或裁减，不让群臣猜度到君主的心意。对于恩惠的施行，凡是发放君主的财物，打开国家的仓库等有利于民众的事，一定要用君主的名义，不要让臣下将恩德归功于自己。对于辩说议论，赞美歌颂者所歌颂的，诽谤批评者所厌恶的，一定要去核实他们的才能，考察他们的过失，不让群臣之间相互褒贬议论。对于勇武有力的人，在军队中作战立功不破格行赏，在乡里私斗犯法不赦免罪过，不让群臣用个人财富收买勇士谋求私利。对于其他诸侯国的要求和索取，合法的就听从他们，不合法的就拒绝他们。所谓的“亡国之君”，并不是说没有自己的国家，而是本属于他的国家都不再受到他的控制。让臣下用外力来控制国内，就是统治者丧失自己的国家了。听从大国的命令，是为了挽救自己国家的危亡，但这样做比不听从还要灭亡得更快，所以就不去听从。群臣知道君主不听从大国的命令，就不会在外与诸侯勾结；诸侯国知道某国的君主不听从大国的命令，也就不会接受臣下诈骗自己君主的胡说了。

明主之为官职爵禄也，所以进贤材劝有功也。故曰：贤材者处厚禄，任大官；功大者有尊爵，受重赏。官贤者量其能[①]，赋禄者称其功。是以贤者不诬能以事其主[②]，有功者乐进其业，故事成功立。今则不然，不课贤不肖[③]，不论有功劳，用诸侯之重[④]，听左右之谒。父兄大臣上请爵禄于上[⑤]，而下卖之以收财利，及以树私党。故财利多者买官以为贵，有左右之交者请谒以成重。功劳之臣不论，官职之迁失谬。是以吏偷官而外交[⑥]，弃事而财亲。是以贤者懈怠而不劝，有功者隳而简其业[⑦]，此亡国之风也。

〔注释〕

①官:任命。量:衡量、考核,下文“称”“课”义同。

②诬:隐瞒。

③不肖:品德才能都差的人。

④重:看重。

⑤于上:二字当为衍误。

⑥偷官:疏于职守。偷,惰慢。

⑦隳(huī):堕落。简:轻慢。

〔译文〕

贤明的君主设置官职、爵位和俸禄,是用来晋升贤才、鼓励功臣的。所以说,有才能的人能得到丰厚的俸禄,做大官;功劳大的人拥有尊贵的爵位,受重赏。任命贤能的人要根据他的才能,授予俸禄要与他的功劳相称。因此,有才能的人不隐藏自己的才能来为君主效力,有功劳的人乐于进献功业,所以事情能成就,功业能建立。现在却不是这样,君主不考核是否有德有才,不评定是否有功劳,任用被他国诸侯所看重的人,听从左右近侍之人的请求,父兄、大臣在上面向君主请求爵禄,在下面又出卖它来收取财利和培植私人党羽。所以财利多的人就买官而成为尊贵的人,同君主近侍有交往的人就靠托人请求而成为有权势的人。劳苦功高的臣子得不到论定,官职的变动错乱荒谬。因此官吏们疏于职守而对外结党,抛弃自己的事务而贪图财利。因此有才能的人懈怠而不求上进,有功劳的人堕落而轻慢职务,这是亡国的风气啊。

孤 愤

“孤愤”是韩非孤独的愤慨，“孤”即文中所谓“处势卑贱，无党孤特”；“愤”即愤慨于“重人”当途，使得法术之士不得进，人主不得悟。文章分析当权重臣与法术之士的利害关系，并讨论君主对待二者的态度，抒发了作者的孤独之感与愤懑之情。

韩非清醒地看到法术之士与当权重臣是势不两立的仇敌，指出了任用法术之士的重要性，无情地揭露了当权重臣独断专行、破坏法令、曲意逢迎、结党营私、欺君惑主、鱼肉百姓等种种致使国家危亡的罪恶；深刻地分析了君主不能明察，品德好、才智高的人受到抑制的主要原因，是在于大臣专权，左右侍从过于受宠。

文章言辞犀利，逻辑缜密，说理性极强。排比句式的运用更增加了文章的气势和感染力。雄视天下的秦王嬴政在读了《孤愤》之后也曾给予高度的赞扬。

智术之士[①]，必远见而明察，不明察不能烛私[②]；能法之士，必强毅而劲直，不劲直不能矫奸[③]。人臣循令而从事，案法而治官[④]，非谓重人也[⑤]。重人也者，无令而擅为，亏法以利私，耗国以便家，力能得其君，此所为重人也[⑥]。智术之士明察，听用，且烛重人之阴情；能法之士劲直，听用，且矫重人之奸行。故智术能法之士用，则贵重之臣必在绳之外矣[⑦]。是智法之士与当涂之人不可两存之仇也[⑧]。

〔注释〕

①智：同“知”，知晓。

②烛：照，这里是察见、识破的意思。

③矫：纠正，惩办。

④案：通“按”，依照。

⑤重人：即重臣，手握重权的人。

⑥为：通“谓”。

⑦在绳之外：在法律容许之外，即受到法律的制裁。绳，木工用以取直的墨线，这里指法则。

⑧当涂之人：即当权的重臣，同前文“重人”。涂，通“途”，道路。

〔译文〕

通晓统治策略的人，必然识见高远并明察秋毫，不明察秋毫，就不能发现隐私；能够推行法治的人，必须坚决果断并刚强正直，不刚强正直，就不能矫正邪恶。臣子遵循法令办理公事，按照法律履行职责，就不是重臣。所谓重臣，就是无视法令而独断专行，破坏法律来为私家牟利，损害国家来便利自家，势力能够控制君主，这才叫作重臣。懂得统治策略的人明察秋毫，他们的主张若被采纳，自身若被任用，将会洞察重臣的阴谋诡计；能够推行法治的人刚强正直，他们的主张若被采纳，自身若被任用，将会矫正重臣的邪恶行为。因此，懂得策略和善用法治的人若被任用，那么位尊权重之臣必定为法律准绳所不容。这样说来，懂得法治的人与当权的重臣，是不可并存的仇敌。

当涂之人擅事要，则外内为之用矣。是以诸侯不因[1]，则事不应，故敌国为之讼[2]；百官不因，则业不进，故群臣为之用；郎中不因[3]，则不得近主，故左右为之匿；学士不因，则养禄薄礼卑，故学士为之谈也。此四助者[4]，邪臣之所以自饰也。重人不能忠主而进其仇，人主不能越四助而烛察其臣，故人主愈弊而大臣愈重[5]。

〔注释〕

①因：依靠。

②讼：赞扬。

③郎中：官名，战国时开始设置，在宫廷内担任君主侍卫，战时跟随君主征伐。

④四助：指前句提到的诸侯、百官、郎中、学士。

⑤弊：通“蔽”，蒙蔽。

〔译文〕

当权的重臣独揽大权，那么外交和内政就要被他控制了。正因如此，列国诸侯不依靠他，事情就得不到照应，所以实力相当的国家会给他唱颂歌；各级官吏不依靠他，政绩就得不到上报，所以各级官吏会为他效力；君主的侍从官员不依靠他，就不能接近君主，所以他们为他隐瞒罪行；学士不依靠他，就会俸禄薄而待遇低，所以学士为他说好话。这四种帮凶是奸邪之臣用来掩饰自己的遮障。重臣不能出于对君主负责而推荐自己的政敌，君主不能越过四种帮凶来洞察他的臣下，所以君主越来越受蒙蔽，而重臣的权势越来越大。

凡当涂者之于人主也，希不信爱也[①]，又且习故。若夫即主心同乎好恶[②]，固其所自进也。官爵贵重，朋党又众，而一国为之讼。则法术之士欲干上者[③]，非有所信爱之亲、习故之泽也，又将以法术之言矫人主阿辟之心[④]，是与人主相反也。处势卑贱，无党孤特。夫以疏远与近爱信争，其数不胜也[⑤]；以新旅与习故争[⑥]，其数不胜也；以反主意与同好争，其数不胜也；以轻贱与贵重争，其数不胜也；以一口与一国争，其数不胜也。法术之士操五不胜之势，以岁数而又不得见；当涂之人乘五胜之资，而旦暮独说于前：故法术之士奚道得进，而人主奚时得悟乎？故资必不胜而势不两存，法术之士焉得不危！其可以罪过诬者，公法而诛之；其不可被以罪过者，以私剑而穷之[⑦]。是明法术而逆主上者，不僇于吏诛[⑧]，必死于私剑矣。朋党比周以弊主，言曲以便私者，必信于重人矣。故其可以功伐借者，以官爵贵之；其不可借以美名者，以外权重之。是以弊主上而趋于私门者，不显于官爵，必重于外权矣。今人主不合参验而行诛[⑨]，不待见功而爵禄[⑩]，故法术之士安能蒙死亡而进其说？奸邪之臣安肯乘利而退其身？故主上愈卑，私门益尊。

〔注释〕

①希：少。

②即：靠近，这里指迎合、投合。

③干：求。

④阿辟：邪恶，邪僻。

⑤数：常理。

⑥新旅：与“习故”相对，新来的客人，指法术之士。

⑦私剑：私自豢养的剑客，借指暗杀。穷：尽头，这里指结束生命。

⑧憀（liáo）：凭依，聊赖。

⑨参验：用事实加以检验。

⑩见：同“现”，显露，出现。

〔译文〕

所有的当权重臣对于君主来说，很少不被信任和宠爱的，而且彼此又亲昵而熟悉。至于迎合君主的心理，投合君主的好恶，本来就是重臣得以晋升的途径。他们官职大，爵位高，党羽又多，全国都为之赞颂。而法术之士想要求得君主重用，既没有受到信任和宠爱的亲近关系，也没有亲昵和熟悉的交情，还要用法术言论矫正君主的偏邪之心，这是与君主心意相反的。法术之士所处地位低下，没有同党辅助而孤立无援。以关系疏远的和关系亲近、受到宠信的相争，在常理上不能取胜；以新客和故旧相争，在常理上不能取胜；以违背君主心意和投合君主好恶相争，在常理上不能取胜；以地位低贱的和位尊权重的相争，在常理上不能取胜；以一个人和一国人相争，在常理上不能取胜。法术之士处在五不胜的情形下，按年计算期限也没有觐见君主的机会；当权重臣凭借五胜的条件，又日夜单独向君主进言：因此，法术之士由什么门路得到任用，而君主到什么时候才能醒悟呢？因此，凭借必定不能取胜的条件，又与重臣势不两立，法术之士怎会不危险？重臣对那些可用罪状诬陷的，就用国家法律来诛杀；对那些不能强加罪名的，就用刺客来暗杀。这样一来，精通法术而违逆君主的人，不为官吏所诛杀，就必定死在刺客的剑下了。而结党拉派蒙蔽君主、花言巧语牟取私利的人，必定会受到重臣的信任。所以对那些可用功劳做借口的，就封官赐爵使他们显贵；其中没有什么好名义能用来作为借口的，就依靠其他诸侯的势力，使他们的地位重要起来。因此，蒙蔽君主而投奔私人门下的，不在官爵级别上显赫，就必定靠国外势力取得重要地位。如今君主不验证核查就实行诛戮，不等建立功劳就授予爵禄，因此法术之士怎能冒死去陈述自己的主张？奸邪之臣又怎肯正当得利的时候而自动引退呢？所以君主地位就越来越低，重臣权势就越来越大。

夫越虽富兵强①，中国之主皆知无益于己也，曰："非吾所得制也。"今有国者虽地广人众，然而人主壅蔽②，大臣专权，是国为越也。智不类越③，而不智不类其国，不察其类者也。人之所以谓齐亡者，非地与城亡也，吕氏弗制而田氏用之④；所以谓晋亡者，亦非地与城亡也，姬氏不制而六卿专之也⑤。今大臣执柄独断，而上弗知收，是人主不明也。与死人同病者，不可生也；与亡国同事者，不可存也。今袭迹于齐、晋，欲国安存，不可得也。

〔注释〕

①越：诸侯国名。范围包括今浙江大部和江苏江西部分地区。春秋

末灭吴，称霸一时。

②壅：隔绝，阻塞，受蒙蔽。

③智：同“知”。下文“智”同。

④吕氏：西周初年，周天子把齐国封给太公吕尚，此后吕氏袭封于齐。田氏用之：公元前 481 年，田常杀死了齐简公，控制了齐国政权。

⑤姬氏：晋王室姓姬，这里指晋国。六卿：指范氏、中行氏、智氏、赵氏、韩氏、魏氏。晋顷公十二年（前 514），六卿控制了晋国政权，晋侯名存实亡。

〔译文〕

越国虽然国富兵强，中原各国的君主都知道对自己没有什么好处，说：“不是我们所能控制的。”现在统治国家的君主虽然地广人众，然而君主闭塞，大臣专权，这样一来，国家也就变得和越国一样。他们只知道自己的国家与越国不同，却不知道现在连自己的国家也变了样，这是不明察事物有类似之处。人们之所以说齐国亡了，并不是指土地和城市丧失了，而是指吕氏不能控制它而为田氏所占有。之所以说晋国亡了，也不是指土地和城市丧失了，而是指姬氏不能控制它而为六卿所把持。现在大臣掌权独断专行，而君主不知收回，这是君主的不明智。和死人症状相同，无可救药；和亡国行事相同，无法久存。现在因袭着齐、晋的老路，想要国家安然存在，是不可能的。

凡法术之难行也，不独万乘①，千乘亦然。人主之左右不必智也，人主于人有所智而听之，因与左右论其言，是与愚人论智也；人主之左右不必贤也，人主于人有所贤而礼之，因与左右论其行，是与不肖论贤也。智者决策于愚人，贤士程行于不肖[②]，则贤智之士羞而人主之论悖矣。人臣之欲得官者，其修士且以精洁固身，其智士且以治辩进业[③]。其修士不能以货赂事人，恃其精洁，而更不能以枉法为治。则修智之士不事左右，不听请谒矣。人主之左右，行非伯夷也[④]，求索不得，货赂不至，则精辩之功息，而毁诬之言起矣。治乱之功制于近习，精洁之行决于毁誉，则修智之吏废，则人主之明塞矣。不以功伐决智行，不以参伍审罪过[⑤]，而听左右近习之言，则无能之士在廷而愚污之吏处官矣。

〔注释〕

①万乘：古礼天子有兵车万乘，诸侯千乘。这里以万乘代大国，以千乘代小国。

②程：品评。

③治辩：指政事处理得好。辩：通"辨"。

④伯夷：商朝所封孤竹君的长子。他与弟弟叔齐互相推让君位，后来逃到周地。周武王伐纣，他"扣马而谏"，表示反对。武王灭商后，不食周粟而死，古书常以伯夷与其弟叔齐为道德高尚的化身。

⑤参伍：指参伍之验，用事实多方面地加以验证。

〔译文〕

大凡法术难以推行的，不单是大国，中小国家也是这样。君主的近臣不一定有才智，君主认为某人有才智而听取他的意见，然后和近臣讨论该人的言谈，这是和愚蠢的人讨论有智慧的人；君主的近臣不一定品德好，君主认为某人有美德而礼遇他，然后和近臣讨论他的品行，这是和品德不好的人讨论有美德的人。

智者提出的策略由愚蠢的人来取舍，贤者的品德由不贤的人来衡量，那么品德好、有才智的人就会感到耻辱，而君主的论断也必然荒谬了。想谋得官职的臣子当中，那些品德好的人将用精纯廉洁来约束自己，那些才智高的人将用办好政事来推进事业。那些品德好的人不可能用财物贿赂侍奉别人，他们坚持纯正廉洁的品德，也更不可能违法办事。那么品德好、才智高的人也就不会奉承君主近侍，不会理睬私下的请托。君主的近臣，品行不像伯夷那么好，索求的东西得不到，财物贿赂不上门，那么不但精明强干者的功业要被压制，而且还会兴起诽谤和诬陷的言论。办好政事的功业受制于君主的近侍，精纯廉洁的品行取决于近侍的毁誉，那么纯正廉洁、尽职尽责的官吏就要被废黜，君主的圣明也就被阻塞了。不按功劳裁决人的才智和品德，不经过验实就评定人的罪行，却听从左右亲信的话，那么没有才能的人就会在朝廷中当政，愚蠢腐败的官吏就会窃居职位了。

万乘之患，大臣太重，千乘之患，左右太信，此人主之所公患也。且人臣有大罪，人主有大失，臣主之利与相异者也。何以明之哉？曰：主利在有能而任官，臣利在无能而得事；主利在有劳而爵禄，臣利在无功而富贵；主利在豪杰使能，臣利在朋党用私。是以国地削而私家富，主上卑而大臣重。故主失势而臣得国，主更称蕃臣[①]，而相室剖符[②]。此人臣之所以谲主便私也。故当世之重臣，主变势而得固宠者，十无二三，是其故何也？人臣之罪大也。臣有大罪者，其行欺主也，其罪当死亡也。智士者远见而畏于死亡，必不从重人矣；贤士者修廉而羞与奸臣欺其主,必不从重臣矣。是当涂者之徒属,非愚而不知患者,必污而不避奸者也。大臣挟愚污之人,上与之欺主,下与之收利侵渔,朋党比周,相与一口[③],惑主败法,以乱士民,使国家危削,主上劳辱,此大罪也。臣有大罪而主弗禁,此大失也。使其主有大失于上,臣有大罪于下,索国之不亡者[④],不可得也。

〔注释〕

①主更称蕃臣:更,变更,改变。蕃,通"藩",旧时的属国或属地。句谓君主反而变成了权臣的属下。

②剖符:符是古代君臣之间的信物。或用铜、金、玉,或用竹木制作,君主把它剖分为二,一半在朝廷,一半在大臣手中。朝廷传达命令或调兵遣将时,合符检验真假。相室剖符,即君主的权力落到大臣的手中。

③相与一口:相互统一口径。

④索:要求,想要。

〔译文〕

大国的祸害在于大臣权势太重,中小国家的祸害在于近臣太受宠信,这是君主的通病。况且臣下犯了大罪恶,是因为君主有大的过失,臣下和君主的利益是相对立的。为什么这样说呢?我认为:君主的利益在于让有真才实能的人担任官职,臣下的利益则在于没有才能而得到重用;君主的利益在于把爵禄授予有功劳的人,臣下的利益在于没有功劳而得到富贵;君主的利益在于让豪杰之士发挥才能,而臣下的利益在于结党营私。因此国家土地被削减而贵族私家富裕起来,君主地位卑下而大臣权势更重。所以君主失去权势而大臣控制国家,君主改称藩臣,相臣行使君权。这就是大臣欺骗君主谋取私利的情形。所以当代的重臣,在君主改变政治情势而仍能保持宠信的,十个中还不到两三个。这是什么原因呢?是这些臣下的罪行太大了。臣下有大罪的,他的行为是欺骗君主的,他的罪行是当处死刑的。聪明人看得深远,怕犯死罪,必定不会跟从重臣;品德好的人洁身自爱,耻于和奸臣共同欺骗君主,也必定不会跟从重臣。所以这些当权者的门徒党羽,不是愚蠢而不知祸害的人,必是腐败而不避奸邪的人。大臣挟持愚蠢腐败的人,对上和他们一起欺骗君主,对下和他们一起掠夺财物,拉帮结派,串通一气,惑乱君主败坏法制,以此扰乱百姓,使国家危殆受侵、君主忧劳受辱,这是大罪行。臣下有了大罪而君主却不禁止,这是大过失。假如君主在上面有大过失,臣子在下面有大罪行,想要国家不灭亡,是不可能的。

说 难

说难,即游说的困难。文章专门论述了游说君主的困难,并详细地分析了游说成功与失败的原因,从而提出了相应的游说方法。

战国时期,游说之风盛行,各种社会力量都想凭借游说活动取得君主的支持。韩非也曾数次进说韩王没有成功。此文便是他根据战国时谋臣策士的游说教训和自己的切身体会而写成的。全文围绕"说"字层层推进,渐次深入,首先指出游说的困难"在知所说之心",其次从反面举例,分析游说失败导致"身危"的原因。再次从正面阐述了游说的具体方法。最后举例说明进说中的实际教训。作者同时指出,进说者尽可以卑躬屈节,使用种种手段迎合君主的心理。这是当时激烈的政治斗争的反映。

韩非对进说的诀窍很有研究,但自己却没逃过进说的祸害而身死。司马迁对此深表同情,并将《说难》全文录入在了《史记》的韩非传中。本篇虽然较少涉及法术,重在探讨游说之术,但绝非反对以法术之言劝谏君主。法术之士如果不被"听用"就不能"振世",故而司马迁确认它为韩非所作,实为不刊之论。

凡说之难[1]，非吾知之有以说之之难也[2]，又非吾辩之能明吾意之难也，又非吾敢横失而能尽之难也[3]。凡说之难：在知所说之心[4]，可以吾说当之[5]。所说出于为名高者也，而说之以厚利，则见下节而遇卑贱[6]，必弃远矣。所说出于厚利者也，而说之以名高，则见无心而远事情[7]，必不收矣。所说阴为厚利而显为名高者也，而说之以名高，则阳收其身而实疏之；说之以厚利，则阴用其言显弃其身矣。此不可不察也。

〔注释〕

①说(shuì)：进言，进劝。

②知：同“智”。

③横失：纵横如意，无所顾忌。失：通“佚”，放肆。

④所说：被说者，指国君。

⑤当(dàng)：适应，这里是迎合。

⑥见：被看作。下节：节操低下。遇：对待，待遇。

⑦心：心计，谋略。远事情：远离事实，脱离实际。

〔译文〕

大凡进说的困难，不是难在我是否了解事理从而有依据来说服君主，也不是难在我的口才能否阐明我的主张，也不是难在我是否敢毫无顾忌地把看法全部表达出来。大凡进说的困难：在于了解进说对象的心理，以便用我的说法迎合他。进说对象属于想要追求美名的人，却用厚利去说服他，进说者就会显得节操低下而得到卑贱待遇，必然受到抛弃和疏远。进说对象属于想要追求厚利的人，却用美名去说服他，就会显得没有心计而又脱离实际,必定不会被接受和录用。进说对象暗地追求厚利而表面追求美名的,用美名向他进说,他就会表面上录用而实际上疏远进说者;用厚利向他进说,他就会暗地采纳进说者的主张而表面疏远进说者。这些情况不能不明察啊。

夫事以密成,语以泄败。未必其身泄之也,而语及所匿之事,如此者身危。彼显有所出事[1],而乃以成他故,说者不徒知所出而已矣,又知其所以为,如此者身危。规异事而当[2],知者揣之外而得之[3],事泄于外,必以为己也,如此者身危。周泽未渥也[4],而语极知,说行而有功,则德忘[5],说不行而有败,则见疑,如此者身危。贵人有过端,而说者明言礼义以挑其恶,如此者身危。贵人或得计而欲自以为功,说者与知焉[6],如此者身危。强以其所不能为,止以其所不能已[7],如此者身危。故与之论大人[8],则以为间己矣[9];与之论细人[10],则以为卖重[11];论其所爱,则以为借资;论其所憎,则以为尝己也[12]。径省其说,则以为不智而拙之;米盐博辩[13],则以为多而交之[14];略事陈意,则曰怯懦而不尽;虑事广肆,则曰草野而倨侮[15]。此说之难,不可不知也。

〔注释〕

①彼:代君王。出事:做某件事。

②规:规划。异事:不平常的事。当:中肯,合意。

③知:同“智”。

④周:亲密。泽:恩泽。渥:深厚。

⑤德忘：进言者的功劳被遗忘。

⑥与知：也知道其事，这里是参与其事。

⑦已：停止。

⑧大人：指大臣。

⑨间己：挑拨君臣关系。间，离间。

⑩细人：小人，君王的左右近臣。

⑪卖重：卖弄权势，这里指炫耀自己的身价。

⑫尝：试探。

⑬米盐：指日常琐碎的小事，此形容说话详尽烦琐。

⑭交：交杂，驳杂。一说疑为“驳”字形近而误。

⑮草野：粗野。倨侮：傲慢。

［译文］

事情因保密而成功，谈话因泄密而失败。未必是进说者本人泄露了机密，而是谈话中触及君主心中隐匿的事，如此就会身遭危险。君主表面上做这件事，心里却想借此办成别的事，进说的人不仅知道君主所做的事，而且知道他要这样做的意图，如此就会身遭危险。进说者筹划一件不平常且符合君主心意的事情，聪明人从外部迹象上把这件事情猜测出来了，事情泄露出来，君主一定认为是进说者泄露的，如此就会身遭危险。君主恩泽未浓厚，进说者谈论却尽其所知，如果主张得以实行并获得成功，功德就会被君主忘记；主张行不通而遭到失败，就会被君主怀疑，如此就会身遭危险。君主有过错，进说者倡言礼义来挑他的毛病，如此就会身遭危险。君主有时计谋得当而想自以为功，进说者参与并了解了这一计谋，如此就会身遭危险。强求君主做他没有能力做的事，阻止君主不肯停止的事，如此就会身遭危险。所以进说者如果和君主议论大臣，就被认为是想离间君臣关系；和君主谈论近侍小臣，就被认为是想卖弄身价。谈论君主喜爱的人，君主就认为是借此拉关系；谈论君主憎恶的人，君主就认为是在试探他。说话直截了当，就被认为是不聪明而笨拙；连琐碎的小事也要广博地加以议论，就被认为是啰唆而冗长；简略陈述意见，就被认为是怯懦而不敢尽言；谋事空泛放任，就被认为是粗野而不懂礼貌。这些进说的困难，是不能不知道的。

凡说之务，在知饰所说之所矜而灭其所耻①。彼有私急也，必以公义示而强之②。其意有下也，然而不能已，说者因为之饰其美而少其不为也③。其心有高也，而实不能及，说者为之举其过而见其恶，而多其不行也④。有欲矜以智能，则为之举异事之同类者，多为之地⑤；使之资说于我，而佯不知也以资其智。欲内相存之言⑥，则必以美名明之，而微见其合于私利也。欲陈危害之事，则显其毁诽，而微见其合于私患也。誉异人与同行者⑦，规异事与同计者。有与同污者，则必以大饰其无伤也；有与同败者，则必以明饰其无失也。彼自多其力，则毋以其难概之也⑧；自勇之断，则无以其谪怒之⑨；自智其计，则毋以其败穷之⑩。大意无所拂悟⑪，辞言无所系縻⑫，然后极骋智辩焉。此道所得，亲近不疑而得尽辞也。伊尹为宰⑬，百里奚为虏⑭，皆所以干其上也⑮。此二人者，皆圣人也，然犹不能无役身以进⑯，如此其污也⑰。今以吾言为宰虏⑱，而可以听用而振世，此非能仕之所耻也⑲。夫旷日弥久，而周泽既渥，深计而不疑,引争而不罪,则明割利害以致其功[20],直指是非以饰其身[21],以此相持,此说之成也。

〔注释〕

①饰:粉饰美化。矜:自夸,自鸣得意。灭:掩盖,与“饰”相对。

②强:劝勉,鼓励。

③少:抱怨。

④多:称赞。

⑤地:指事理的依据。

⑥内:同“纳”,使采纳。存:保全。

⑦异:其他。行:品行。

⑧概:古代量米麦时刮平斗斛的刮板,引申为刮平,此为纠正、挫伤之意。

⑨谪(zhé):过失,指错误的判断。

⑩穷:使难堪。

⑪大意:主旨,指进说的主要内容。拂悟:违反,抵触。悟,通“忤”。

⑫系縻:又作“击摩”,指抵触、摩擦。

⑬伊尹:名挚,商汤的宰相。宰:厨师。伊尹希望得到任用,曾设法当上汤的厨师。后来汤发现他有才能,就任用他为相。

⑭百里奚:春秋时虞国大夫,后任秦国相。虏:奴隶。晋灭虞时,百里奚成了奴隶。后来晋献公嫁女到秦国,他成为陪嫁小臣。秦穆公听说他有才能,就用五张羊皮将它赎走,任命他为上大夫。

⑮干:求得君主的重用。

⑯役身:使自己成为仆役。进:进用。

⑰污:卑贱,卑下。

⑱今:假如。

⑲能仕:智能之士,有才能的人。仕,通“士”。

⑳割:截断,这里指剖析。

㉑饰:通“饬”,整饬,端正。

〔译文〕

大凡进说的要领,在于懂得粉饰进说对象自夸之事而掩盖他所自耻之事。君主有私人的急事,进说者一定要指明这合乎公义而鼓励他去做。君主有卑下的念头,但又无法抑制,进说者就应把它加以粉饰美化而抱怨他不去做。君主有过高的期求,但事实上却做不到,进说者就为他举出此事的缺点,揭示它的坏处,而称赞他没有去做。君主想自夸智能,进说者就替他举出别的事情中的同类情况,多给他提供根据,使他从我这里取得说话的材料,而我却假装不知道,这样来帮助他表现智慧。进说者要想进献保全君主私利的话,就必须用美好的名义阐明它,而又暗示它符合君主的个人利益。进说者想要陈述有危害的事,就明言此事会遭到的毁谤,并暗示它对君主也有害处。称赞其他人中与君主有同样品行的人,谋划与君主所做的事思路相同的其他事情。有与君主同样缺点的人,就必须对它大加粉饰,说那没有什么害处;有和君主同样遭到失败的人,就必须用明白的话加以掩饰,说那没有什么过失。君主自夸力量强大时,就不要用他为难的事去压抑他;君主自以为决断勇敢时,就不要用他的过失去激怒他;君主自以为计谋高明时,就不要用他的败绩去困窘他。进说的主旨没有什么违逆,言辞没有什么抵触,然后就可以充分施展自己的智慧和辩才了。由这条途径所得到的结果,就是君主亲近不疑而又能畅所欲言。伊尹做过厨师,百里奚做过奴隶,都是为了求得君主重用。这两个人都是圣人,但还是不能不通过做低贱的事来求得进用,他们的卑下竟至于此!现在即使把我的言论看作是像厨师、奴隶那样卑贱的人所讲的,只要这些言论可以被采用来拯救时事，那就绝不是有才能的人所感到耻辱的事。经过很长的时间，君主的恩惠已经很深厚了，进说者深入谋划不再被怀疑，据理力争不再会获罪，就可以明确剖析利害来成就君主的功业，直接指明是非来端正君主的言行，君臣能够这样相互对待，这就是进说的成功了。

昔者郑武公欲伐胡[①]，故先以其女妻胡君以娱其意[②]，因问于群臣："吾欲用兵，谁可伐者？"大夫关其思对曰[③]："胡可伐。"武公怒而戮之，曰："胡，兄弟之国也。子言伐之，何也？"胡君闻之，以郑为亲己，遂不备郑，郑人袭胡，取之。宋有富人[④]，天雨墙坏。其子曰："不筑，必将有盗。"其邻人之父亦云[⑤]。暮而果大亡其财。其家甚智其子，而疑邻人之父。此二人说者皆当矣[⑥]，厚者为戮，薄者见疑，则非知之难也，处之则难也。故绕朝之言当矣[⑦]，其为圣人于晋而为戮于秦也，此不可不察。

〔注释〕

①郑武公：名掘突，春秋时期郑国君主。胡：诸侯国名，位于今安徽阜阳。

②妻：嫁。

③关其思：郑国大夫，生平不详。

④宋：诸侯国名。范围包括今河南东部和山东、江苏、安徽之间的地区。

⑤父(fǔ)：老人。

⑥此二人：指关其思和邻人之父。

⑦绕朝：人名，春秋时秦大夫。晋大夫士会逃亡在秦，晋人用计诱使

归国，绕朝劝秦伯不要把士会遣送回国，秦伯不听，士会遂归晋。后来士会畏惧绕朝的才能，又用反间计借秦王之手杀了绕朝。

〔译文〕

从前郑武公想讨伐胡国，故意先把自己的女儿嫁给胡国君主来取悦他，然后问群臣："我想用兵，哪个国家是可以讨伐的对象呢？"大夫关其思回答说："胡国可以讨伐。"武公发怒而杀了他，说："胡国是兄弟国家，你说讨伐它，是何道理？"胡国君主听说了，认为郑国和自己友好，于是不再防备郑国。郑国偷袭并攻占了胡国。宋国有个富人，下雨把墙淋塌了。他儿子说："不修的话，必将有盗贼来偷。"邻居的老人也这么说。到了晚上，果然有大量财物被窃。这家富人认为儿子很聪明，却对邻居老人起了疑心。关其思和这位老人的话都恰当，但是重者被杀，轻者遭到怀疑。那并不是了解情况有困难，而是处理所了解的情况很困难。因此，绕朝的话本是对的，但他在晋国被看成圣人，在秦国却遭杀害，这是不可不注意的。

昔者弥子瑕有宠于卫君①。卫国之法，窃驾君车者罪刖②。弥子瑕母病，人间往夜告弥子③，弥子矫驾君车以出④。君闻而贤之，曰："孝哉！为母之故，忘其刖罪。"异日，与君游于果园，食桃而甘，不尽，以其半啖君⑤。君曰："爱我哉！忘其口味⑥，以啖寡人。"及弥子色衰爱弛，得罪于君，君曰："是固尝矫驾吾车，又尝啖我以余桃。"故弥子之行未变于初也，而以前之所以见贤而后获罪者，爱憎之变也。故有爱于主，则智当而加亲；有憎于主，则智不当见罪而加疏。故谏说谈论之士，不可不察爱憎之主而后说焉。

夫龙之为虫也[7]，柔可狎而骑也；然其喉下有逆鳞径尺[8]，若人有婴之者[9]，则必杀人。人主亦有逆鳞，说者能无婴人主之逆鳞，则几矣[10]。

〔注释〕

①弥子瑕：人名，卫灵公宠幸的臣子。卫君：即卫灵公，名元，春秋时期卫国君主。

②刖（yuè）：断足之刑。

③间（jiàn）往：抄近路去。

④矫：假托君命。

⑤啖：吃，给人吃。

⑥口味：口中的美味食物。

⑦虫：古代对动物的泛称。

⑧逆鳞：倒长的鳞片。径尺：直径长一尺。

⑨婴：通"撄"，触动。

⑩几：接近，差不多。

〔译文〕

从前弥子瑕受到卫国君主的宠爱。卫国法令规定，私自驾驭国君车子的，论罪要处以砍脚的刑罚。弥子瑕的母亲生病了，有人抄近路连夜通知弥子瑕，弥子瑕假托君命驾驭君车而出。卫君听说后，却认为他德行好，说："真孝顺啊！为了母亲的缘故，忘了自己会受到砍脚的刑罚。"另一天，他和卫君在果园游玩，吃到一枚桃子觉得很甜，没有吃完，就把剩下的半个给卫君吃。卫君说:“多么爱我啊!忘掉了他自己喜欢这东西,却把它拿给我吃。”等到弥子瑕容颜衰败、宠爱消退的时候,得罪了卫君,卫君说:“这人本来就曾假托君命私自驾驭我的车子,又曾经把吃剩的桃子给我吃。”故而虽然弥子瑕的行为和当初并没两样,但先前称贤、后来获罪的原因,是卫君的爱憎有了变化。所以被君主宠爱时,才智就显得恰当而更受亲近;被君主憎恶时,才智就显得不恰当,遭到谴责而更被疏远。所以谏说、谈论事情的人不可不察看君主的爱憎,然后再进言。

龙作为一种动物,驯服时可以戏弄着骑它;但它喉下有一尺来长的逆鳞,假使有人触动它的话,龙就必然杀人。君主也有逆鳞,进说者能不触动君主的逆鳞,那差不多就算是善于进说了。

和 氏

和氏即楚人卞和，本文从和氏献璞于王反遭刖足的千古奇冤中，兴起对自己想要推行法术却艰难重重的感慨，因而用“和氏”作为篇名。

韩非以屡被错视的和氏璧比喻法术，以贞士卞和及吴起、商鞅这样的改革家自比，谴责了旧贵族对法术之士的排斥和迫害，点明了“大臣贪重，细民安乱”的不利社会条件，将自己的政治理想和抱负寄希望于君主的醒悟和重用。

本文短小精悍，结构严谨，夹叙夹议中，饱含了深厚沉重的感情，极具有感染力。

楚人和氏得玉璞楚山中①，奉而献之厉王②。厉王使玉人相之。玉人曰：“石也。”王以和为诳③，而刖其左足④。及厉王薨⑤，武王即位。和又奉其璞而献之武王。武王使玉人相之，又曰：“石也。”王又以和为诳，而刖其右足。武王薨，文王即位，和乃抱其璞而哭于楚山之下，三日三夜，泪尽而继之以血。王闻之，使人问其故，曰：“天下之刖者多矣，子奚哭之悲也⑥？”和曰：“吾非悲刖也，悲夫宝玉而题之以‘石’⑦，贞士而名之以‘诳’，此吾所以悲也。”王乃使玉人理其璞而得宝焉⑧，遂命曰“和氏之璧”。

〔注释〕

①和氏：卞和，春秋时期楚国人。玉璞：含玉的石头，即尚未琢磨的玉石。

②奉：通“捧”，捧着。厉王：《史记·楚世家》未见，武王前的君主是蚡(fén)冒，《后汉书·孔融传》李贤注引此文作“武王、文王、成王”，《论衡·变动篇》作“厉、武之时，卞和献玉，刖其两足”，《新序·杂事第五》作厉王、武王、共王。文献中关于卞和献玉的记载各家的说法都不同。

③诳：欺骗。

④刖(yuè)：古代一种砍脚的酷刑。

⑤薨(hōng)：古代称诸侯死叫薨。

⑥奚：为何。

⑦题：评定。

⑧理：琢磨，指顺着玉石的纹理从中剖出玉来。

〔译文〕

楚国人卞和在楚山中得到一块玉璞，就双手捧着把它进献给楚厉王。厉王让玉匠来鉴定这块玉璞。玉匠说：“这是石头。”厉王认为卞和是在行骗，就让人砍掉了他的左脚。楚厉王死后，楚武王继位。卞和又双手捧着那块玉璞去献给武王。武王让玉匠来鉴定，玉匠又说：“这是石头。”武王也认为卞和是在行骗，就让人砍掉了他的右脚。楚武王死后，楚文王继位。卞和就抱着那块玉璞在楚山下痛哭，哭了三天三夜，眼泪流干了，接着流出的是血。文王听说了这件事情，派人去询问他痛哭的原因，问道：“天下被砍掉脚的人太多了，你为什么哭得这么悲伤呢？”卞和说：“我不是悲伤自己的脚被砍掉，而是悲伤把宝玉评定为‘石头’，把忠贞的人说成是‘骗子’，这才是我悲伤的原因。”文王就让玉匠加工这块玉璞并得到了宝玉，于是命名为“和氏之璧”。

夫珠玉人主之所急也，和虽献璞而未美，未为主之害也；然犹两足斩而宝乃论[①]，论宝若此其难也。今人主之于法术也，未必和璧之急也，而禁群臣士民之私邪。然则有道者之不僇也[②]，特帝王之璞未献耳[③]。主用术则大臣不得擅断，近习不敢卖重[④]；官行法，则浮萌趋于耕农[⑤]，而游士危于战陈[⑥]。则法术者乃群臣士民之所祸也。人主非能倍大臣之议[⑦]，越民萌之诽[⑧]，独周乎道言也[⑨]，则法术之士虽至死亡，道必不论矣。

〔注释〕

①论：论定，获得赏识。

②有道者：指实行法治的人物。僇：通“戮”，杀。

③特：只是。帝王之璞：比喻能完成帝王大业的法术。

④近习：君王的左右近臣。卖重：弄权，即凭借权势谋取私利。

⑤浮萌：游民。萌，通“氓”，百姓。

⑥危：作动词，冒着危险。陈：同“阵”。

⑦非：除非，要不是。倍：通“背”，违背。议：非议，与下句“诽”互文互训。

⑧越：超越，引申为摆脱。

⑨周：相合。道：法家之道。

〔译文〕

珍珠宝玉是君主所迫切需要的，即使卞和献的玉璞不够完美，也并不构成对君主的损害；但还是在他的双脚被砍掉后，宝玉才得以论定，鉴定宝玉就是如此的困难。如今君主对于法术，不一定像需求和氏璧那样急迫，何况法术是用来禁止群臣百姓的自私邪恶行为的学说。由此看来，法术之士之所以还没被杀戮的原因，只是能促成帝王之业的法术还没进献罢了。君主运用法术，大臣就不能擅权独断，左右近侍就不敢卖弄权势；官府执行法令，游民就会从事农耕，游说之士也要冒着危险去阵前打仗。那么法术就被群臣百姓看成是祸害了。君主如果不能摈弃大臣的议论，摆脱黎民百姓的诽谤，而使自己的主张与法治学说相契合，那么法术之士即使到死，他们的学说也一定不会被认可。

昔者吴起教楚悼王以楚国之俗曰[①]："大臣太重，封君太众[②]，若此，则上逼主而下虐民，此贫国弱兵之道也。不如使封君之子孙三世而收爵禄，绝灭百吏之禄秩；损不急之枝官[③]，以奉选练之士。"悼王行之期年而薨矣[④]，吴起枝解于楚[⑤]。商君教秦孝公以连什伍[⑥]，设告坐之过[⑦]，燔诗书而明法令[⑧]，塞私门之请而遂公家之劳[⑨]，禁游宦之民而显耕战之士。孝公行之，主以尊安，国以富强，八年而薨，商君车裂于秦。楚不用吴起而削乱，秦行商君法而富强，二子之言也已当矣，然而枝解吴起而车裂商君者，何也？大臣苦法而细民恶治也。当今之世，大臣贪重，细民安乱[⑩]，甚于秦、楚之俗，而人主无悼王、孝公之听，则法术之士安能蒙二子之危也而明己之法术哉[11]？此世所以乱无霸王也。

〔注释〕

①吴起：战国时期卫国人，著名的法家人物和军事家。楚悼王时期担任掌管军政大权的令尹，实行变法。楚悼王死后，旧贵族趁机作乱，于公元前381年杀害吴起。楚悼王：名熊疑，战国时楚国国君，公元前401年—前381年在位。

②封君：有封邑者的称号。

③损：裁减。枝官：多余的行政机构。枝，旁支，这里指多余的。

④期（jī）年：一年。

⑤枝解：古代分解肢体的一种酷刑。枝，通“肢”。

⑥商君：即商鞅，战国时卫国人，又名公孙鞅、卫鞅。初为魏相公叔痤家臣，后入秦国，辅秦孝公实行变法。孝公死后，为旧贵族诬陷，遭车裂而死。秦孝公：战国时秦国的国君，曾任用商鞅进行变法。连：连接，组织。什伍：古代户籍编制单位，五家一伍，二伍为什。

⑦告坐：指告密和连坐的制度。过：责罚。

⑧燔（fán）：焚烧。诗书：旧注皆谓儒家典籍，从法家的晚辈李斯等除“医药卜筮种树之书”不烧其余尽皆焚毁看来，当不限于儒家著作，凡是妨害其“一言”专制者都在破除之列，况且诗书也并非为儒家一门所独享。

⑨请：请托。遂：与“塞”相对，通。

⑩细民：小民。

⑪二子：指吴起和商鞅。

〔译文〕

从前吴起根据楚国的社会情况引导楚悼王说：“现在大臣的权势太重，有封邑的贵族太多。像这样下去，他们就会对上威胁君主，对下凌虐百姓，这是造成国家贫困、军队疲弱的途径啊。

不如规定有封邑的贵族子孙,承袭到第三代就收回他们的爵禄,取消或减少百官的俸禄,裁减多余的行政机构,用来供养经过选拔和训练的士兵。”楚悼王施行此法才一年就死去了,结果吴起在楚国也被肢解而死。商鞅教秦孝公建立什伍组织,设置告密连坐的制度,焚烧诗书,彰明法令,堵塞私人的请托而进用对国家有功的人,禁绝靠游说做官的人而使农民和士兵显贵起来。秦孝公实行了这些主张,君主因此尊贵安稳,国家因此富庶强大。八年后秦孝公死了,商鞅在秦国被车裂而死。楚国不用吴起的措施而变得贫弱混乱,秦国推行商鞅变法而富庶强大。二人的主张已够正确的了,但是吴起被肢解,商鞅遭车裂,是什么原因呢?是由于大臣苦于法令而小民憎恨法治啊。当今这个时代,大臣贪图权势,小民安于动乱,比秦、楚那时的社会情况还要严重,而君主又没有楚悼王、秦孝公那样的明察,那么法术之士又怎能冒吴起、商鞅的危险来阐明自己的法术主张呢?这就是当今社会混乱而没有出现统一天下的君主的原因。

饰 邪

饰，通“饬”，意为整治。饰邪，即整治邪恶的意思。

韩非认为，迷信鬼神、依恃大国、玩弄智巧都是法治的大敌。他铺陈列举了一系列的历史事实，以此证明迷信龟卜和星象的荒谬，指出强国的关键在于彰明法度。他提倡“大忠”，反对“小忠”，提倡“公义”，反对“私义”，都是在要求以君主和国家的利益为首位。韩非还分析了魏、赵、燕国三国的兴盛和衰亡，来说明重视法治关乎一个国家的命运，法治就如同国家的镜子和秤砣，“夫摇镜则不得为明，摇衡则不得为正，法之谓也”。这些强调“法”而轻视神祝的观点，反映了中国古代早期朴素的唯物主义无神论思想。

凿龟数策[1]，兆曰大吉[2]，而以攻燕者，赵也。凿龟数策，兆曰大吉，而以攻赵者，燕也。剧辛之事燕[3]，无功而社稷危[4]；邹衍之事燕[5]，无功而国道绝[6]。赵代先得意于燕[7]，后得意于齐，国乱节高[8]，自以为与秦提衡[9]，非赵龟神而燕龟欺也[10]。赵又尝凿龟数策而北伐燕，将劫燕以逆秦[11]，兆曰大吉。始攻大梁而秦出上党矣[12]，兵至釐而六城拔矣；至阳城，秦拔邺矣[13]；庞援揄兵而南[14]，则鄣尽矣。臣故曰：赵龟虽无远见于燕，且宜近见于秦。秦以其大吉,辟地有实⑮,救燕有有名⑯。赵以其大吉,利削兵辱,主不得意而死。又非秦龟神而赵龟欺也。初时者,魏数年东乡攻尽陶、卫⑰,数年西乡以失其国⑱,此非丰隆、五行、太一、王相、摄提、六神、五括、天河、殷抢、岁星数年在西也⑲,又非天缺、弧逆、刑星、荧惑、奎台数年在东也⑳。故曰:龟策鬼神不足举胜㉑,左右背乡不足以专战㉒。然而恃之,愚莫大焉。

〔注释〕

①凿龟:即钻龟,与数策同为古代卜问吉凶的一种方法。通过钻烧龟甲,根据龟甲所出现的裂纹来推断吉凶。数策:用五十根蓍草茎作工具,根据《周易》规定的占筮方法组成卦象,再以卦象去推断吉凶。

②兆:征兆,卜筮的结论,即龟甲钻烧出的裂纹和蓍草组成的卦象。

③剧辛:战国时燕将,原为赵国人,公元前242年,燕王喜命剧辛带兵攻赵,剧辛轻敌,被赵将庞援所擒,使国家处于险境。事:侍奉,效力。

④社稷:代指国家。社,土神。稷,谷神。

⑤邹衍:战国时齐国人,先秦阴阳家的代表人物,后到燕国,燕昭王奉之为师。

⑥国道绝:义同上句"社稷危",国家昌盛之道堵塞。

⑦代:赵国重镇,与赵连用,"赵代"也即赵国。

⑧节:气节,这里引申为气势。

⑨提衡:把称提平,指势均力敌。衡,称。

⑩神:灵验。

⑪劫:威胁,这里指挟持。逆:抗拒。

⑫大梁:此"大梁"非魏国的国都"大梁",与下文的鳌、阳城俱为燕国地名。上党:原属韩国,当时为秦所占。

⑬邺:与鄗俱为赵地名。

⑭揄(yú):引。

⑮辟地:开辟疆土。实:实惠。

⑯有:通“又”。

⑰乡:通“向”。

⑱西乡:秦国在魏国以西,西乡即攻打秦国。失其国:这里指失其大片国土。

⑲丰隆、五行、太一、王相、摄提、六神、五括、天河、殷抢、岁星:古代星名,当时这些星都被认为是吉星,处在某个方位,与之相应的国家就“大吉”。据王先慎说,“岁星”后无“非”字,今据删,下文“奎台”后“非”字亦据删。

⑳天缺、弧逆、刑星、荧惑、奎台:古代星名,当时都被认为是凶星。

㉑举:提出,这里指推断。

㉒左右背乡:即天星的各种方位,或左,或右,或背,或向。专:决断。

〔译文〕

钻烧龟甲、用蓍草进行卜筮,兆象说大吉,根据这个兆象去攻打燕国的,是赵国。钻烧龟甲、用蓍草进行卜筮,兆象说大吉,根据这个兆象去攻打赵国的,是燕国。剧辛在燕国效力,没有功绩却导致国家处于危险的境地;邹衍在燕国效力,没有功绩却导致国家几乎灭亡。赵国先是战胜了燕国,后来战胜了齐国,国内混乱还趾高气扬,自以为和秦国势均力敌了,这不是赵国的占卜灵验而燕国的占卜失实。赵国又曾通过龟甲和卜筮而向北讨伐燕国,想要挟持燕国去抗拒秦国,兆象说大吉。才开始进攻燕国的大梁,秦国就从上党出兵了;赵军进攻至燕国釐地时,自己的六个城已被秦国攻克了;赵军进攻至燕国的阳城,秦军又攻占赵国的邺地;等到庞援引兵向南救援时,鄣地一带也全被秦军占领了。所以我认为:赵国的占卜即使对攻打燕国缺乏远见,也应对秦国进攻赵国有所预见。秦国根据那个大吉，开辟疆土得到了实惠，救援燕国又得到了美名。赵国根据那个大吉，利益削减、士兵受辱，赵王不能如愿以偿，也在当年死去了，这也并不是秦国的占卜灵验而赵国的占卜骗人。当初，魏国几年间向东进攻，全部攻下了陶地和卫国，几年后向西进攻秦国却失去了自己的国家，这不是丰隆、五行、太一、王相、摄提、六神、五括、天河、殷抢、岁星等吉星有几年都处在西方，又不是天缺、弧逆、刑星、荧惑、奎台等凶星有几年都处在东方。所以说：卜筮鬼神不足以推断战争胜负，星体的方位变化不足以决定战争结果。既然如此，却还要倚仗它们，没有什么比这更愚蠢的了。

古者，先王尽力于亲民[①]，加事于明法[②]。彼法明则忠臣劝[③]；罚必则邪臣止[④]。忠劝邪止而地广主尊者，秦是也；群臣朋党比周，以隐正道、行私曲而地削主卑者[⑤]，山东是也[⑥]。乱弱者亡，人之性也。治强者王[⑦]，古之道也。越王勾践恃大朋之龟与吴战而不胜[⑧]，身臣入宦于吴[⑨]；反国弃龟[⑩]，明法亲民以报吴[⑪]，则夫差为擒。故恃鬼神者慢于法[⑫]，恃诸侯者危其国。曹恃齐而不听宋[⑬]，齐攻荆而宋灭曹[⑭]。邢恃吴而不听齐[⑮]，越伐吴而齐灭邢。许恃荆而不听魏[⑯]，荆攻宋而魏灭许。郑恃魏而不听韩，魏攻荆而韩灭郑。今者韩国小而恃大国，主慢而听秦、魏，恃齐、荆为用，而小国愈亡。故恃人不足以广壤[⑰]，而韩不见也。荆为攻魏而加兵许、鄢[⑱]，齐攻任、扈而削魏，不足以存郑[⑲]，而韩弗知也。此皆不明其法禁以治其国，恃外以灭其社稷者也。

〔注释〕

①先王：指古代实行法治的君主。亲民：亲近民众，韩非之亲民与儒家德化政治异趣，这是建立在严刑峻法基础上使臣民不敢为非因而得以全身远害的理念。

②加事：尽心竭力地从事。

③劝：受到鼓励。

④必：坚决。

⑤隐：掩盖。正道：正确的法律原则。私曲：私利。

⑥山东：峭山以东的地区，实指齐、楚、燕、韩、赵、魏六国。

⑦王（wàng）：称王，实际上是称霸。

⑧大朋：价格昂贵。朋，先秦货币单位，上古以贝壳为货币，贝壳与贝壳相联即为朋。

⑨身：自身。臣：做了俘虏。宦：服贱役。

⑩反：同"返"。弃龟：抛弃龟甲的迷信。

⑪报：指报复、报仇。

⑫慢：简慢，忽视。

⑬曹：诸侯国名，位于今山东定陶一带。宋：诸侯国名，在今河南、山东、江苏一带。

⑭荆：楚国别名。

⑮邢：诸侯国名，位于今河南邢台一带。

⑯许：诸侯国名，位于今河南叶县西。

⑰广壤：开疆拓土。

⑱鄢（yān）：与下句"任""扈"俱为魏国地名。

⑲郑：新郑，位于今河南新郑，当时韩都，这里代指韩国。

〔译文〕

在古代，先王致力于亲近百姓，从事于彰明法度。他们的法度彰明了,忠臣就受到鼓励;刑罚坚决了,奸臣就停止作恶。忠臣受到鼓励,奸臣停止作恶,因而国土拓展、君主尊贵,秦国正是这样;群臣相互勾结,背离正道营私舞弊,因而国土丧失,君主卑下,山东六国正是这样。社会混乱国力弱小的必然灭亡,这是人类社会的一般规则。社会安定国力强盛的称王天下,这是自古以来的规律。越王勾践倚仗贵重的龟甲显示的吉兆同吴国打仗,结果没有取得胜利,自己成了俘虏去吴国服贱役;返回国后抛弃龟甲,彰明法度、亲近百姓以求报吴国之仇,结果吴王夫差被他擒获了。所以倚仗鬼神保佑的就会忽视法治,倚仗别国援助的就会危害自己的国家。曹国倚仗齐国而不听从宋国,当齐国攻打楚国的时候,宋国就把曹国灭掉了。邢国倚仗吴国而不服从齐国,当越国攻打吴国的时候,齐国就把邢国灭掉了。许国倚仗楚国而不服从魏国,当楚国攻打宋国的时候,魏国就灭掉了许国。郑国倚仗魏国而不服从韩国,魏国攻打楚国的时候,韩国就灭掉了郑国。现在韩国弱小而倚仗大国,君主忽视法制而服从秦、魏两国,倚仗齐和楚作维持的手段,结果使本就弱小的韩国越发趋于灭亡。所以倚仗别人不足以开拓疆土,而韩国却看不见这一点。楚国为了攻打魏国而向许、鄢用兵,齐国攻打任、扈两地而侵夺魏地,这都不足以保存韩国,而韩国自己却不清楚。这些都是不彰明法令来治理国家,却倚仗外国力量而导致自己国家灭亡的例子。

臣故曰:明于治之数,则国虽小,富;赏罚敬信[①],民虽寡,强。赏罚无度,国虽大兵弱者,地非其地,民非其民也。无地无民,尧、舜不能以王[②],三代不能以强[③]。

人主又以过予[4]，人臣又以徒取[5]。舍法律而言先王明君之功者，上任之以国。臣故曰：是愿古之功[6]，以古之赏赏今之人也。主以是过予，而臣以此徒取矣。主过予则臣偷幸[7]，臣徒取则功不尊，无功者受赏则财匮而民望[8]，财匮而民望则民不尽力矣。故用赏过者失民，用刑过者民不畏。有赏不足以劝，有刑不足以禁，则国虽大必危。

〔注释〕

①敬：谨慎。信：守信。

②王（wàng）：称王。

③三代：指夏、商、周三代。

④过予：错误地给予。

⑤徒取：无功而受赏赐。

⑥愿：向往。

⑦偷幸：苟且，侥幸。

⑧匮：匮乏。望：埋怨，怨恨。

〔译文〕

所以我认为：如果懂得治理的办法，那么国家虽然小，也可以富有；赏罚谨慎守信，民众虽少，也可以强大。赏罚没有标准，国家虽然很大而兵力衰弱，土地不是自己的土地，民众不是自己的民众。没有土地和民众，尧、舜也不能称王天下，夏、商、周三代也不能强盛。君主又错误地给予，臣子又白白地得赏。对那些不顾法律而谈论先王明君功绩的人，君主却把国事委托给他。我所以说：这是指望有古代君王那样的功绩，却拿古代君主给有功者的赏赐去奖赏现在的空谈家。君主因此错误地给予奖励，臣子因此白白地得赏。君主错误地行赏，臣下就会苟且和侥幸；臣下白白地得赏，功劳就不再尊贵了。无功的人受赏，国家财力就会匮乏，民众就会抱怨；财力匮乏、民众抱怨，民众就不会为君主尽力了。所以行赏不当的就会失去民众，用刑不当的民众就不再畏惧。设有赏赐却不足以勉励立功，设有刑罚却不足以禁止邪恶，那么国家即使很大，也一定是很危险的。

故曰：小知不可使谋事[①]，小忠不可使主法。荆恭王与晋厉公战于鄢陵[②]，荆师败，恭王伤。酣战，而司马子反渴而求饮[③]，其友竖穀阳奉卮酒而进之[④]。子反曰："去之，此酒也。"竖穀阳曰："非也。"子反受而饮之。子反为人嗜酒，甘之，不能绝之于口，醉而卧。恭王欲复战而谋事，使人召子反，子反辞以心疾。恭王驾而往视之[⑤]，入幄中闻酒臭而还[⑥]，曰："今日之战，寡人目亲伤。所恃者司马，司马又如此，是亡荆国之社稷而不恤吾众也[⑦]。寡人无与复战矣！"罢师而去之，斩子反以为大戮。故曰：竖穀阳之进酒也，非以端恶子反也[⑧]，实心以忠爱之，而适足以杀之而已矣。此行小忠而贼大忠者也[⑨]。故曰：小忠，大忠之贼也。若使小忠主法，则必将赦罪，赦罪以相爱，是与下安矣，然而妨害于治民者也。

〔注释〕

①小知：小聪明。知，同"智"。

②荆恭王：即楚共王，名审，春秋时期楚国国君。晋厉公：晋国国君，

名州蒲。鄢陵:郑国地名,位于今河南鄢陵。

③司马:官名,掌管国家军政。子反:楚公子侧的字。

④竖:年轻的侍从。穀阳:人名。奉:捧。卮(zhī):古代盛酒的器皿。

⑤驾:驾车。

⑥幄:帷帐。臭(xiù):气味。

⑦亡:通“忘”。恤:关心。

⑧端:故意。

⑨贼:祸害。

〔译文〕

所以说:玩弄小聪明的人不能让他谋划事情,只对私人效忠的人不能让他掌管法令。楚恭王和晋厉王在鄢陵交战,楚军战败,楚恭王受了伤。战斗正在激烈进行时,司马子反口渴要水喝,于是有他的年轻侍仆穀阳捧了一卮酒给他。子反说:“拿走,这是酒。”侍仆穀阳说:“这不是酒。”子反于是接过来喝了。子反为人喜欢喝酒,觉得酒味甘甜,不能停口,结果喝醉后睡着了。恭王想重新开战和他谋划战事,派人叫子反来,子反借口心病发作而加以推辞。恭王乘车前去看他,进入帐中闻到酒气就回去了,说:“今天的战斗,我自己的眼睛都受了伤。我所依赖的是司马,司马又是这个样子,这是忘记了楚国的社稷而不关心我的部队啊。我没有条件和敌人重新开战了!”于是退兵回去,杀了子反并且以之为奇耻大辱。所以说:侍仆穀阳进酒,并非要故意谋害子反,而是真心地忠爱子反,但最终却恰好因此而害了他。这便是行小忠而害大忠的例子。所以说:小忠是对大忠的祸害。如果让尽小忠的人掌管法制,那就必然会赦免罪犯,用赦免罪犯来表示相爱,这样他同下面的人是相安了,但却妨害了治理民众。

当魏之方明《立辟》、从宪令之时[1]，有功者必赏，有罪者必诛，强匡天下[2]，威行四邻[3]；及法慢[4]，妄予[5]，而国日削矣。当赵之方明《国律》、从大军之时[6]，人众兵强，辟地齐燕；及《国律》慢，用者弱[7]，而国日削矣。当燕之方明《奉法》、审官断之时[8]，东县齐国[9]，南尽中山之地；及《奉法》已亡，官断不用，左右交争[10]，论从其下[11]，则兵弱而地削，国制于邻敌矣。故曰：明法者强，慢法者弱。强弱如是其明矣，而世主弗为，国亡宜矣。语曰："家有常业，虽饥不饿[12]；国有常法，虽危不亡。"夫舍常法而从私意，则臣下饰于智能[13]；臣下饰于智能，则法禁不立矣。是妄意之道行，治国之道废也。治国之道，去害法者，则不惑于智能，不矫于名誉矣[14]。昔者舜使吏决鸿水[15]，先令有功而舜杀之[16]；禹朝诸侯之君会稽之上，防风之君后至而禹斩之[17]。以此观之，先令者杀，后令者斩，则古者先贵如令矣[18]。故镜执清而无事[19]，美恶从而比焉[20]；衡执正而无事，轻重从而载焉。夫摇镜则不得为明，摇衡则不得为正，法之谓也。故先王以道为常，以法为本，本治者名尊，本乱者名绝。凡智能明通，有以则行[21]，无以则止。故智能单道[22]，不可传于人，而道法万全，智能多失。夫悬衡而知平，设规而知圆，万全之道也。明主使民饰于道之故，故佚而有功[23]。释规而任巧，释法而任智，惑乱之道也。乱主使民饰于智，不知道之故,故劳而无功。释法禁而听请谒,群臣卖官于上,取赏于下,是以利在私家而威在群臣。故民无尽力事主之心,而务为交于上㉔。民好上交,则货财上流,而巧说者用;若是则有功者愈少。奸臣愈进而材臣退㉕,则主惑而不知所行,民聚而不知所道。此废法禁、后功劳、举名誉、听请谒之失也㉖。凡败法之人,必设诈托物以来亲㉗,又好言天下之所希有㉘,此暴君乱主之所以惑也,人臣贤佐之所以侵也㉙。故人臣称伊尹、管仲之功,则背法饰智有资㉚;称比干、子胥之忠而见杀,则疾强谏有辞㉛。夫上称贤明,下称暴乱,不可以取类,若是者禁。君之立法,以为是也。今人臣多立其私智,以法为非者是邪。以智过法立智㉜。如是者禁,主之道也。

〔注释〕

①方:正在。明:彰明。《立辟》:当时魏国的刑书。从:从事。宪令:法令。

②匡:匡正。

③行:到达。

④慢:松弛。

⑤妄予:胡乱给予,即滥赏。

⑥《国律》:赵国的国法。从大军之时:这里指赵武灵王进行的军事改革,胡服骑射,从而使国势大盛。

⑦用者:执政掌权的人。

⑧《奉法》:燕国刑书。审:审慎,重视。官断:官府决断。

⑨东县齐国:向东把齐国的土地作为自己的郡县。

⑩左右:君王身边的近臣。交争:互相争斗。

⑪论从其下:政令听由臣下发出。论,论断,这里指决策。

⑫饥:荒年。

⑬饰:粉饰美化。

⑭矫:欺骗。

⑮决:排泄,疏通。鸿:通“洪”。

⑯先令有功:在命令下达以前就立了功。

⑰防风之君后至而禹斩之:事见《国语·鲁语》。防风,一名防风氏,古史传说人物,传说为夏朝统治下东南滨海部落的一个首领。

⑱古者先贵如令:古代的先贤重视遵令而行。如令,依令而行。

⑲执:保持。无事:不受污损。

⑳比:比较。

㉑以:依据,这里指按照道与法办事。

㉒单道:不完善的小道。

㉓佚:安闲。

㉔上:这里指的是权臣、重臣,区别于以“主”代指的君主。

㉕材:有才能。

㉖后功劳:不重视有功劳的人。举名誉:重用徒有虚名的人。

㉗来:招徕。

㉘希:通“稀”。

㉙人臣:本句人臣指明法术之士,下句“人臣”是泛指。侵:受到侵害。

㉚资:凭借,依据。

㉛疾:顾广圻云据上句语法,“疾”下当有脱字。辞:借口。

㉜过:责怪,诋毁。

〔译文〕

当魏国正在彰明《立辟》、从事法令建设的时候,有功的一定给予赏赐,有罪的一定给予处罚,强盛得可以匡正天下,威势达到四方的邻国;等到法令懈怠,赏赐混乱,国家就日益衰弱了。

当赵国正在彰明《国律》、从事军队建设的时候，人民众多，兵力强大，攻占了齐国和燕国的土地；等到对《国律》懈怠，执政者软弱无能的时候，国家就日益衰弱了。当燕国正在彰明《奉法》、重视政府决策的时候，向东可以把齐国作为自己的郡县，向南完全占领了中山国的国土；等到《奉法》的作用消失，政府决策不再实行，左右亲信相互争斗，君主听从臣下决策，于是兵力削弱，土地削减，国家也就受制于邻国了。所以说：严明法制的国家就强大，法制松弛的国家就弱小。强与弱的对比是如此的分明，然而当代的君主却不实行，国家的危亡真是应得的后果。俗语说："家里有固定的产业，即使遇到荒年也不会挨饿；国家有固定的法制，即使危险也不会衰亡。"舍弃固定法制而顺从个人的意志办事，臣下就会粉饰自己的智能；臣下粉饰自己的智能，法律禁令就起不了作用。这样，随心所欲的做法就通行起来，以法治国的原则就废弃了。治理国家的原则，是要舍弃危害法令的东西，才不会被智巧的言行所迷惑，不会被虚假的言论所欺骗。过去舜帝派官吏排泄洪水，早于命令下达之前而抢先立功的，舜帝就把他杀掉了；夏禹在会稽山上接受诸侯国君的朝见，防风氏迟到而夏禹杀了他。由此看来，先于命令行动的被杀掉了，后于命令行动的也被杀掉了，可知古代的人重视的是遵照命令办事。所以镜子保持清亮而不受污损，美和丑就会因此比较出来；衡器保持平正而不受干扰，轻重就会因此衡量出来。摇动镜子就不能保持明亮，摇动衡器就不能保持平正，法治就是这样。所以先王把道作为治国的常规，把法作为立国的根本。法制严明，君主名位就尊贵；法制混乱，君主名位就丧失。凡是智能高的人，如果按照道与法办事就行得通，否则就行不通。所以智能是偏道，不能传给人。道和法才是万全的，凭借智能往往容易失败。悬挂衡器才知道平不平，设置圆规才知道圆不圆，这是万全之道。英明的君主让臣民接受道的整治，所以不费力而有成效。丢掉规矩而单凭技巧，放弃法治而单凭智慧，是使人迷惑混乱的办法。昏君使民众用智巧粉饰自己，是不懂道的缘故，所以劳而无功。放弃法令而听从私人的请托，群臣在上面出卖官爵，从下面取得报酬，所以利益归于私门而权势落于群臣手中。所以百姓没有尽力侍奉君主的心意，而是致力于结交上面的大臣。百姓喜欢结交上面的大臣，财货就向上流入大臣之手，而善于花言巧语的人就被任用。像这样的话，建功立业的人就越来越少。奸臣越来越得到进用而有才能的臣子遭到斥退，君主就会迷惑而不知道该怎么做，百姓聚集起来也不知道向什么地方去。这就是废弃法令、轻视功劳、举拔虚名和偏听请托的过失。凡是败坏法制的人，一定会设下骗局、假托事故来亲近君主，又喜欢谈论天下少见的东西，这就是暴君昏主所以受迷惑、贤人佐臣所以受侵害的原因。所以臣子称颂伊尹、管仲的功劳，他们违背法治、玩弄智巧就有了根据；称颂比干、伍子胥的忠贞被杀，他们激烈地向君主进谏就有了借口。他们上称说任用伊尹、管仲的贤明，下又称说杀害比干、伍子胥的残暴，这样的两种极端情况是不可以拿来类推的，像这样的诡辩就应该禁止。君主立法，认为它是绝对正确的。现在臣子多标榜个人智巧来否定国法，这就是用智巧来诋毁法制、标榜智巧。像这样的做法应予禁止，这是做君主的原则。

明主之道，必明于公私之分，明法制，去私恩[①]。夫令必行，禁必止，人主之公义也[②]；必行其私，信于朋友，不可为赏劝,不可为罚沮[3],人臣之私义也。私义行则乱,公义行则治,故公私有分。人臣有私心,有公义。修身洁白,而行公行正,居官无私,人臣之公义也;污行从欲[4],安身利家,人臣之私心也。明主在上,则人臣去私心行公义。乱主在上,则人臣去公义行私心。故君臣异心,君以计畜臣[5],臣以计事君。君臣之交,计也。害身而利国,臣弗为也;害国而利臣,君不为也。臣之情,害身无利;君之情,害国无亲。君臣也者,以计合者也。至夫临难必死,尽智竭力,为法为之[6]。故先王明赏以劝之,严刑以威之。赏刑明则民尽死[7];民尽死则兵强主尊。刑赏不察则民无功而求得[8],有罪而幸免[9],则兵弱主卑。故先王贤佐尽力竭智。故曰:公私不可不明,法禁不可不审,先王知之矣。

〔注释〕

①私恩:指不合法制的私人恩惠。

②公义:符合国家利益的原则。

③沮(jǔ):阻止。

④从:同"纵",放纵。

⑤计:算计。畜:畜养。

⑥为法为之句:谓因为是法度使他们这样做的。

⑦尽死:拼命。

⑧察:明确。

⑨幸:侥幸。

〔译文〕

英明君主的原则，一定要明白公和私的区别，彰明法制，舍弃私人恩惠。有令必行，有禁必止，是君主的公义；一定要实现自己的私利，讲朋友之间的信用，不能用赏赐鼓励，不能用刑罚阻止，是臣子的私义。私义风行国家就会混乱，公义风行国家就会太平，所以公私是有区别的。臣子有私心，也有公义。修身廉洁而办事公正，居官没有私心，是臣子的公义；玷污自己的品行而放纵私欲，只图自己的安身和私家的利益，是臣子的私心。有英明的君主在上，臣子就会抛弃私心而行公义；昏庸的君主在上，臣子就抛弃公义而满足私心。所以君和臣的想法是不一样的，君主算计着蓄养臣子，臣子也算计着侍奉君主。君主与臣子之间的关系是相互算计的。危害自身而有利国家，臣子是不做的；危害国家而有利臣子，君主是不做的。臣子的本心，有害于自身就谈不上利益；君主的本心，有害于国家就谈不上亲近。君臣关系是凭借算计之心结合起来的。至于臣子遇到危难一定拼死效忠，竭尽自己的才智和力量，是法度使他们这样做的。所以先王明定赏赐来加以勉励，严定刑罚来加以制服。奖赏与刑罚分明，臣民就能为国家拼命；臣民为国家拼命，兵力就会强盛，君主就会尊贵。刑罚与奖赏不分明，臣民就会不立功而贪图报偿，犯了罪却希求幸免，就会导致兵力弱小，君主卑下。所以先王贤臣都为此用尽了心力和智慧。所以说，公与私的界限不能不明确，法制不能不清楚，先王是懂得这个道理的。

说林上

所谓《说林》是指其广说诸事,其多若林。《说林》分上下两篇,上篇汇集了三十四则故事,下篇三十七则。这些故事内容广泛,有的摘自古代的史书,有的来自民间传说,有的是韩非自己创作或加工的寓言,其中的一部分甚至还加上了韩非自己的评语。短小精练,寓意深刻,可读性很强。学者们认为是韩非为写作和游说所准备的材料,因而《说林》中的故事主旨都围绕着韩非的学说,且多在其他篇章中重复出现。

汤以伐桀[①],而恐天下言己为贪也,因乃让天下于务光。而恐务光之受之也[②],乃使人说务光曰[③]:“汤杀君而欲传恶声于子[④],故让天下于子。”务光因自投于河。

〔注释〕

①汤:即商汤,商朝的开国君主。以:通“已”,已经。桀(jié):即夏桀,夏朝的最后一位君主,传说中的暴君。

②务光:传说中夏末商初隐居的高士。

③说(shuì):劝说。

④恶声:坏名声。子:对对方的尊称。

〔译文〕

商汤已经诛灭夏桀，而怕天下人说自己伐桀是贪利，于是就把天下让给务光。但怕务光真的接受下来，就又派人劝告务光说："商汤杀了君主夏桀而想把坏名声转嫁给你，所以才把天下让给你。"务光因此投河自尽。

秦武王令甘茂择所欲为于仆与行事[①]。孟卯曰[②]："公不如为仆。公所长者，使也[③]。公虽为仆，王犹使之于公也。公佩仆玺而为行事[④]，是兼官也。"

〔注释〕

①秦武王：战国时秦国的君主，惠文王之子。甘茂：楚国下蔡人，战国中期秦国名将、左丞相。仆：太仆，管君主车马的官，下文称"使"，是君主的使者。

②孟卯：一作"芒卯""昭卯"，战国时齐国人，能言善辩，后为魏国大将。

③使：使者。

④玺：官印。古代诸侯、卿、大夫的印信都可称之为"玺"，秦以后专指皇帝的印信。

〔译文〕

秦武王让甘茂在仆官与行事官中选择一种自己想要做的官职。孟卯说："您不如做仆官。您的特长是做使臣。您即使做了仆官，君主仍会把使臣的事务交给您。您佩戴着仆官的印信，又做着行事官的事情，这是身兼二职啊！"

子圉见孔子于商太宰[1]。孔子出，子圉入，请问客[2]。太宰曰："吾已见孔子，则视子犹蚤虱之细者也[3]。吾今见之于君。"子圉恐孔子贵于君也，因谓太宰曰："君已见孔子，亦将视子犹蚤虱也。"太宰因弗复见也。

〔注释〕

①子圉(yǔ)：人名，生平不详。见(xiàn)：引见。商：宋国的别名，宋国君主是商纣王庶兄微子的后代，因而有时称宋为商。太宰：宋国的官名，职位与"相"相当。

②客：这里指孔子。

③子：您，这里指子圉。细：微小。

〔译文〕

子圉把孔子引见给宋国太宰。孔子走后，子圉进来，询问太宰对孔子的看法。太宰说："我见过孔子之后，再看你就像渺小的跳蚤虱子一样了。我现在就把他引见给君主。"子圉恐怕孔子被君主看重，因而告诉太宰说："君主见过孔子后，也将把您看作如同跳蚤虱子一般了。"于是太宰不再向宋君引见孔子。

魏惠王为臼里之盟[1]，将复立于天子[2]。彭喜谓郑君曰[3]："君勿听。大国恶有天子[4]，小国利之。若君与大不听，魏焉能与小立之？"

〔注释〕

①魏惠王:魏国君主,在位时迁都大梁,故典籍又称梁惠王。臼里:一作“九里”,东周王城,在今河南境内。盟:古代诸侯举行盟会,杀牲歃血,向神明宣誓。

②将复立于天子:《战国策》无“立于”二字,句谓将恢复周天子的地位。

③彭喜:人名,生平不详。郑君:即韩君,韩灭郑后迁都于郑,故又称郑君。

④恶(wù):憎恶。

〔译文〕

魏惠王在臼里主持诸侯盟会,打算恢复名存实亡的周天子的地位。彭喜告诉韩王说:“君王别听他的。大国憎恶有天子,天子只对小国有利。如果君主您和大国都不听他的,魏国还怎么能和小国一起恢复周天子的地位呢?”

晋人伐邢[①],齐桓公将救之。鲍叔曰[②]:“太蚤[③]。邢不亡,晋不敝;晋不敝[④],齐不重。且夫持危之功[⑤],不如存亡之德大。君不如晚救之以敝晋,齐实利。待邢亡而复存之,其名实美。”桓公乃弗救。

〔注释〕

①邢:西周时分封的诸侯国,位于今河北、山东境内,春秋时为魏国所灭。

②鲍叔:即鲍叔牙,春秋时齐国大夫,以知人著称,桓公时让贤于管

仲,齐国大治。

③蚤:通“早”。

④敝:疲惫。

⑤且夫:况且。持:扶持,这里指挽救。

〔译文〕

晋国讨伐邢国,齐桓公打算前去解救。鲍叔说:“为时太早了。邢国不灭亡,晋国就不疲惫;晋国不疲惫,齐国地位就不会重要起来。况且扶持处于危险的国家的功德,比不上恢复亡国的功德大。您不如晚一点去救援邢国,以便使晋国疲惫,齐国才能真正得到好处。等邢国灭亡后再帮助他们复国,那样的名声才真正美好。”齐桓公于是不去救援。

子胥出走[①],边侯得之[②]。子胥曰:“上索我者[③],以我有美珠也。今我已亡之矣[④],我且曰子取吞之。”侯因释之。

〔注释〕

①子胥:伍子胥,名员,春秋时期楚国人。

②边侯:防守边界关卡的官吏。

③索:搜求,搜捕。

④亡:丢失。

〔译文〕

楚人伍子胥出逃,防守边界关卡的官吏抓住了他。伍子胥说:“君主搜捕我,是因为我有一颗美丽的宝珠。现在我已丢失了，你如果将我抓去，我会对君主说是你把它拿走侵吞了。”守边官吏因此放走了伍子胥。

庆封为乱于齐而欲走越[1]。其族人曰：“晋近，奚不之晋[2]？”庆封曰：“越远，利以避难。”族人曰：“变是心也[3]，居晋而可；不变是心也，虽远越，其可以安乎[4]？”

〔注释〕

①庆封：春秋时期齐国大夫，字子家。崔杼弑齐庄公，拥立景公，与他分任右相、左相。后因荒淫乱政被驱逐，逃往吴国，楚灵王伐吴时被擒。走：逃亡。

②之：到，往。

③是：这，指作乱。

④其：难道。

〔译文〕

庆封在齐国作乱后，想出逃到越国去。同族的人说：“晋国近，为什么不去晋国呢？”庆封说：“越国遥远，有利于避难。”同族的人说：“你把作乱的念头改掉的话，住在晋国就可以了；不把这种念头改掉，即使远居越国，难道就能够安宁吗？”

智伯索地于魏宣子[1]，魏宣子弗予。任章曰[2]：“何故不予？”宣子曰：“无故请地，故弗予。”任章曰：“无故索地，邻国必恐。彼重欲无厌[3]，天下必惧。君予之地，智伯必骄而轻敌，邻邦必惧而相亲。以相亲之兵，待轻敌之国,则智伯之命不长矣。《周书》曰:'将欲败之,必姑辅之[4];将欲取之,必姑予之。'君不如予之,以骄智伯。且君何释以天下图智氏[5],而独以吾国为智氏质乎[6]?"君曰:"善。"乃与之万户之邑[7]。智伯大悦,因索地于赵,弗与,因围晋阳。韩、魏反之外,赵氏应之内,智氏自亡[8]。

〔**注释**〕

①智伯:即智伯瑶,晋国六卿之一。在春秋末期晋国六卿中,智伯势力最强,他先联合韩、赵、魏三家灭掉范氏和中行氏,后又向三家分别索地。魏宣子:名驹,一作魏桓子。

②任章:人名,应当是魏宣子的家臣。

③重欲无厌:即贪得无厌。厌,满足。

④姑:姑且,先。

⑤释:放弃,舍弃。图:图谋,设法对付。

⑥质:靶子,指被攻击的目标。

⑦邑:城邑。

⑧自:即。

〔**译文**〕

智伯向魏宣子索要土地,魏宣子不给。任章说:"为什么不给呢?"魏宣子说:"平白无故索要土地,所以不给。"任章说:"智伯无故索要土地,邻国必然会害怕。他欲壑难填,天下一定会恐惧。您给了土地,智伯一定会骄傲而轻敌,邻国一定会因为恐惧而相互亲近。用相互亲近的军队来对付轻敌的国家,那么智伯的寿命就不会长久了。《周书》上说:'想要打败它,必须暂且辅助它;想要夺取它,必须暂且给予它。’您不如把土地给予智伯,以便使他骄傲起来。况且您为何放弃用天下的力量来对付智氏,而单独把我国作为智氏的靶子呢?”宣子说:“好。”于是就把一个拥有上万户人家的城邑给了智伯。智伯十分高兴,接着又向赵国索要土地,赵国不给,智伯因而围攻晋阳。韩氏、魏氏在城外反戈,赵氏在城内接应,智氏由此灭亡了。

秦康公筑台三年①,荆人起兵②,将欲以兵攻齐。任妄曰③:“饥召兵,疾召兵,劳召兵,乱召兵。君筑台三年,今荆人起兵,将攻齐,臣恐其攻齐为声④,而以袭秦为实也,不如备之。”戍东边,荆人辍行。

〔注释〕

①秦康公:春秋时秦国的君主,秦穆公的儿子。台:供观赏游乐的建筑物。

②荆:楚国的别称。

③任妄:人名,生平不详。

④声:名义。

〔译文〕

秦康公修筑供游赏的台观已经历时三年。楚国出兵,打算前去攻打齐国。任妄说:“饥荒招致敌兵,病害招致敌兵,劳民招致敌兵,国乱招致敌兵。您筑了三年台观,现在楚国出兵要攻打齐国,我怕他们以攻打齐国为名,而实际上要来袭击秦国,不如多加防范。”秦国派兵对东面边境进行戍守,楚国就停止了军事行动。

齐攻宋，宋使臧孙子南求救于荆[1]。荆大说[2]，许救之甚劝[3]。臧孙子忧而反[4]。其御曰[5]："索救而得，今子有忧色，何也？"臧孙子曰："宋小而齐大。夫救小宋而恶于大齐，此人之所以忧也，而荆王说，必以坚我也[6]。我坚而齐敝[7]，荆之所利也。"臧孙子乃归。齐人拔五城于宋，而荆救不至。

〔注释〕

①臧孙子：《战国策》作"臧子"，人名，生平不详。

②说：同"悦"，高兴，喜悦。

③劝：起劲，卖力。乾道本作"欢"，顾广圻谓当从《战国策》作"劝"，今据改。

④反：同"返"，返回。

⑤御：御者，驾车的人。

⑥坚我：坚定我们抗齐的决心。

⑦敝：疲惫。

〔译文〕

齐国攻打宋国，宋国派臧孙子南下向楚国求救。楚国很高兴，答应给予救援，十分起劲。臧孙子忧心忡忡地返回宋国。他的车夫说："求救的事如愿以偿了，现在您还忧愁满面，为什么？"臧孙子说："宋国小，齐国大。为救援弱宋来得罪强齐，这是令人担忧的事，但楚王却那么高兴，一定是想以此来坚定我们抗齐的决心。我们坚持下去，齐兵就会疲惫，楚国的利益便在这里。"臧孙子就回到了宋国。齐人攻下了宋国五座城池，然而楚国的救兵一直没来救援。

魏文侯借道于赵而攻中山①，赵肃侯将不许。赵刻曰②："君过矣③。魏攻中山而弗能取，则魏必罢④。罢则魏轻，魏轻则赵重。魏拔中山，必不能越赵而有中山也。是用兵者魏也，而得地者赵也。君必许之，许之而大欢，彼将知君利之也，必将辍行。君不如借之道，示以不得已也。"

〔注释〕

①魏文侯：战国时魏国的君主，在位时任用李悝为相，吴起为将，西门豹为邺令，国势大盛。

②赵刻：《战国策》作"赵利"。人名，生平不详。

③过：错。

④罢（pí）：通"疲"，疲惫。

〔译文〕

魏文侯向赵国借路去攻打中山国，赵肃侯打算不答应。赵刻说："您错了。魏国攻打中山国如不能拿下来，魏国就一定会疲惫。魏国疲惫了地位就会变低，魏国地位变低了，赵国地位就抬高了。魏国攻克中山国后，必然不能越过赵国来占有中山国。这样，用兵的是魏国，而得地的是赵国。您一定得答应借给他道路，答应时如果显得很高兴，他就会知道您能从中得到好处，结果必将停止军事行动。您不如借路给他，并表现出借路是出于不得已的事情。"

鸱夷子皮事田成子[①]。田成子去齐，走而之燕，鸱夷子皮负传而从[②]。至望邑，子皮曰："子独不闻涸泽之蛇乎？泽涸，蛇将徙。有小蛇谓大蛇曰：'子行而我随之，人以为蛇之行者耳，必有杀子者。不如相衔负我以行[③]，人以我为神君也。'乃相衔负以越公道而行[④]，人皆避之，曰：'神君也。'今子美而我恶[⑤]，以子为我上客，千乘之君也；以子为我使者，万乘之卿也。子不如为我舍人。"田成子因负传而随之。至逆旅[⑥]，逆旅之君待之甚敬，因献酒肉。

〔注释〕

①鸱（chī）夷子皮：春秋时期齐国执政田成子的谋士。事：侍奉。

②传：古时出入关卡的符信、凭证。

③衔：用嘴叼着。

④公道：大路。

⑤恶：这里指容貌丑陋。

⑥逆旅：旅店。

〔译文〕

鸱夷子皮在田成子门下侍奉。田成子离开齐国，逃往燕国，鸱夷子皮背着出关的符信跟随着。到了望邑，子皮说："您难道没听说过干涸湖沼的蛇的故事吗？湖沼干涸，蛇准备迁移。有条小蛇对大蛇说：'您走在前面，我跟在后面，人们会认为这只不过是过路的蛇罢了，必然有人杀死您。不如相互衔着，您背着我走，人们会把我看作神君。'于是相互衔嘴，背着穿过大路，人们都躲开它们,说:‘这是神君。’现在您的仪表华美而我的相貌丑陋,把您当作我的上等门客,人们会把我看成千乘小国的君主;把您当作我的侍从,人们会把我看成万乘大国的卿相。您不如装作我的近侍吧。”田成子因此背着符信跟随在后。到了客店,客店主人非常恭敬地招待了他们,并献上了酒肉。

温人之周[①],周不纳客。问之曰:“客耶?”对曰:“主人。”问其巷人而不知也,吏因囚之。君使人问之曰:“子非周人也,而自谓非客,何也?”对曰:“臣少也诵《诗》曰[②]:‘普天之下,莫非王土;率土之滨[③],莫非王臣。’今君天子,则我天子之臣也。岂有为人之臣而又为之客哉?故曰:主人也。”君使出之。

〔注释〕

①温:地名,在今河南温县。之:到。周:指周都雒邑。

②《诗》:即《诗经》,下文引诗见《诗经·小雅·北山》。

③率土之滨:沿着滨海的土地向内延伸,即四海之内,与上文“普天之下”意同。率,循,沿着。

〔译文〕

有一个温邑的人来到周都雒邑,周国不接纳外来的客人。周人问他说:“你是外来的客人吗?”温人回答说:“是主人。”问他住在同一巷里的人,他却不知道,守城的官吏因而把他关了起来。周君派人问他:“你不是周国的人,却又自称不是客人,这是为什么呢?”温人回答说:“我小时候读过《诗经》,那上面说:

‘普天之下，没有哪片土地不是君王的土地；四海之内，没有哪个人不是君王的臣子。’现在君王您是天子，那么我就是天子的臣子。哪有做了天子的臣民的，却又成为他的客人的道理呢？所以我说：是主人。”周君于是派人将他释放了。

韩宣王谓樛留曰①：“吾欲两用公仲、公叔②，其可乎？”对曰：“不可。晋用六卿而国分，简公两用田成、阚止而简公杀③，魏两用犀首、张仪而西河之外亡④。今王两用之，其多力者树其党，寡力者借外权。群臣有内树党以骄主，内有外为交以削地，则王之国危矣。”

〔注释〕

①韩宣王：即韩宣惠王，战国时韩国君主。樛（jiū）留：人名，生平不详。

②两用：同时任用。公仲、公叔：二人俱为韩国贵族。

③简公：即齐简公，春秋末期齐国君主。阚止：又作“监止”，简公的宠臣，与田成子分任左右相。

④犀首：魏国官职，这里指战国时魏国的公孙衍，主张合纵，魏惠王时为相。张仪：战国时魏国贵族之后，连横派代表人物，晚年入魏为相。西河：战国时魏国郡名。

〔译文〕

韩宣王对樛留说：“我想同时重用公仲、公叔，可以吗？”樛留回答说：“不可以。晋国重用六卿，结果国家遭到了瓜分；齐简公同时重用田成、阚止，结果简公遭到杀害；魏国同时重用公孙衍、张仪，结果丢失了西河之外的土地。如今大王同时重用他们，其中势力大的会树立私党，势力小的会借重国外势力。臣子有的在内树立私党来傲视君主，有的在外结交诸侯来宰割国土，这样一来，大王的国家就危险了。”

绍绩昧醉寐而亡其裘[①]。宋君曰：“醉足以亡裘乎？”对曰：“桀以醉亡天下，而《康诰》曰[②]：‘毋彝酒[③]。’彝酒者，常酒也。常酒者，天子失天下，匹夫失其身。”

〔注释〕

①绍绩昧：姓绍绩，名昧，事迹不详。

②《康诰》：《尚书》篇名。

③毋彝酒：不要常喝酒。彝，常。酒，酗酒。

〔译文〕

绍绩昧醉酒睡着后丢失了皮裘。宋君说：“醉酒就足以丢失皮裘吗？”绍绩昧回答说：“夏桀因为醉酒丢失了天下，《尚书·康诰》里说：‘不要彝酒。’彝酒就是常常喝酒。常常喝酒的，如果是天子就会失去天下，如果是普通百姓就会失去身家性命。”

管仲、隰朋从桓公伐孤竹[①]，春往冬反[②]，迷惑失道。管仲曰：“老马之智可用也。”乃放老马而随之，遂得道。行山中无水，隰朋曰：“蚁冬居山之阳[③]，夏居山之阴[④]，蚁壤寸而仞有水[⑤]。”乃掘地，遂得水。以管仲之圣而隰朋之智[⑥]，至其所不知，不难师于老马与蚁[⑦]。今人不知以其愚心而师圣人之智，不亦过乎？

〔注释〕

①隰(xí)朋：齐桓公时的大臣。孤竹：古国名，位于今河北、辽宁一带。
②反：同“返”，返回。
③阳：指山的南面。
④阴：指山的北面。
⑤仞：古代计量单位，相当于今天的七尺或八尺。
⑥而：与。
⑦不难：不惜。

〔译文〕

管仲、隰朋跟随齐桓公去讨伐孤竹国，春季出征，冬季返回，迷失了道路。管仲说：“老马的才智可以利用。”于是就放开老马在前面带路，大家跟随在后，终于找到了路。走到山里没有水喝，隰朋说：“蚂蚁冬天住在山的南面，夏天住在山的北面。地上蚁封有一寸高的话，地下八尺深的地方就会有水。”于是找到蚁穴开始掘地，终于找到了水。凭着管仲和隰朋这样的圣明智慧，碰到他们不知道的问题，不惜向老马和蚂蚁学习；当今世上的人不知道用他们的愚蠢之心去学习圣人的智慧，不也是过错吗？

有献不死之药于荆王者，谒者操之以入①。中射之士问曰②：“可食乎？”曰：“可。”因夺而食之。王大怒，使人杀中射之士。中射之士使人说王曰③：“臣问谒者，曰‘可食’，臣故食之，是臣无罪而罪在谒者也。且客献不死之药，臣食之而王杀臣，是死药也，是客欺王也。夫杀无罪之臣而明人之欺王也，不如释臣。”王乃不杀。

〔注释〕

①谒者：官名，负责传达通报。

②中射之士：官名，负责宫中保卫。

③说（shuì）：劝说，这里指申辩。

〔译文〕

有人向楚王进献长生不死之药，传达官拿着药进入宫中。有一个卫士问道：“可以吃吗？”传达官说：“可以。”卫士就自己把药抢过来吃了。楚王大怒，派人去杀这个卫士。卫士让人劝谏楚王说：“我问传达官，他说‘可以吃’，我因而吃了药。这证明我没罪，罪在传达官。况且客人进献的是长生不死之药，我吃了它而大王却要杀我，那说明这是致死的药，也就说明献药的客人欺骗了大王。现在您杀掉我这个无罪的人而表明有人欺骗大王，还不如放了我。”于是楚王便没有杀他。

田驷欺邹君①，邹君将使人杀之。田驷恐，告惠子②。惠子见邹君曰：“今有人见君则眣其一目，奚如③？”君曰：“我必杀之。”惠子曰：“瞽④，两目眣，君奚为不杀？”君曰：“不能勿眣。”惠子曰：“田驷东慢齐侯⑤，南欺荆王。驷之于欺人，瞽也，君奚怨焉？”邹君乃不杀。

〔注释〕

①田驷：人名，生平不详。邹：诸侯国名。

②惠子：即惠施，战国时宋国人，名家的代表人物，曾任魏相。

③眣(jiá)其一目：闭着他的一只眼睛，表示轻蔑和不屑一顾。眣，闭目。

④瞽(gǔ)：盲人。

⑤慢：同“谩”，欺骗。

〔译文〕

田驷欺骗邹国的君主，邹君将要派人杀掉他。田驷很害怕，就去告诉惠子。惠子谒见邹君说：“如果有人谒见君主您时，就闭上一只眼表示不屑一顾，您会怎么样？”邹君说：“我一定杀了他。”惠子说：“瞎子两只眼都闭着，您为什么不杀呢？”邹君说：“瞎子不得不闭双眼。”惠子说：“田驷在东面欺骗齐君，在南面欺骗楚王。田驷欺骗别人，就好像瞎子惯于闭眼，已经习以为常了，您为何还要怨恨他呢？”于是邹君便不杀田驷了。

鲁穆公使众公子或宦于晋[①]，或宦于荆。犁钼曰[②]：“假人于越而救溺子[③]，越人虽善游，子必不生矣。失火而取水于海，海水虽多，火必不灭矣，远水不救近火也。今晋与荆虽强，而齐近，鲁患其不救乎！”

〔注释〕

①鲁穆公：战国时鲁国君主，鲁元公之子，名显。公子：国君的儿子。宦：做官。

②犁钼(jū)：一作犁且，曾在齐为官。

③假：借。

〔译文〕

鲁穆公让自己的儿子们或去晋国做官，或去楚国做官。犁钼说："从遥远的越国借会游泳的人来救溺水的孩子，越国人虽然善于游泳，但孩子一定救活不了。失火而从海里取水来救，海水虽然很多，但火一定扑不灭了，因为远水救不了近火。现在晋国和楚国虽然强大，但齐国离鲁国近，如果齐国攻打鲁国，鲁国的祸患恐怕难救了。"

严遂不善周君①，患之。冯沮曰②："严遂相，而韩傀贵于君③，不如行贼于韩傀④，则君必以为严氏也。"

〔注释〕

①严遂：战国时韩哀侯的臣子。周君：西周的国君，西周时位于韩国西边的小诸侯国。

②冯沮：一作冯且，西周君的臣子。

③韩傀：韩哀侯的相。

④行贼：这里指刺杀。

〔译文〕

韩相严遂和西周的国君关系不好，西周国君很忧虑这件事。冯沮说："严遂任韩哀侯的相，而韩傀受到韩哀侯的器重。您不如派人暗杀韩傀，韩君就一定以为是严遂干的。"

张谴相韩①，病将死。公乘无正怀三十金而问其疾②。居一月，君问张谴曰③："若子死，将谁使代子？"答曰："无正重法而畏上，虽然，不如公子食我之得民也[④]。"张谴死，因相公乘无正。

〔注释〕

①张谴：人名，生平不详。

②公乘无正：复姓公乘，名无正，生平不详。

③君：一说应为"自"。

④公子食我：韩国宗室贵族，这句委婉暗示公子食我得民心，会对君主构成威胁。

〔译文〕

张谴任韩相，得了重病将要死去。公乘无正带着三十镒黄金去探病。过了一个月，韩国的国君问张谴说："如果您病死了，将要让谁来代替您的职务呢？"张谴回答说："公乘无正重视法治并敬畏君主，虽说这样，但他比不上公子食我更得民心。"张谴死后，韩君就让公乘无正做了相。

乐羊为魏将而攻中山[①]，其子在中山，中山之君烹其子而遗之羹[②]。乐羊坐于幕下而啜之[③]，尽一杯。文侯谓堵师赞曰[④]："乐羊以我故，而食其子之肉。"答曰："其子而食之[⑤]，且谁不食？"乐羊罢中山[⑥]，文侯赏其功而疑其心。孟孙猎得麑[⑦]，使秦西巴载之持归[⑧]，其母随之而啼[⑨]。秦西巴弗忍而与之。孟孙适至而求麑。答曰："余弗忍而与其母。"孟孙大怒，逐之；居三月，复召以为其子傅[⑩]。其御曰[⑪]："曩将罪之[⑫]，今召以为子傅，何也?”孟孙曰:“夫不忍麑,又且忍吾子乎?”故曰:“巧诈不如拙诚。”乐羊以有功见疑,秦西巴以有罪益信。

〔注释〕

①乐羊:一作“乐阳”,乐毅的先祖。

②遗(wèi):送给。羹:带浓汁的肉。

③啜:吃。

④文侯:即魏文侯,战国时魏国国君。堵师赞:人名,生平不详。

⑤而:尚且。

⑥罢中山:自中山而归。

⑦麑(ní):小鹿。

⑧秦西巴:似为孟孙氏家臣,生平不详。

⑨其母:指小鹿的母亲。

⑩傅:师傅。

⑪御:驾车的人。

⑫曩(nǎng):从前。

〔译文〕

乐羊担任魏将去攻打中山国,他的儿子在中山国,中山国君烹煮了他的儿子并把肉羹送给乐羊。乐羊坐在帐幕下把肉羹吃了,吃完了一杯。魏文侯对堵师赞说:“乐羊因为我的缘故而吃了他儿子的肉。”堵师赞回答说:“他连儿子的肉都吃了,还有谁不能吃呢?”乐羊从中山归来,文侯奖赏他的功劳,却怀疑他的忠心。孟孙猎到一只小鹿,让秦西巴载到车上带回去,小鹿的母亲跟在后面啼叫。秦西巴不忍心,就把小鹿还给了母鹿。孟孙回来后,来向秦西巴要小鹿。秦西巴回答说:“我不忍心,就把它还给了母鹿。”孟孙非常气愤,赶走了他;过了三个月,又把秦西巴召回来，让他做自己儿子的老师。他的车夫说："从前要加罪于他，现在又招来做您儿子的老师，这是为什么呢？"孟孙说："他对小鹿都不忍下狠心，又怎么会狠心对待我的儿子呢？"所以说："智巧和诡诈比不上笨拙和诚实。"乐羊因有功遭到怀疑，秦西巴因有罪备受信任。

曾从子，善相剑者也[①]。卫君怨吴王[②]。曾从子曰："吴王好剑，臣相剑者也，臣请为吴王相剑，拔而示之，因为君刺之。"卫君曰："子之为是也，非缘义也[③]，为利也。吴强而富，卫弱而贫，子必往，吾恐子为吴王用之于我也。"乃逐之。

〔注释〕

①相：仔细查看，识别。

②卫君：卫国的国君。吴王：指吴王夫差。

③缘：遵循。

〔译文〕

曾从子是擅长鉴定宝剑的人。卫君怨恨吴王夫差。曾从子对卫君说："吴王喜欢剑，我是鉴定宝剑的人，请让我去替吴王鉴定宝剑，在拔剑给他看的时候，趁机帮您刺杀他。"卫君说："你现在做这件事，不是遵循义，而是为了利。吴国强大而富有，卫国弱小而贫困。你如果一定要去，我怕你会被吴王利用来对付我。"于是卫君便把他赶走了。

纣为象箸而箕子怖[1]，以为象箸必不盛羹于土铏[2]，则必犀、玉之杯；玉杯象箸必不盛菽藿[3]，则必旄象豹胎[4]；旄象豹胎必不衣短褐而舍茅茨之下，则必锦衣九重，高台广室也。称此以求[5]，则天下不足矣。圣人见微以知萌[6]，见端以知末，故见象箸而怖，知天下不足也。

〔注释〕

①箕子：纣王的叔父。

②铏(xíng)：古代盛汤的器具。土铏，指陶制的器皿。

③菽藿：这里指一般的蔬菜。菽，豆。藿，豆叶。

④旄(máo)象豹胎：指极其珍贵难得的食物。

⑤称此以求：指以此推论。

⑥萌：发生。

〔译文〕

商纣王使用了象牙筷子，箕子看到了感到十分恐惧，认为使用象牙筷的话，就一定不会再用陶制器皿来盛羹汤，必然会配合使用犀牛角杯或玉杯；玉杯象筷一定不会用来盛普通的粗劣食品，就一定要想吃牦牛、大象、豹子的胎儿这样珍贵稀缺的食物；吃珍贵稀缺的食物，就一定不穿粗布短衣而住茅屋下面，就一定要穿上层层的织锦衣服，住上高大宽敞的房子。按照这个方式追求下去，那么普天下的东西也不够他享受了。圣人见到微小的现象就知道事物的苗头，见到事情的开端就知道最终结果，所以见到象牙筷子后箕子就恐惧了，知道普天下的东西都将不能满足商纣王的贪欲。

周公旦已胜殷[1]，将攻商盖[2]。辛公甲曰[3]："大难攻，小易服。不如服众小以劫大[4]。"乃攻九夷而商盖服矣。

〔注释〕

①周公旦：姓姬，名旦，文王之子，武王之弟，周初有名的政治家。

②商盖：即商奄，在今山东境内，是商族在东方的重要根据地。

③辛公甲：即辛甲，周太史。

④劫：威胁，胁迫。

〔译文〕

周公旦已经战胜殷商，准备去攻打商盖。辛公甲说："大国难以攻取，小国容易征服。不如先征服众多小国来威胁大国。"于是攻取了九夷，商盖也就随之被征服了。

纣为长夜之饮，欢以失日[1]，问其左右，尽不知也。乃使人问箕子。箕子谓其徒曰："为天下主而一国皆失日，天下其危矣。一国皆不知而我独知之，吾其危矣。"辞以醉而不知。

〔注释〕

①失日：忘记了日期。

〔译文〕

商纣王不分日夜地饮酒，因狂欢而忘记了日期，询问身边的人，也全都不知道。于是就派人去问箕子。箕子对随从说：“作为天下的主人，而使天下的人都忘记了时日，国家恐怕很危险了。天下的人都不知道时日而只有我知道，我恐怕也危险了。”箕子于是就推说喝醉了酒，并不知道日期。

鲁人身善织屦①，妻善织缟②，而欲徙于越。或谓之曰：“子必穷矣。”鲁人曰：“何也？”曰：“屦为履之也，而越人跣行③；缟为冠之也，而越人被发④。以子之所长，游于不用之国，欲使无穷，其可得乎？”

〔注释〕

①屦（jù）：用麻、葛编织的鞋。

②缟（gǎo）：白色生绢，可以制帽。

③跣（xiǎn）行：光着脚走路。

④被：同“披”，披散。

〔译文〕

鲁国有个人自己善于编草鞋，妻子善于织生绢。他想迁到越国去住，有人告诉他说：“你一定会困窘了。”这个鲁国人说：“为什么呢？”这个人说：“草鞋是穿在脚上的，但越国人喜欢赤着脚走路；生绢做帽子，是戴在头上的，但越国人喜欢披散头发。带着你的长处前往用不着它们的国家去活动，想要使你不困窘，那怎么可能呢？”

陈轸贵于魏王①。惠子曰：“必善事左右②。夫杨横树之即生,倒树之即生,折而树之又生。然使十人树之而一人拔之,则毋生杨。至以十人之众,树易生之物而不胜一人者,何也?树之难而去之易也。子虽工自树于王,而欲去子者众,子必危矣。"

〔注释〕

①陈轸:战国时人,善于游说,常活动于秦国、楚国之间。

②左右:君王的近臣。

〔译文〕

陈轸很受魏惠王尊重。惠子说:"一定要好好结交君主的侍从。杨树横着栽能活,倒着栽也能活,折断了再栽还照样能活。但要是让十个人去栽,只要有一个人来拔它,就没有能活的杨树了。凭十人之众,栽种极易成活的杨树,却经不起一个人来拔,这中间的原因是什么呢?是因为栽树困难,拔树容易。你虽然善于在君主面前树立自己,但企图赶走你的人很多,你一定危险了。"

鲁季孙新弑其君①,吴起仕焉。或谓起曰:"夫死者,始死而血,已血而衄②,已衄而灰,已灰而土。及其土也,无可为者矣③。今季孙乃始血,其毋乃未可知也④。"吴起因去之晋。

〔注释〕

①鲁季孙:即季孙氏,春秋后期把持鲁国政权的贵族,"三桓"之一。

新:刚刚。君:指鲁悼公。

②已:停止。衄(nǜ):皮肉萎缩。

③为:作为,这里指作怪。

④毋乃:大概,恐怕。

〔译文〕

鲁季孙刚刚杀了他的君主,吴起在那儿做官。有人对吴起说:“死去的人,刚死时流血;血流尽了,皮肉就枯缩;皮肉枯缩后,就成了残骸;然后残骸又会化成土。到化成土后,就再也没有变故了。现在季孙刚刚使鲁君流血,往后的变化大概还很难弄清楚吧!”吴起因而离开鲁国,到魏国去了。

隰斯弥见田成子[①],田成子与登台四望,三面皆畅,南望隰子家之树蔽之。田成子亦不言。隰子归,使人伐之;斧离数创[②],隰子止之。其相室曰:“何变之数也[③]?”隰子曰:“古者有谚曰:‘知渊中之鱼者不祥。’夫田子将有大事[④],而我示之知微[⑤],我必危矣。不伐树,未有罪也;知人之所不言,其罪大矣。”乃不伐也。

〔注释〕

①隰(xí)斯弥:春秋时齐国大夫。田成子:即田常,春秋末期齐国执政的卿。

②离:割,砍。创:创伤,伤口。

③数(shuò):通“速”,快。

④大事:指篡权之事。

⑤微:隐秘,秘密。

〔译文〕

隰斯弥拜见田成子,田成子和他一起登台观望四方,三面都没有遮蔽,南面望去,隰斯弥家的树挡住了视线。田成子也并没有说什么。隰斯弥回家,叫人把树砍倒,斧头刚砍了几个口子,隰斯弥就又制止了。他的管家说:"您为什么变得这么快呢?"隰斯弥说:"古代有句谚语说:'知道深渊中有鱼的人不吉祥。'田成子将要做一番大事业,而我却显示出我知道他心中的隐秘,我就必定危险了。不砍树,没有罪过;知道别人心里的事,这个罪过就大了。"于是便不再砍树。

杨子过于宋东之逆旅①。有妾二人,其恶者贵②,美者贱。杨子问其故,逆旅之父答曰③:"美者自美。吾不知其美也;恶者自恶,吾不知其恶也。"杨子谓弟子曰:"行贤而去自贤之心,焉往而不美?"

〔注释〕

①杨子:即杨朱,战国时道家人物,主张贵身重己。

②恶:丑陋。

③父(fǔ):古代对老年男子的尊称,这里指店主人。

〔译文〕

杨朱路过宋国东部的一个旅店。店主有两个妾,其中相貌丑陋的被器重,而容貌俊美的地位低。杨朱询问其中的缘故,旅店的主人回答说:"那个容貌俊美的自认为很貌美,而我并没有感到她很美;那个相貌丑陋的自己认为丑陋,而我并不觉得她很丑。”杨朱对他的弟子说：“品德高尚而又抛弃掉自以为贤德的思想，到哪儿能不受到赞美呢？”

卫人嫁其子而教之曰[①]：“必私积聚。为人妇而出[②]，常也；其成居[③]，幸也。”其子因私积聚，其姑以为多私而出之[④]，其子所以反者倍其所以嫁[⑤]。其父不自罪于教子非也，而自知其益富[⑥]。今人臣之处官者，皆是类也。

〔注释〕

①子：女儿。
②出：被夫家休弃。
③成居：终身住在一起。成，终。
④姑：婆婆。
⑤反：同“返”。
⑥知：同“智”，这里指认为自己聪明。

〔译文〕

有个卫国人嫁女儿而教育她说：“一定要私下积聚财物。做人家的妻子而被休回娘家，是常有的事；终身在一起的，是很侥幸的。”他的女儿因此私下积聚财物，她婆婆因为她的私蓄太多而休弃了她。他的女儿带回来的财物，比出嫁时所带去的东西多出一倍。她的父亲不归罪于自己教育女儿不对，反而自以为增加了财富是很聪明的。现在处在官位上的臣子，都是这一类人。

鲁丹三说中山之君而不受也[1]，因散五十金事其左右。复见，未语而君与之食。鲁丹出，而不反舍，遂去中山[2]。其御曰："及见，乃始善我，何故去之？"鲁丹曰："夫以人言善我，必以人言罪我。"未出境，而公子恶之曰[3]："为赵来间中山[4]。"君因索而罪之。

〔注释〕

①鲁丹：人名，生平不详。说：游说，劝说。

②去：离开。

③恶（wù）：中伤，诋毁。

④间：窥探，刺探。

〔译文〕

鲁丹多次游说中山国君，意见总不被接受，于是他就散发了五十金黄金去奉承国君身边的近臣。然后再去谒见中山国君，还没有开口说话，君主就赐给他酒食。鲁丹出来后，连住所都没去，就离开了中山国。他的车夫说："再次见面时，才开始善待我们，为什么要离开呢？"鲁丹说："因为他人的话才善待我，也一定会因为他人的话来诛罚我的。"还未走出国境，中山君的公子就中伤他说："鲁丹是为赵国来刺探中山国的。"中山国君因此下令搜捕并惩处了他。

田伯鼎好士而存其君[1]，白公好士而乱荆[2]。其好士则同，其所以为则异。公孙友自刖而尊百里[3]，竖刁自宫而谄桓公[4]，其自刑则同，其所以自刑之为则异。

慧子曰⑤:“狂者东走,逐者亦东走。其东走则同,其所以东走之为则异。”故曰:同事之人,不可不审察也。

〔注释〕

①田伯鼎:人名,生平不详。存:保全。

②白公:即白公胜,春秋时楚平王太子健的儿子。曾在楚国发动政变自立,后失败被杀。

③公孙友:当为公孙枝,字子桑,春秋时秦国大夫,把百里(孟明)推荐给秦穆公,秦穆公便称霸西戎。刖:古代砍掉脚的刑罚。百里:指孟明,姓百里,名视,百里奚的儿子。

④竖刁:春秋时齐国人,曾自阉以接近齐桓公,后与易牙、开方乱齐。

⑤慧子:即惠子,指惠施。

〔译文〕

田伯鼎喜欢供养士人,曾借此保全过他的君主,白公胜喜欢供养士人,却最终扰乱了楚国。他们喜欢养士是相同的,但他们养士的用意就大不相同了。公孙枝砍掉自己的脚来使百里视获得高官,竖刁自行阉割来奉承齐桓公。他们残毁自己身体的行为是相同的,但他们自我残毁的目的却是不同的。惠子说:“疯子向东边跑,追赶的人也向东边跑。他们向东边跑的行为是相同的,但他们所以向东边跑的目的却是不同的。”所以说:对做了同样事情的人,不得不周密地考察他们的动机。

说林下

题解见《说林上》。

伯乐教二人相踶马[①],相与之简子厩观马[②]。一人举踶马[③],其一人从后而循之[④],三抚其尻而马不踶[⑤],此自以为失相。其一人曰:“子非失相也,此其为马也,踒肩而肿膝[⑥]。夫踶马也者,举后而任前,肿膝不可任也,故后不举。子巧于相踶马而拙于任肿膝。”夫事有所必归[⑦],而以有所。肿膝而不任,智者之所独知也。惠子曰:“置猿于柙中[⑧],则与豚同[⑨]。”故势不便,非所以逞能也。

〔注释〕

①踶(dì)马:踢人的烈马。踶,踢。

②相与:一起。之:到,往。厩:马房。

③举:挑选。

④循:抚摸。

⑤三抚:反复多次地抚摸。尻(kāo):屁股。

⑥踒(wō):筋骨受伤。肩:前腿。

⑦归:归宿,这里指原因。

⑧柙(xiá):关猛兽的木笼。

⑨豚:小猪。

〔译文〕

伯乐教授两个人识别一种会踢人的烈性马,这两个人一同到赵简子的马棚里去看马。一个人选中了一匹踢人的烈马,另一个人从后面去抚摸它,反复抚摸它的屁股可是这马却不踢人。选中马的人自以为识别错了。另一个人说:"你没有识别错。这匹马,前腿摔伤,膝关节肿了起来。凡是踢人的马,抬起后腿之后,就要靠前腿支撑全身;由于前膝肿了,无法承受全身重量,所以后腿抬不起来。你虽然善于识别踢人的马,却不懂得了解前膝肿大所带来的影响。"事情的发生都有一定的起因。然而由于前腿肿大而不能承受全身重量的道理,只有聪明人才会知道。惠子说:"把猿猴关到木笼子里,就会和小猪崽一样被驯服。"所以如果形势不利,就没有办法显露出才能。

卫将军文子见曾子①,曾子不起而延于坐席②,正身于奥③。文子谓其御曰:"曾子,愚人也哉!以我为君子也,君子安可毋敬也?以我为暴人也,暴人安可侮也?曾子不僇④,命也。"

〔注释〕

①文子:公孙弥牟,字子之,卫灵公的孙子。曾子:即曾参,字子舆,孔子的门徒。

②延:请,引导。

③奥:正室的西南角,古时为座席中的尊位。

④僇：通“戮”，杀。

〔译文〕

卫国的将军文子去会见曾子，曾子没有起身就邀请文子入座，自己却端坐在西南角的尊位上。过后文子对他的车夫说：“曾子是个愚蠢的人啊！如果他认为我是君子，对君子怎么可以不加尊敬呢？如果他认为我是残暴的人，对残暴的人怎么可以侮辱呢？曾子不被杀掉，倒算他命大。”

鸟有翢翢者①，重首而屈尾②，将欲饮于河，则必颠③，乃衔其羽而饮之。人之所有饮不足者，不可不索其羽也④。

〔注释〕

①翢翢（zhōu）：又作“周周”，古代的一种鸟名。
②重首：头部沉重。屈（jué）：短小。
③颠：跌倒。
④索：寻求。羽：羽毛，这里指党羽、同伙。

〔译文〕

有一种叫翢翢的鸟，头部重而尾巴短小，如果要到河边饮水，就一定会栽到河里，于是就需要另一只翢翢鸟衔着它的羽毛使身体保持平衡，它才能饮水。人们有了欲望，条件却还不成熟的话，就不得不寻求帮手了。

鳣似蛇①，蚕似蠋②。人见蛇则惊骇，见蠋则毛起。

渔者持鳣，妇人拾蚕，利之所在，皆为贲、诸[3]。

〔注释〕

①鳣：同"鳝"，鳝鱼。

②蠋（zhú）：一种毛虫。

③贲、诸：孟贲和专诸，二人皆为勇士。

〔译文〕

鳝鱼像蛇，蚕像毛虫。人们看见蛇就会惊恐害怕，看见毛虫就会汗毛竖起。可是渔夫捕捉鳝鱼，妇女拾蚕喂养，对于有利可图的事情，人人都能像孟贲、专诸一样勇敢。

伯乐教其所憎者相千里之马，教其所爱者相驽马[1]。千里之马时一有[2]，其利缓；驽马日售，其利急。此《周书》所谓"下言而上用者，惑也[3]"。

〔注释〕

①驽马：劣马，这里指普通的马。

②时一：偶然见到一个，即很少见。时，间或，偶然。

③《周书》：指《逸周书》。

〔译文〕

伯乐教他所憎恶的人识别千里马，教他所喜爱的人识别普通马。千里马偶尔才有一个，识别这种马不太容易获利；普通的马却每天都有人买卖，识别这种马获利更快。这就是《周书》上说的"把特殊条件下说的话当作普遍法则来引用，实在是一种错误啊”。

桓赫曰①:“刻削之道,鼻莫如大,目莫如小。鼻大可小,小不可大也;目小可大,大不可小也。”举事亦然②。为其后可复者也③,则事寡败矣。

〔注释〕

①桓赫:人名,生平不详。

②举事:办事。

③复:重复,引申为补救。

〔译文〕

桓赫说:“雕刻的门道在于,刻鼻子时不如先刻大一些,刻眼睛时不如先刻小一些。鼻子刻大了可以修小,小了就不能修大;眼睛刻小了可以修大,大了就不能修小。”做事情也是这个道理。做那种日后还可以补救的事,事情就很少会失败了。

崇侯、恶来知不适纣之诛也①,而不见武王之灭之也。比干、子胥知其君之必亡也②,而不知身之死也。故曰:“崇侯、恶来知心而不知事,比干、子胥知事而不知心。”圣人其备矣。

〔注释〕

①崇侯:崇侯虎,商纣王的大臣。恶来:商纣王的大臣。适:迎合,顺从。

②比干：商纣王的叔父，曾多次劝谏纣王，被杀剖心。子胥：即伍子胥，名员，因多次劝谏吴王夫差，被逼自杀。

〔译文〕

崇侯虎、恶来知道不顺从纣王会遭诛杀，却看不到武王会灭掉商纣王。比干、伍子胥知道自己的君主必然败亡，却不知道自身会遭杀害。所以说："崇侯虎、恶来懂得君主的心理，却不知道国事的兴废；比干、伍子胥知道国事的兴废，却不懂得君主的心理。"大概只有圣人才能二者兼备吧。

宋太宰贵而主断[①]。季子将见宋君[②]，梁子闻之曰："语必可与太宰三坐乎[③]，不然，将不免。"季子因说以贵生而轻国[④]。

〔注释〕

①宋太宰：疑指宋太宰戴欢。

②宋君：疑指宋桓侯。

③三坐：指君主、太宰、季子三个人坐在一起。句谓你与宋君说的话一定要与太宰在场时所说的一样，意即提防冒犯太宰。

④生：乾道本"生"作"主"，顾广圻《韩非子识误》认为应为"生"，《吕氏春秋》有《贵生》篇，今据改。

〔译文〕

宋国的太宰地位尊贵而且处事专断。季子将要谒见宋君，梁子听到后说："你和君主说话时，一定要像太宰也在场一样。不然的话，就难免要遭殃了。"季子因此进说了一些注重养生和少操劳国家事务的意见。

杨朱之弟杨布衣素衣而出①。天雨，解素衣，衣缁衣而反②。其狗不知而吠之，杨布怒，将击之。杨朱曰："子毋击也，子亦犹是。曩者使女狗白而往③，黑而来，子岂能毋怪哉？"

〔注释〕

①衣：作动词，穿。

②缁（zī）：黑色。反：同"返"，返回。

③曩（nǎng）：从前。女：通"汝"，指代对方。

〔译文〕

杨朱的弟弟杨布穿着白色的衣服出门。天下雨了，他就脱掉了白衣服，穿着黑衣服回到家里。他家的狗不认识他了，就向他汪汪大叫。杨布很愤怒，想要打它。杨朱说："你不要打它，你自己也是这样。假如前些时候你的狗出去的时候是白颜色的，回来时却变成黑色，你难道能不奇怪吗？"

惠子曰①："羿执鞅持扞②，操弓关机③，越人争为持的④。弱子扞弓⑤，慈母入室闭户。故曰：'可必，则越人不疑羿；不可必，则慈母逃弱子。'"

〔注释〕

①惠子：惠施，战国时宋国人，曾任魏惠王的相。

②羿：即后羿，擅长射箭。鞅：王引之认为当为“决”，套在右手拇指上用于拉弦的皮套。扞(hàn)：射箭时套在左肩上的护套。

③关：通“弯”，牵引。机：扳机。

④越人：喻关系疏远。的：箭靶。

⑤扜(yū)：引，拉。

〔译文〕

惠子说：“羿右手拿着拉弦的皮套，左臂戴着护臂用的护套，拉开弓来牵引扳机射箭时，连关系疏远的越人都敢争着为他举靶。小孩子拉弓射箭时，连慈母都会躲进屋里关起门来。所以说：‘可以肯定射中目标时，那么疏远的越人也不会怀疑羿会射到自己；如果不一定能射中目标，就连慈母也要躲避张弓射箭的小孩子。’”

桓公问管仲①：“富有涯乎？”答曰：“水之以涯②，其无水者也；富之以涯，其富已足者也。人不能自止于足，而亡其富之涯乎③！”

〔注释〕

①桓公：齐桓公，名小白，春秋五霸之一。管仲：名夷吾，齐桓公的相。

②以：有。

③亡：无，没有。

〔译文〕

桓公问管仲：“富裕有边际吗？”管仲回答说：“水有边际，就是没有水的地方；富有边际，就是富到已经满足的时候了。人们不知道在足够富裕的时候就加收敛，那就没有富裕的边际了吧！”

宋之富贾有监止子者[①]，与人争买百金之璞玉，因佯失而毁之，负其百金[②]，而理其毁瑕[③]，得千溢焉[④]。事有举之而有败[⑤]，而贤其毋举之者，负之时也。

〔注释〕

①贾（gǔ）：商人。监止子：人名，生平不详。
②负：赔偿。
③理：修补。
④溢：通“镒”，古代重量单位，一镒为二十两（或二十四两）。
⑤举：做。

〔译文〕

有个叫监止子的宋国富商，同别人争买一块价值百金的玉璞，假装失手把璞玉摔坏，赔给卖主百金，而他修补好了摔坏的瑕疵，出卖后得了千金。事情有时候做了而有失败，因而世人就认为不做才好，那是只看到赔钱的时候啊。

有欲以御见荆王者，众驺妒之[①]，因曰：“臣能撽鹿[②]。”见王，王为御，不及鹿[③]；自御，及之。王善其御也，乃言众驺妒之。

〔注释〕

①驺（zōu）：养马的人。

②撽(qiào):追击。

③及:赶上。

〔译文〕

有个想凭自己的驾车技术求见楚王的人,许多马夫都嫉妒他。他就说:“我驾车能追击跑得非常快的鹿。”于是见到了楚王。楚王自己驾车,并没有追上奔鹿;他就自己驾车,结果追上了奔鹿。楚王夸奖他驾车的技术,他才说明有许多马夫嫉妒他。

荆令公子将伐陈①。丈人送之曰②:“晋强,不可不慎也。”公子曰:“丈人奚忧?吾为丈人破晋。”丈人曰:“可。吾方庐陈南门之外③。”公子曰:“是何也?”曰:“我笑勾践也。为人之如是其易也,己独何为密密十年难乎④?”

〔注释〕

①公子:指公孙朝,《左传·哀公十七年》:“楚公孙朝率师灭陈。”将:率领。

②丈人:对老年人的尊称。

③方:将要。庐:作动词,寄居。

④密密:勤恳谨慎的样子。丈人正话反说,讽刺公子大言轻敌。

〔译文〕

楚国派公孙朝统率军队去讨伐陈国。有个老年人送他时说:“晋国强大必定会援救陈国,你不能不谨慎些啊。”公子说:“您忧虑什么呢?我一定攻破晋国给您看看。”老年人说:“可以。我将迁居到陈国都城的南门之外。”公子说：“这是为什么？”老年人说：“我这是笑勾践呀。为人做事如果像你说的这样容易的话，他还何苦去经受谨慎勤恳的十年艰难呢？”

尧以天下让许由[①]，许由逃之，舍于家人[②]，家人藏其皮冠。夫弃天下而家人藏其皮冠，是不知许由者也。

〔注释〕

①许由：古代的隐士，相传尧帝想把天下让给他，他逃到箕山下，农耕而食。

②家人：庶人之家，普通百姓家。

〔译文〕

尧把天下让给许由，许由为此而逃跑，住到一个普通百姓的家里。这家人便把自己的皮帽藏了起来，生怕被许由偷走。许由连天下都抛弃了，而这家人却把皮帽藏起来以防范许由，这是不了解许由的缘故啊。

三虱食彘[①]，相与讼[②]，一虱过之，曰：“讼者奚说？”三虱曰：“争肥饶之地。”一虱曰：“若亦不患腊之至而茅之燥耳[③]，若又奚患？”于是乃相与聚嘬其母而食之[④]。彘臞[⑤]，人乃弗杀。

〔注释〕

①彘：猪。

②讼：争辩。

③若：你们。腊：年终祭祀名，需要杀牲祭神。燥：燃烧。

④嘬（zuō）：叮，咬。母：母体，指猪。

⑤臞（qú）：消瘦。

〔译文〕

三只虱子叮咬一只猪，互相争辩，另一只虱子从旁经过，问道："你们争吵些什么？"三只虱子说："争占猪身上肥腴的地方。"那只过路虱子说："你们也不担心腊祭到了，人们要用茅草烤猪，不免将你们也烧死吗？又何必在这些小地方患得患失呢？"这些虱子便相互聚在一起吸食猪身上的血肉。猪逐渐消瘦了，人们就没有杀它祭祀。

虫有虺者①，一身两口，争食相龁②，遂相杀也。人臣之争事而亡其国者，皆虺类也。

〔注释〕

①虺（huǐ）：古代传说中一种生有多头的毒蛇。

②龁（hé）：咬。

〔译文〕

动物中有一种叫虺的毒蛇，一个身体上长着两张嘴巴，因为争食而相互咬斗，结果这两张嘴巴互相残杀，也就杀死了自己。臣子之间争权夺利致使国家灭亡的，都像争食自杀的虺蛇一样。

宫有垩①，器有涤，则洁矣。行身亦然，无涤垩之地则寡非矣[②]。

〔注释〕

①宫：房屋。垩(è)：白土，这里作动词，指用白粉涂饰。

②非：过错。

〔译文〕

宫墙涂上白色，器具用水冲洗，就洁净了。做人也是这样，如果到不再需要修饰和洗涤的地步，那就很少会有过错了。

公子纠将为乱[①]，桓公使使者视之。使者报曰："笑不乐，视不见，必为乱。"乃使鲁人杀之。

〔注释〕

①公子纠：春秋时期齐桓公的兄长。为乱：作乱。

〔译文〕

公子纠将要作乱的时候，桓公派使者前去察看他的动静。使者回来报告说："公子纠神态很反常，笑的时候不是真正快乐，看东西好像没有看见，一定是要作乱了。"于是桓公就让鲁人把他杀掉了。

公孙弘断发而为越王骑[①]，公孙喜使人绝之[②]，曰："吾不与子为昆弟矣。"公孙弘曰："我断发，子断颈而为人用兵[③]，我将谓子何？"周南之战，公孙喜死焉。

〔注释〕

①公孙弘:战国时魏国人。断发:剪断头发,越国风俗。骑:骑士。

②公孙喜:魏国将领。绝:绝交。

③断颈:比喻卖命。

〔译文〕

公孙弘改变中原礼俗,剪短了头发去做越王的骑士,公孙喜派人去声明和他断绝关系,说:"我不与你做兄弟了。"公孙弘说:"我不过剪了头发,而你却冒着被割断脖子的危险去卖命替别人带兵打仗,我还能说你什么呢?"在周南的那场战役里,公孙喜战死了。

有与悍者邻,欲卖宅而避之。人曰:"是其贯将满矣①,子姑待之。"答曰:"吾恐其以我满贯也。"遂去之。故曰:"物之几者②,非所靡也③。"

〔注释〕

①贯将满:绳子上串的钱将满,比喻作恶多端,将要受到惩罚。即恶贯满盈。

②几:危险。

③靡:迟缓,拖拉。

〔译文〕

有人和一个蛮横的人做邻居,想卖掉自己的住宅来躲避他。有人劝他说:"这个凶暴的人将要恶贯满盈了,你不妨姑且等待一下,他会自食恶果的。”想卖住宅的人说:“我恐怕他因为害了我才恶贯满盈啊。”于是就离开了。所以说:“事情到了危急的关头,是不应该再拖拉了。”

孔子谓弟子曰:“孰能导子西之钓名也[①]?”子贡曰[②]:“赐也能。”乃导之,不复疑也。孔子曰:“宽哉,不被于利[③]!洁哉,民性有恒!曲为曲,直为直。”孔子曰:“子西不免。”白公之难[④],子西死焉。故曰:“直于行者曲于欲。”

〔注释〕

①导:劝止。子西:春秋时楚平王之弟,曾做过楚国的令尹。钓名:沽名钓誉。

②子贡:端木赐,字子贡。春秋时期卫国人,孔丘的门徒,善于言辞。

③被:蒙蔽。

④白公之难:公元前479年,楚平王孙、太子建之子白公胜作乱,杀令尹子西,废楚惠王。

〔译文〕

孔子对弟子说:“谁能劝阻子西的沽名钓誉呢?”子贡说:“我端木赐能。”于是前去开导了子西,子西就不再为沽名钓誉疑惑了。孔子说:“这心胸真是很宽广啊,不为利益所诱惑!这品德真是很纯洁啊,人的本性是恒定不变的!曲的就是曲的,直的就是直的。”孔子又说:“不过子西将不能免于灾祸。”白公胜发动政变的时候,子西果然被杀掉了。所以说:“行为正直的人会被有贪欲的人折损。”

晋中行文子出亡[①],过于县邑。从者曰:“此啬夫[②],公之故人,公奚不休舍[③],且待后车?”文子曰:“吾尝好音,此人遗我鸣琴;吾好珮[④],此人遗我玉环。是振我过者也[⑤]。以求容于我者[⑥],吾恐其以我求容于人也。”乃去之。果收文子后车二乘而献之其君矣。

〔注释〕

①中行文子:即荀寅,晋国执政大臣。亡:出逃。

②啬夫:地方小官官名。

③奚:何。休舍:“休于其舍”的省文。

④珮:古人衣带上系的佩玉。

⑤振:助长。

⑥求容:取悦。

〔译文〕

晋国的中行文子出逃,路过一个县城。随从说:“这里的乡官是您的老相识,您为何不去他家休息,姑且等待一下随后的车马呢?”文子说:“我曾经喜爱音乐,这个人就送给我音色很好的琴;我喜爱玉饰,这个人就送给我玉环。这些都是在助长我的过失。以此取悦的人,我怕他会拿我去取悦别人。”于是就离开了县城。这个乡官果然扣收了中行文子后面随从的两辆车子,并将其进献给了他的主君。

周趮谓宫他曰[①]:“为我谓齐王曰:‘以齐资我于魏[②],请以魏事王。’”宫他曰:“不可,是示之无魏也,齐王必不资于无魏者而以怨有魏者。公不如曰:‘以王之所欲,臣请以魏听王。’齐王必以公为有魏也,必因公。是公有齐也,因以有齐、魏矣。”

〔注释〕

①周趮(zào)、宫他:二者皆为人名,生平不详。

②资:帮助。

〔译文〕

周趮对宫他说:“替我对齐王讲明:‘假如齐国大力帮助我在魏国谋取权位,我就会用魏国来侍奉齐王。’”宫他说:“不可以,这样就暴露了你在魏国没有权势,齐王必定不帮助在魏国无权的人,从而结怨在魏国掌权的人。您不如说:‘按照大王的要求,我愿拿魏国听命于大王。’齐王就必定认为您在魏国是掌握权势的,一定会依从您。这样,您有了齐国的帮助,进而在齐、魏也都有了地位。”

白圭谓宋大尹曰①:“君长自知政②,公无事矣。今君少主也,而务名③,不如令荆贺君之孝也,则君不夺公位而大敬重公,则公常用宋矣。”

〔注释〕

①白圭:战国时的水利专家,曾任魏惠王的相。大尹:宋国的卿,乾道本作“令尹”,令尹为楚国官名,宋国无令尹,今据改。

②知政:主管政事。

③务名:追求名声。

〔译文〕

白圭对宋国大尹说："国君长大后将自己掌握政事，您就没有事情做了。现在君主年幼而追求名声，不如让楚国来祝贺君主的孝顺，君主就不会剥夺您的权位并且会非常敬重您，那么您就可以长期在宋国掌权了。"

管仲、鲍叔相谓曰："君乱甚矣①，必失国。齐国之诸公子其可辅者，非公子纠则小白也②。与子人事一人焉，先达者相收③。"管仲乃从公子纠，鲍叔从小白。国人果弑君。小白先入为君，鲁人拘管仲而效之④，鲍叔言而相之。故谚曰："巫咸虽善祝⑤，不能自祓也⑥；秦医虽善除⑦，不能自弹也⑧。"以管仲之圣而待鲍叔之助，此鄙谚所谓"虏自卖裘而不售，士自誉辩而不信"者也。

〔注释〕

①君：指齐襄公，齐僖公之子。
②小白：齐桓公的名。
③收：收揽，录用，这里指提携。
④效：献。
⑤巫咸：商朝的巫者。祝：祷告。
⑥祓（fú）：通过祭祀以去除邪祟。
⑦秦医：这里指名医扁鹊。
⑧弹：用石针刺穴位治病。

〔译文〕

管仲、鲍叔牙相互商议说："君主昏乱极了，必定会丢掉国家。齐国的各位公子中值得辅佐为君的，不是公子纠就是小白。我和你每人侍奉一位公子，先成功的就收留另一个人。”管仲就随从公子纠，鲍叔牙随从小白。后来齐国的人果然杀死了齐襄公。公子小白先回到齐国做了新君。鲁国人囚禁了管仲并把他献给了齐桓公小白，在鲍叔牙的推荐下，齐桓公任命管仲为相。所以俗话说：“巫咸虽然善于祷告，却不能祓除自己的灾祸；扁鹊虽然善于除病，却不能用石针来治好自己的病。”凭着管仲这样的圣明，还要依靠鲍叔牙的帮助，这就是俗谚所说的“奴隶自己出售裘衣是卖不掉的，士人自称善于辩说是没人相信的”之类的事情吧。

荆王伐吴，吴使沮卫、蹷融犒于荆师[①]，而将军曰：“缚之，杀以衅鼓[②]。”问之曰：“女来卜乎？”答曰：“卜。”“卜吉乎？”曰：“吉。”荆人曰：“今荆将欲女衅鼓，其何也？”答曰：“是故其所以吉也[③]。吴使人来也，固视将军怒[④]。将军怒，将深沟高垒；将军不怒，将懈怠。今也将军杀臣，则吴必警守矣。且国之卜，非为一臣卜。夫杀一臣而存一国，其不言吉何也？且死者无知，则以臣衅鼓无益也；死者有知也，臣将当战之时，臣使鼓不鸣。”荆人因不杀也。

〔注释〕

①沮卫：人名，生平不详。蹷（jué）融：又作“蹶由”，吴王余祭之弟。

②衅鼓：古时战前杀牲畜或人，把血涂在鼓上祭鼓。

③故：通“固”，本来，正是。

④怒:"怒否"的省文,是否发怒。

〔译文〕

楚王率兵攻打吴国,吴王派沮卫、蹷融携带酒食去慰劳楚军,而楚国的将军说:"把他们捆起来,杀了用来祭鼓。"楚人问沮卫、蹷融说:"你们来的时候占卜过吗?"他们回答说:"占卜过。""是吉兆吗?"他们说:"是吉兆。"楚人说:"现在楚军将要用你们祭鼓,那怎么算是吉利呢?"他们回答说:"这正是吉利的所在了。吴王派我们来的时候,本来就是要查看将军的态度。如果将军发怒了,吴军将要深挖城池、高垒城墙;如果将军不发怒,吴军将要放松守备。现在将军杀了我们,吴军就一定会警惕起来严加防守了。况且这次的占卜是为国家占卜吉凶,不是为我们个人臣子占卜。如果杀掉一个臣子而能保存一个国家,这怎么能不叫吉利呢?而且如果死去的人是没有知觉的,用我们祭鼓也就没有益处;倘若死去的人还有灵,我们将要在两军打仗的时候,让楚军战鼓敲不响。"楚人因而没有杀掉他们。

知伯将伐仇由而道难不通①,乃铸大钟遗仇由之君。仇由之君大说②,除道将内之③。赤章曼枝曰④:"不可。此小之所以事大也,而今也大以来,卒必随之,不可内也。"仇由之君不听,遂内之。赤章曼枝因断毂而驱⑤,至于齐。七月,而仇由亡矣。

〔注释〕

①知伯:又作"智伯",晋国六卿之一。仇由:春秋时期的国家,与晋国

接近。

②说:“悦”的古字,高兴。

③内:同“纳”,接受。

④赤章曼枝:人名,仇由的大臣。

⑤断毂(gǔ)而驱:缩短车毂赶路。毂,车轮中心的圆木,中间有孔,可以穿轴。

〔**译文**〕

智伯将要征伐仇由,但由于道路艰险不便通行,于是就铸造了一口大钟赠送给仇由国君。仇由国君非常高兴,准备修通道路把大钟接受下来。赤章曼枝说:“不行。赠送大钟本来是小国侍奉大国的事情,而现在大国反而送来给我们,他们的军队一定会跟随而来,大钟是不能接受的。”仇由国君不听他的劝告,就接受了大钟。赤章曼枝就截短车毂以便赶路,逃到了齐国。七个月后,仇由国就灭亡了。

越已胜吴,又索卒于荆而攻晋[①]。左史倚相谓荆王曰[②]:“夫越破吴,豪士死,锐卒尽,大甲伤[③]。今又索卒以攻晋,示我不病也[④]。不如起师与分吴。”荆王曰:“善。”因起师而从越[⑤]。越王怒,将击之。大夫种曰[⑥]:“不可。吾豪士尽,大甲伤。我与战必不克,不如赂之。”乃割露山之阴五百里以赂之[⑦]。

〔**注释**〕

①索卒:借兵。荆:即楚国。

②左史:楚国的史官。

③大甲伤：铠甲损毁。大甲，遮蔽全身的铠甲。

④病：疲弱。

⑤从：跟踪，这里指跟踪越军对它加以威胁。

⑥大夫种：指大夫文种。

⑦阴：山的北面。

〔译文〕

越国已经战胜了吴国，又向楚国借兵去攻打晋国。史官倚相对楚王说："越国攻占吴国，豪杰之士都战死了，精锐部队都耗尽了，铠甲装备也都已经毁坏了。现在又来借兵去攻打晋国，这是向我们显示他们还没有疲惫。我们不如趁机起兵和越国共同瓜分吴国。"楚王说："好。"于是就起兵跟踪越军。越王非常愤怒，准备攻击楚国的军队。大夫文种说："不可以。我们的豪杰之士都战死了，铠甲装备也都毁坏了。我们和楚军作战，一定不能取胜，还不如贿赂他们。"于是越国就把露山北面五百里的土地割让给了楚国。

荆伐陈，吴救之，军间三十里①。雨十日，夜星②。左史倚相谓子期曰③："雨十日，甲辑而兵聚④，吴人必至，不如备之。"乃为陈⑤。陈未成也而吴人至，见荆陈而反。左史曰："吴反复六十里，其君子必休⑥，小人必食。我行三十里击之，必可败也。"乃从之，遂破吴军。

〔注释〕

①间（jiàn）：间隔，相距。

②星：晴。

③子期：时任楚国的司马，掌管军政。
④辑：聚集。
⑤为陈：布阵。陈，同“阵”。
⑥君子：这里指军官，下文“小人”相对应即指士卒。

〔译文〕

楚国攻打陈国，吴国去救援，楚、吴两军相距三十里。接连下了十天雨后，晚上放晴了。史官倚相对子期说：“接连下了十天雨，盔甲和兵器都集中存放着，吴军一定会来偷袭，不如多加防备。”于是摆好了战阵。战阵还没有摆好，吴军就到了，他们看到楚军在布阵就折兵返回。倚相说：“吴军来回六十里，他们的军官们一定在休息，士卒们一定在吃饭。我们行军三十里去袭击他们，一定能把他们打败。”于是楚军追赶过去，把吴军打败了。

韩、赵相与为难①。韩子索兵于魏②，曰：“愿借师以伐赵。”魏文侯曰：“寡人与赵兄弟，不可以从。”赵又索兵攻韩，文侯曰：“寡人与韩兄弟，不敢从。”二国不得兵，怒而反。已乃知文侯以构于己③，乃皆朝魏。

〔注释〕

①为难（nàn）：敌对。
②韩子：指韩王。
③已：过后，事后。构：交和。

〔译文〕

韩、赵相互为敌。韩君向魏借兵说：“希望借用您的军队去攻打赵国。”魏文侯说：“我和赵国像兄弟一样，不能从命。”赵国又向魏国借兵去攻打韩国，魏文侯说：“我和韩国像兄弟一样，不敢从命。”韩、赵两国都没有借到兵，愤怒地回去了。事后才知道魏文侯是用这种方法让两国和解，于是都去朝见魏文侯。

齐伐鲁，索谗鼎①，鲁以其雁往②。齐人曰：“雁也。”鲁人曰：“真也。”齐曰：“使乐正子春来③，吾将听子。”鲁君请乐正子春，乐正子春曰：“胡不以其真往也？”君曰：“我爱之。”答曰：“臣亦爱臣之信。”

〔注释〕

①谗鼎：或作“岑鼎”“崇鼎”，鼎名。

②雁：同“赝”，假的。

③乐正子春：春秋时期鲁国人，曾子弟子，以孝闻名。

〔译文〕

齐国讨伐鲁国，索要谗鼎，鲁国就把赝品送去了。齐人说：“这是赝品。”鲁人说：“这是真品。”齐人说：“让乐正子春来证明，我就相信你。”鲁君请求乐正子春，乐正子春说：“为什么不拿真的送过去呢？”鲁君说：“我爱惜我的谗鼎。”乐正子春回答说：“我也爱惜我的信誉。”

韩咎立为君①，未定也。弟在周，周欲重之，而恐韩咎不立也。綦毋恢曰②：“不若以车百乘送之。得立，因曰为戒；不立，则曰来效贼也。”

〔注释〕

①韩咎:韩釐王,韩襄王的儿子。

②綦(qí)毋恢:人名,生平不详。

〔译文〕

韩咎要被立为国君的事情尚未最后确定。他的弟弟在周国,周国想使其回国居于要位以讨好韩国,但又怕韩咎最后不能立为国君。綦毋恢说:“不如用百辆兵车送他回国。如果韩咎能被立为国君,就说派兵车是给他弟弟做警卫的;如果韩咎不能被立为国君,就说是来献上贼人的。”

靖郭君将城薛[1],客多以谏者。靖郭君谓谒者曰[2]:“毋为客通。”齐人有请见者曰:“臣请三言而已[3]。过三言,臣请烹。”靖郭君因见之。客趋进曰[4]:“海大鱼。”因反走。靖郭君曰:“请闻其说。”客曰:“臣不敢以死为戏。”靖郭君曰:“愿为寡人言之。”答曰:“君闻大鱼乎?网不能止,缴不能绊也[5],荡而失水,蝼蚁得意焉。今夫齐亦君之海也,君长有齐,奚以薛为?君失齐,虽隆薛城至于天,犹无益也。”靖郭君曰:“善。”乃辍,不城薛。

〔注释〕

①靖郭君:齐威王之子田婴的谥号,封于薛地。城:筑城。

②谒者:管宾客谒见的人。

③三言:三个字。

④趋:小步快走,以示恭敬。

⑤缴(zhuó):生丝绳,这里指带着生丝绳的箭。古人用生丝绳系箭射鸟或鱼,射中后收绳把猎物带回。绊:通“挂”,牵住。

〔译文〕

靖郭君田婴准备在薛地筑城,受到很多门客的劝阻。田婴对掌管传达的官吏说:“不要替门客们通报了。”有个请求谒见的齐国人说:“我只要求说三个字。超过三个字,就请把我煮死好了。”田婴就接见了他。客人恭敬地快步上前说:“海大鱼。”说罢回头就跑。田婴说:“请告诉我这三个字说的是什么意思。”客人说:“我不敢拿死当作儿戏。”田婴说:“希望你为我解说清楚。”客人回答说:“您听说过大鱼吗?渔网不能捕住它,系在箭上的丝绳不能拖住它,但它要是任性乱游脱离了水,蝼蚁就都可在它身上逞志得意了。现在齐国也就是您的大海,您能长期地掌握齐国的政权,还要薛地做什么呢?假如您失去了齐国的大权,即使把薛城筑得像天一样高,也没有好处啊。”田婴说:“好。”于是就停止了原先的计划,不在薛地筑城了。

荆王弟在秦,秦不出也[①]。中射之士曰[②]:“资臣百金,臣能出之。”因载百金之晋[③],见叔向,曰:“荆王弟在秦,秦不出也。请以百金委叔向。”叔向受金,而以见之晋平公曰:“可以城壶丘矣[④]。”平公曰:“何也?”对曰:“荆王弟在秦,秦不出也,是秦恶荆也,必不敢禁我城壶丘。若禁之,我曰:‘为我出荆王之弟,吾不城也。’彼如出之，可以德荆[5]；彼不出，是卒恶也[6]，必不敢禁我城壶丘矣。”公曰：“善。”乃城壶丘。谓秦公曰：“为我出荆王之弟，吾不城也。”秦因出之。荆王大说，以炼金百镒遗晋[7]。

〔注释〕

①出：放归。

②中射之士：宫内的武职侍从。

③之：到，往。

④城：筑城。壶丘：地名，在今山西垣曲东南。

⑤德荆：使楚国感激。

⑥卒：终。

⑦炼金：纯金。

〔译文〕

楚王的弟弟在秦国，秦国不放他回国。楚国有一个侍卫武官说：“给我百金，我能让他回国。”于是他就载上百金前往晋国，拜见了叔向，说：“楚王弟弟在秦国，秦国不放他回去。请允许我拿百金委托您叔向来做这件事。”叔向接受了百金，就引荐他谒见晋平公说：“可以在壶丘筑城了。”平公说：“为什么呢？”叔向回答说：“楚王的弟弟在秦国，秦国不放他走，这说明秦国憎恨楚国，由于秦、楚结仇，秦国也就一定不敢阻拦我们在壶丘筑城。如果前来阻拦，我们就说：‘看在我们的面上，放出楚王的弟弟，我们就不筑城了。’秦国如果放出楚王的弟弟，可以使楚国对我们感恩；如果不放，说明他们始终憎恨楚国，就一定不敢阻拦我们在壶丘筑城。”平公说：“好。”于是就在壶丘筑城。

晋平公对秦国君主说："看在晋国份儿上放出楚王的弟弟，我就不再筑城了。"秦国因而放走了楚王的弟弟。楚王非常高兴，把一百镒纯金赠送给晋国。

阖闾攻郢[①]，战三胜，问子胥曰："可以退乎？"子胥对曰："溺人者一饮而止，则无遂者[②]，以其休也，不如乘之以沉之。"

〔注释〕

①阖闾：一作"阖庐"，春秋末年吴国君主。郢：楚国都城。

②遂：成功。乾道本作"逆"，据顾广圻说"逆当作遂，形近之误"改。

〔译文〕

吴王阖闾攻打郢都，多次取胜后，他问伍子胥说："可以撤兵吗？"伍子胥回答说："想要淹死别人的人，让被淹的人喝一口水就住手，那是不会成功的，因为中途停止了。不如趁着那个人快要淹死的时候把他沉入水底。"

郑人有一子，将宦[①]，谓其家曰："必筑坏墙，是不善，人将窃。"其巷人亦云。不时筑[②]，而人果窃之。以其子为智，以巷人告者为盗。

〔注释〕

①宦：做官。

②时：及时。

〔译文〕

郑国有个人,他的儿子将要去做官,告诉他的家人说:“一定要把坏了的墙修建起来,这墙不修好,别人会来偷窃的。”他同巷的人也这样说。因为没有及时修建,别人果然偷了他家的东西。郑人认为他的儿子聪明,但却把说要修墙的同巷邻居看作盗贼。

功 名

本文论述了君主成就功名的四项条件：天时、人心、技能、势位，并着重分析了“势”在诸条件中的重要地位。韩非善于运用形象而生动的比喻，他借短木得到山的高势、千钧重物得到船的浮势，来点明“人主之患在莫之应”，众人的帮助和拥戴，对君主功名的建立几乎具有决定性的作用。本篇阐述的观点是韩非势治学说的有机补充。

明君之所以立功成名者四：一曰天时，二曰人心，三曰技能，四曰势位[①]。非天时[②]，虽十尧不能冬生一穗；逆人心，虽贲、育不能尽人力[③]。故得天时则不务而自生，得人心则不趣而自劝[④]，因技能则不急而自疾，得势位则不进而名成。若水之流，若船之浮。守自然之道，行毋穷之令[⑤]，故曰明主。

〔注释〕

①势位：权势和地位。

②非：违背。

③贲、育：即孟贲、夏育，有力的勇士。

④趣：督促。劝：勉励。

⑤毋:无。

〔译文〕

圣明的君主用来立功成名的条件有四个:一是天时,二是人心,三是技能,四是权势和地位。如果违背天时,即使有十个英明的尧也不能让庄稼在冬天里结出一个穗子;如果违背人心,即使是孟贲、夏育这样的力士也不肯多出力气。所以顺应了天时,即使不努力,庄稼也会自然生长;得到了人心,即使不督促,民众也能自我勉励;凭借技能,即便不急于求成,事情也会很快完成;得到了权势和地位,即使不进取,名声也会大振。好像水的流动,好像船的漂浮。遵循着自然的规律,推行畅通无阻的法令,所以称为圣明的君主。

夫有材而无势,虽贤不能制不肖。故立尺材于高山之上,下临千仞之溪[①],材非长也,位高也。桀为天子,能制天下,非贤也,势重也;尧为匹夫,不能正三家[②],非不肖也[③],位卑也。千钧得船则浮,锱铢失船则沉[④]。非千钧轻而锱铢重也,有势之与无势也。故短之临高也以位,不肖之制贤也以势。人主者,天下一力以共载之[⑤],故安;众同心以共立之,故尊;人臣守所长,尽所能,故忠。以尊主主御忠臣,则长乐生而功名成。名实相持而成,形影相应而立,故臣主同欲而异使[⑥]。人主之患在莫之应,故曰:一手独拍,虽疾无声[⑦]。人臣之忧在不得一,故曰:右手画圆,左手画方,不能两成。故曰:至治之国,君若桴[⑧],臣若鼓,技若车,事若马。故人有余力易于应，而技有余巧便于事。立功者不足于力，亲近者不足于信，成名者不足于势，近者已亲[9]，而远者不结，则名不称实者也。圣人德若尧舜，行若伯夷，而位不载于世，则功不立名不遂。故古之能致功名者[10]，众人助之以力，近者结之以成[11]，远者誉之以名，尊者载之以势。如此，故太山之功长立于国家，而日月之名久著于天地。此尧之所以南面而守名，舜之所以北面而效功也。

〔注释〕

①临：从高处往下看。仞：表示高度的量词。

②正：治理好。

③不肖：不贤明。

④锱铢：与上句的“千钧”对文，这里比喻极轻的事物。锱，一两的二十四分之一。铢，一两的四分之一。

⑤载：通“戴”，拥戴。下文“而位不载于世”“尊者载之以势”之“载”与此同。

⑥同欲：同一目标。使：政事。

⑦疾：用力重。

⑧桴(fú)：鼓槌。

⑨近者已亲：从下文看应该为“近者不亲”。

⑩致：获取。

⑪成：通“诚”，诚信。

〔译文〕

只有才能而没有权势，即使是贤人，也不能制服不贤的人。所以将一尺长的木料立在高山上面，就可以俯视千仞深的峡谷，木头并不长,而是它所处的位置高。夏桀作为天子,能够控制天下,不是因为他贤,而是因为他权势重;尧作为普通人,不能管理好三户人家,不是因为他不贤,而是因为他地位卑贱。千钧重物依靠船就能浮起来,锱铢轻物没有船就沉下去,不是因为千钧轻而锱铢重,而是因为有没有依靠船的浮力这种势的差别。所以短木居高临下凭借的是位置,不贤者制服贤人凭借的是权势。作为君主的人,普天之下的人齐心合力来共同拥戴他,所以地位安稳;天下同心来共同推举他,所以地位尊贵;臣下发挥自己的才能,竭尽自己的才智,所以忠诚。用尊贵的君主驱使忠诚的臣子,就会出现长治久安的局面,建立起功业和名望。名称和实际互相依赖才能成立,形体和影子相互对应才能确立,所以臣下和君主有共同的治国欲望却有不同的职责。君主的忧患在于没有人响应,所以说:用一只手单独来拍击,虽然用力很大但也不会发出声响。臣子的忧患在于不能专事单一职务,所以说右手画圆形,左手画方形,不能同时将两种形状都完成。所以说:治理得最好的国家,君主如同鼓槌,臣子如同鼓,技能如同车子,政事如同马匹。所以人有多余的力量就容易响应君主的召唤,技能有了不同寻常的技巧就便于办理政事。如果建立功业的人在力量方面不充足,亲近的人在诚信方面不充分,成就名望的人在威势方面不充足,左右贴身的人不亲近,而疏远的人不和国君团结,那就是名不符实的君主了。圣人的道德如同尧舜一样高尚,行为如同伯夷一样正直,可是他的地位不为世人所拥戴,他的事业就不会成就,名声就不能建立。所以古代能够成就功名的人,众人都用能力帮助他,身边的人以真心结交他,远处的人用美名赞誉他,地位尊贵的人用权势拥戴他。如果这样,君主如同泰山一样的功业就会长久地树立在国家之中,而君主如同日月一样光辉的声名也会长久地昭彰于天地之间。这就是尧所以能南面称王而保持名位,舜所以要北面称臣而献功效忠的原因。

内储说上·七术

“储”，是储存、汇聚，“说”，是指用来说明韩非学说的历史故事、民间传说和寓言，从正文看来，所有这些故事又都被分门别类地安排在作者特定的法、术、势论点下，因此其中许多故事在韩非其他篇章中也曾出现过。因为思想丰富，故事众多，《储说》分为内储说和外储说两大部分，内储说分上、下，外储说分左、右，左、右又分上、下，共计六篇。内储说上、下篇都附有特定内容的标题，内储说上篇名为“七术”，下篇名为“六微”。

在写法上，《储说》各篇都是先扼要地提出论点，叫作“经”，后广泛征引历史、传说故事详加阐述，即是“说”。这种“经”“说”配合前后呼应的写法成为后世“连珠体”的滥觞，因而，韩非的六篇《储说》具有特殊的文体学意义。

杨树达《古书疑义举例续补》认为《内储说》在体例上有大题、小题和分节之题：“《内储说》为大题，《七术》为小题；而《七术》中又分《参观》《必罚》《赏誉》《一听》《诡使》《挟智》《倒言》七小节。”原文各小标题都在相关部分的文末，为照顾阅读习惯，今皆前移。

所谓“七术”，指的是专制君主驾驭和使用臣下的七种手段，其中不乏熟谙权力斗争的经验之谈，包含了依法治国的可贵思想，可为后世政治学说的重要资粮；而事实上，浸透在文中的官场厚黑思想已不断被后世的专制者付诸实施，害人不浅。读者于此不可不察。

主之所用也七术[①]，所察也六微[②]。七术：一曰众端参观[③]，二曰必罚明威，三曰信赏尽能[④]，四曰一听责下[⑤]，五曰疑诏诡使[⑥]，六曰挟知而问[⑦]，七曰倒言反事[⑧]。此七者，主之所用也。

〔注释〕

①术：君主驾驭和控制臣下的方法和手段。

②微：隐微。

③端：头绪。参：参验。

④信赏尽能：对有功者的赏赐一定要兑现，使臣下充分发挥才能。

⑤一：逐一地。

⑥疑诏：传出可疑的诏令。诡使：用诡诈的手段来使用臣下。

⑦挟知而问：拿已经了解的事情去向臣下询问（以考察臣下的忠心）。

⑧倒言反事：说与本意相反的话、做与本意相反的事。

〔译文〕

君王用来驾驭臣子的方法有七种，称为七术；需要明察的隐秘情况有六种，称为六微。七种手段：一是从各个方面参验、观察臣下的言行；二是对罪犯必须惩罚以显示君王的威严；三是对有功者的赏赐一定要兑现，使臣下充分发挥才能；四是逐一地听取意见，督促他们行动；五是传出可疑的诏令，诡诈地驱使臣子；六是拿已经了解的事情去向臣下询问，以考察臣下的忠心；七是故意说与本意相反的话、做与本意相反的事来刺探臣子的阴谋。

这七种方法是君王所使用的。

经一·参观

观听不参则诚不闻，听有门户则臣壅塞①。其说在侏儒之梦见灶、哀公之称“莫众而迷”②。故齐人见河伯③，与惠子之言“亡其半”也④。其患在竖牛之饿叔孙而江乙之说荆俗也。嗣公欲治不知⑤，故使有敌。是以明主推积铁之类，而察一市之患。

〔注释〕

①听有门户：君主偏听偏信，下情上达如同只通过一个门户。壅塞：蒙蔽。

②其说：上述论点的说明、展开。以下是例证的提要。

③河伯：传说中的黄河之神。

④惠子：即惠施，战国时宋人，著名的名家学者。

⑤嗣公：即卫嗣公，卫国君主。

〔译文〕

君主观察和听取臣下的言行，如果不加验证，就不会知道实情；如果偏听偏信，就会受到臣下的蒙蔽。这种论点的说明在“说一”中侏儒说自己梦见了灶、鲁哀公称引“莫众而迷”两则故事中。因为君主被蒙蔽了，所以才会有齐人看见黄河神、惠施说“亡其半”的事。它的严重后果在竖牛饿死叔孙、江乙评论楚国风俗两则故事中。“嗣君之壅”这则故事中，卫嗣公不懂得治国的方法，扶植其他臣妾与得宠的臣妾相抗衡，结果却更受蒙蔽。

因此明君应该从聚积铁来防箭的事例中推论防奸之道,明察三人成虎所带来的祸患。

经二·必罚

爱多者则法不立,威寡者则下侵上。是以刑罚不必[①],则禁令不行。其说在董子之行石邑[②],与子产之教游吉也[③]。故仲尼说陨霜,而殷法刑弃灰;将行去乐池[④],而公孙鞅重轻罪[⑤]。是以丽水之金不守[⑥],而积泽之火不救[⑦]。成欢以太仁弱齐国[⑧],卜皮以慈惠亡魏王。管仲知之,故断死人[⑨];嗣公知之,故买胥靡[⑩]。

〔注释〕

①必:坚定。

②董子:即董阏于,战国时赵简子家臣。行:巡视。

③子产:即公孙侨,春秋时政治家。游吉:继子产执政的大臣。

④将行:官名,犹今领队。乐池(yuètuó):战国时中山国相。

⑤公孙鞅:即商鞅。重轻罪:轻罪重罚。

⑥丽水:水名。

⑦积泽:日久形成的沼泽。

⑧弱:与下句“亡”均为使动用法。

⑨断死人:分斩尸体。

⑩胥靡:刑徒。

〔译文〕

君主过分仁慈的话,法制就建立不起来;威严不足的话,就要受到臣下的侵害。因此刑罚执行得不坚决，禁令就无法推行。这种论点的说明在董阏于巡视石邑和子产教导游吉的两则故事中。所以孔子要谈论降霜，殷法规定要对把灰烬倒到街上的人处以重刑；领队因为自己没有赏罚的权力要辞别中山之相乐池，而商鞅主张要重罚轻罪。因此丽水的沙金常被盗窃而不能守住，沼泽的大火会没人营救而不能扑灭。成欢认为齐王太仁爱会使齐国衰弱，卜皮认为魏王太慈惠会走向灭亡。管仲懂得刑罚的重要，所以要分斩尸体来禁止厚葬；卫嗣君懂得刑罚的重要，所以要买回逃走的囚犯。

经三·赏誉

赏誉薄而谩者①，下不用也；赏誉厚而信者，下轻死②。其说在文子称"若兽鹿"。故越王焚宫室，而吴起倚车辕，李悝断讼以射，宋崇门以毁死③。勾践知之，故式怒蛙④；昭侯知之，故藏弊裤。厚赏之使人为贲、诸也⑤，妇人之拾蚕，渔者之握鳣⑥，是以效之⑦。

〔注释〕

①谩：欺骗。

②轻死：轻视死，指乐于为国君拼死效力。

③毁：悲哀过度。

④式：通"轼"，伏轼，表示敬意。

⑤贲、诸：孟贲、专诸，二者都是春秋战国时期的勇士。

⑥鳣：同"鳝"，鳝鱼。

⑦效：验证，证明。

〔译文〕

奖赏表扬轻微而又不能兑现的，臣民就不为君主所用；奖赏表扬优厚又讲诚信的，臣民就会拼死为君主效力。这种论点的说明在文子说臣下“若兽鹿”。所以越王要焚烧宫室，吴起将车辕靠在门外，李悝用射箭的准头来判断诉讼的是非，宋国君主奖励崇门一个服丧哀痛过度的人，引得许多人效仿而死。勾践懂得奖赏表扬的作用，所以会伏在车前横木上对怒蛙表示敬意；昭侯懂得奖赏表扬的作用，所以会藏起旧裤子不轻易给人。厚赏能使人成为孟贲、专诸那样的勇士，妇人拾蚕，渔夫捉鳝，就是证明。

经四·一听

一听则愚智不分[①]，责下则人臣不参[②]。其说在索郑与吹竽[③]。其患在申子之以赵绍、韩沓为尝试[④]。故公子汜议割河东，而应侯谋驰上党[⑤]。

〔注释〕

①一：逐一地。分：同“纷”，杂乱。
②参：掺杂。
③郑：即韩国。
④申子：即申不害，以倡术治被韩昭侯用为相，为法家前期重要人物。
⑤应侯：即范雎，秦昭襄王时拜相封侯。弛：放弃，舍弃。

〔译文〕

君主全面地听取意见，究竟是愚蠢还是聪明就会分得清楚；

督责臣下行动，他们之中平庸的和有能力的就不会混杂。这个论点的说明在魏王想要吞并韩国和南郭处士吹竽两则故事中。说明这种弊害的故事在申不害通过赵绍、韩沓去刺探韩昭侯的态度。所以公子汜主张割让河东，应侯谋划放弃上党。

经五·诡使

数见久待而不任，奸则鹿散[1]；使人问他则不鬻私[2]。是以庞敬还公大夫[3]，而戴欢诏视辒车[4]，周主亡玉簪，商太宰论牛矢[5]。

〔注释〕

①鹿散：像鹿受惊一样四处奔走，鹿善散善聚，故以为喻。

②他：其他的事。鬻私：兜售私利。鬻，卖。

③还：召回。公大夫：管理市场的官吏。

④辒(wēn)车：古代的一种卧车。

⑤商：宋国，宋为商后，故以此指代。矢：通“屎”。

〔译文〕

君主通过频频接见某人、长期留住某人而不予任用的方法，奸邪之人就会疑惧惊慌起来，像惊鹿一样四下逃散；派人做事的时候通过其他的事情去拷问，臣下就不敢弄虚作假而兜售私利了。因此，庞敬要召回管理市场的公大夫，戴欢要下令侦察卧车的情况，周君要假装丢失玉簪，宋太宰要责问牛屎。

经六·挟智

挟智而问,则不智者至;深智一物,众隐皆变[①]。其说在昭侯之握一爪也。故必南门而三乡得[②]。周主索曲杖而群臣惧,卜皮使庶子,西门豹详遗辖[③]。

〔注释〕

①变:通“辨”,分辨。

②必:一定,这里指一定知道。三乡:三方。乡,通“向”。

③详:通“佯”,假装。辖:车辖,插在车轮两段的防止车轮滑落的小金属棍。

〔译文〕

拿自己已知的事去询问臣下,那么自己不知道的事也就知道了;深入了解一件事,许多隐微的事都可以分辨清楚。这种论点的说明在韩昭侯握着一只指甲的故事中。所以韩昭侯肯定知道南门外的情况,而其他三个门外的情况也就获知了。周君要下令搜寻弯曲的手杖,引起群臣的恐惧;卜皮要指派侍仆刺探御史,西门豹要假装丢失车辖而命令官吏寻找。

经七·倒言

倒言反事以尝所疑[①],则奸情得[②]。故阳山谩樛竖[③],淖齿为秦使[④],齐人欲为乱,子之以白马[⑤],子产离讼者，嗣公过关市[6]。

〔注释〕

①尝：试探。

②奸情：奸臣的隐情。得：获悉。

③阳山：阳山君，生平不详。谩：欺诈，这里指假装诽谤。樛(jiū)竖：卫君近臣。

④淖齿：战国时楚国的将领，后为齐相。

⑤子之：战国时燕国的相。

⑥嗣公：指卫嗣公。

〔译文〕

故意说相反的话、做相反的事来试探所怀疑的人，就会了解到奸情。所以阳山君要假装诽谤樛竖，淖齿要派人冒充秦使，齐人作乱前要假装驱逐他所亲近的人，子之要谎称看见白马来测试左右亲信，子产要隔离诉讼双方来了解真情，卫嗣公要派人扮成客商通过关市。

说·一

卫灵公之时，弥子瑕有宠，专于卫国。侏儒有见公者曰："臣之梦践矣[1]。"公曰："何梦？"对曰："梦见灶，为见公也。"公怒曰："吾闻见人主者梦见日，奚为见寡人而梦见灶？"对曰："夫日兼烛天下[2]，一物不能当也[3]；人君兼烛一国，一人不能拥也[4]。故将见人主者梦见日。夫灶一人炀焉[5]，则后人无从见矣。今或者一人有炀君者乎？则臣虽梦见灶，不亦可乎！”

〔注释〕

①践：证实。

②烛：照。

③当（dàng）：遮挡。

④拥：遮蔽。

⑤炀：烘干，这里指烤火取暖。

〔译文〕

卫灵公时，弥子瑕受到宠信，专权于卫国。有个谒见灵公的侏儒说：“我的梦应验了。”灵公问：“什么梦？”侏儒回答说：“我梦见了一口灶，结果见到了您。”灵公发怒说：“我听说将见君主的人会梦见太阳，为什么你要见我，会梦见灶呢？”侏儒回答说：“太阳的光芒普照天下，一件东西遮挡不了它；君主普照一国人，一个人蒙蔽不了他。所以将见君主的人会梦见太阳。要是灶的话，一人对着灶门烤火，后面的人就无从看见火光了。现在或许就有一个人挡住君主的光辉了吧？那么即使我梦见灶，不也是可以的吗！”

鲁哀公问于孔子曰：“鄙谚曰①：‘莫众而迷②。’今寡人举事与群臣虑之，而国愈乱，其故何也？”孔子对曰：“明主之问臣，一人知之，一人不知也。如是者，明主在上，群臣直议于下。今群臣无不一辞同轨乎季孙者③，举鲁国尽化为一，君虽问境内之人④，犹不免于乱也。"

一曰[5]:晏婴子聘鲁[6],哀公问曰:"语曰:'莫三人而迷。'今寡人与一国虑之,鲁不免于乱,何也?"晏子曰:"古之所谓'莫三人而迷'者,一人失之,二人得之,三人足以为众矣,故曰'莫三人而迷'。今鲁国之群臣以千百数,一言于季氏之私[7],人数非不众,所言者一人也,安得三哉?"

〔注释〕

①鄙谚:民间谚语。

②莫众而迷:句谓做事情不与众人商量就必定会迷惑。

③季孙:即季孙氏,当时鲁国的专权者。

④境内:这里指全国。

⑤一曰:故事的另一种说法。

⑥晏婴子:即晏子,春秋末期齐国的相。聘:访问。

⑦一言:说一样的话,异口同声。

〔译文〕

鲁哀公问孔子说:"民间俗语说:'做事情不与众人商量,就必定会迷惑。'现在我办事和群臣一起谋划,但国家却越来越乱了,原因是什么呢?"孔子回答说:"明君有事问臣下,有人知道,有人不知道。像这样的话,明君在上,群臣就可以在下面直率地议论。现在群臣没有一个人不和季孙统一口径的,全鲁国都像变成了一个人一样,您即使问遍境内百姓,仍然不会避免混乱。"

又一种说法:晏子访问鲁国,鲁哀公问道:"俗话说:'没有三个人合计就会迷惑。'现在我和全国民众一起考虑事情，鲁国仍然不免于乱，这是为什么呢？"晏子说："古代所谓'没有三个人合计就会迷惑'，是说一个人失策，两个人意见正确，三个人足以形成正确的多数了，所以说'没有三个人合计就会迷惑'。现在鲁国的群臣数量要以千、百来计算，却异口同声地统一于季氏的私利的口径，人数并非不多，但说的话就像出自一人之口，如何能得到三人成众的意见呢？"

齐人有谓齐王曰："河伯，大神也，王何不试与之遇乎？臣请使王遇之。"乃为坛场大水之上①，而与王立之焉②。有间，大鱼动，因曰："此河伯。"

〔注释〕

①坛场：祭神场所，堆土为坛，辟地为场。

②立：通"莅"，临。

〔译文〕

有个齐国人对齐王说："黄河神是伟大的神，大王为什么不尝试和它会会呢？请允许我让您与它见上一面。"于是他就在黄河边上筑起了祭神的坛场，和齐王站在坛场上。过了一会儿，有大鱼游动，齐人就说："这就是黄河神。"

张仪欲以秦、韩与魏之势伐齐、荆，而惠施欲以齐、荆偃兵①。二人争之。群臣左右皆为张子言，而以攻齐、荆为利，而莫为惠子言②。王果听张子，而以惠子言为不可。攻齐、荆事已定，惠子入见。王言曰："先生毋言矣！攻齐、荆之事果利矣，一国尽以为然。"惠子因说："不可不察也。夫齐、荆之事也诚利，一国尽以为利，是何智者之众也？攻齐、荆之事诚不可利，一国尽以为利，何愚者之众也？凡谋者，疑也。疑也者，诚疑以为可者半，以为不可者半。今一国尽以为可，是王亡半也③。劫主者④，固亡其半者也。"

〔注释〕

①偃兵：罢兵不战。偃，停止。

②莫：没有人。

③亡半：指失去了认为不可行的那一半。亡，丢失，失去。

④劫：挟持，控制。

〔译文〕

张仪想凭秦国、韩国和魏国交好的有利形势去征伐齐国和楚国，惠施想与齐、楚罢兵言和。两人争执不下。群臣近侍都帮张仪说话，认为攻打齐、楚两国对魏国有利，而没有人帮惠施讲话。魏王到底还是听从了张仪的主张，而认为惠施的主张是行不通的。攻打齐、楚的事已经确定之后，惠子进见魏王。魏王说："您不要说了。攻打齐、楚的事情确实有利，全国都是这样认为的。"惠施趁机进言："这种情况不能不明察。如果攻打齐、楚这件事确实有利，全国都认为有利，聪明的人怎么会这么多啊？如果攻打齐、楚这件事确实不利，全国都认为有利，愚蠢的人又该多么多啊？凡是需要商量的事情，都是难以断定的；难以断定的事情，确实使人犹豫不定，那么就会有一半人认为可行，一半人认为不可行。现在全国都认为可行，这是大王失去了一半人的意见。那些控制君王的人就是使您失去那一半不同意见的人啊。”

叔孙相鲁[①]，贵而主断。其所爱者曰竖牛，亦擅用叔孙之令。叔孙有子曰壬[②]，竖牛妒而欲杀之，因与壬游于鲁君所。鲁君赐之玉环，壬拜受之而不敢佩，使竖牛请之叔孙，竖牛欺之曰[③]：“吾已为尔请之矣，使尔佩之。”壬因佩之。竖牛因谓叔孙：“何不见壬于君乎？”叔孙曰：“孺子何足见也。”竖牛曰：“壬固已数见于君矣。君赐之玉环，壬已佩之矣。”叔孙召壬见之而果佩之，叔孙怒而杀壬。壬兄曰丙[④]，竖牛又妒而欲杀之。叔孙为丙铸钟，钟成，丙不敢击，使竖牛请之叔孙。竖牛不为请，又欺之曰：“吾已为尔请之矣，使尔击之。”丙因击之。叔孙闻之曰：“丙不请而擅击钟。”怒而逐之。丙出走齐。居一年，竖牛为谢叔孙[⑤]，叔孙使竖牛召之，又不召而报之曰：“吾已召之矣，丙怒甚，不肯来。”叔孙大怒，使人杀之。二子已死，叔孙有病，竖牛因独养之，而去左右，不内人[⑥]，曰：“叔孙不欲闻人声。”因不食而饿杀。叔孙已死，竖牛因不发丧也，徙其府库重宝空之而奔齐。夫听所信之言而子父为人僇[⑦]，此不参之患也。

〔**注释**〕

①叔孙：叔孙豹，春秋后期与季孙、孟孙同为鲁国执政。

②壬:叔孙仲壬,叔孙豹的次子。

③欺:诳骗。

④丙:叔孙孟丙,叔孙豹的长子。

⑤为谢叔孙:“为之谢于叔孙”的省文,即替孟孙向叔孙豹道歉。

⑥内:同“纳”,使进入。

⑦僇:通“戮”,杀。

〔译文〕

叔孙豹在鲁国做宰相,地位尊贵而专权独断。他所宠爱的一个侍仆是竖牛,这个人也常常盗用叔孙的名义发号施令。叔孙豹有个儿子叫仲壬,竖牛嫉妒他,并想杀了他,因而和仲壬一起到鲁君住处去游玩。鲁君赐给仲壬玉环,仲壬拜谢了国君并接受了,但不敢佩带,就让竖牛向叔孙豹请示。竖牛骗他说:“我已替你请示过叔孙了,他叫你佩带玉环。”仲壬便佩带了玉环。竖牛趁机对叔孙豹说:“为什么不带仲壬去拜见君主呢?”叔孙豹说:“小孩子有什么值得引荐的呢?”竖牛说:“仲壬本来就多次拜见过君主了。君主赐给他玉环,他已佩带上了。”叔孙豹就召见仲壬,仲壬果然佩带着玉环,叔孙豹愤怒地杀了他。仲壬的哥哥叫孟丙,竖牛又嫉妒他而想杀死他。叔孙豹给孟丙铸了一口大钟,钟铸成后,孟丙不敢擅自敲钟,让竖牛向叔孙豹请示。竖牛不帮他请示,又骗他说:“我已帮你请示过了,他让你敲钟。”孟丙就敲了钟。叔孙豹听见钟声后说:“孟丙不请示就擅自敲钟。”就愤怒地把孟丙赶出了家门。孟丙出逃到了齐国。一年后,竖牛假装替孟丙向叔孙豹谢罪,叔孙豹就让竖牛召回孟丙。竖牛又没去召人却报告叔孙豹说:“我已召过他了,孟丙很恼怒,不肯来。”叔孙豹十分愤怒,派人杀了孟丙。两个儿子已死，叔孙豹生了病，竖牛就独自侍养他，把近侍们支开，不让人进入，说：“叔孙豹不想听见人声。”竖牛不给叔孙豹东西吃，活活把他饿死了。叔孙豹已死，而竖牛并不发讣告，把叔孙豹财库里的贵重珍宝搬迁一空，然后逃往齐国。听了自己所偏信的人的话，结果父子都被人杀了，这就是对事实不加验证造成的祸患。

江乙为魏王使荆，谓荆王曰：“臣入王之境内，闻王之国俗曰：‘君子不蔽人之美①，不言人之恶。’诚有之乎？”王曰：“有之。”“然则若白公之乱②，得庶无危乎？诚得如此，臣免死罪矣。”

〔注释〕

①蔽：掩蔽。

②白公之乱：指公元前479年白公胜发动政变，杀子西、子期等，后叶公子高攻白公胜，白公胜自杀。

〔译文〕

江乙为魏王出使楚国，对楚王说：“我进入大王的境内，听说大王国家的风气是：‘君子不掩盖别人的美德，不谈论别人的恶行。’确实有这样的风气吗？”楚王说：“有的。”江乙说：“既然这样，那么像白公政变之类的事发生也没有官吏举报，国家能不危险吗？确实如此，群臣都能幸免于死罪了。”

卫嗣君重如耳，爱世姬；而恐其皆因其爱重以壅己也，乃贵薄疑以敌如耳①，尊魏姬以耦世姬②，曰：“以是相参也[3]。"嗣君知欲无壅，而未得其术也。夫不使贱议贵，下必坐上[4]，而必待势重之钧也[5]，而后敢相议，则是益树壅塞之臣也。嗣君之壅乃始。

〔注释〕

①敌：匹敌。

②耦(ǒu)：并重。

③参：参验，考察。

④必：疑为衍文。坐：定罪，这里指连坐。

⑤钧：通"均"，相等。

〔译文〕

卫嗣君看重如耳，喜爱世姬，又怕他们自恃受宠来蒙蔽自己，就抬高薄疑来和如耳匹敌，推重魏姬来和世姬并列，说："我用这种方法来对他们参校考察。"卫嗣君懂得自己要不受蒙蔽，然而没有掌握相应的方法。假如不使贱者议论贵者，不使隐瞒上司罪行的部下一定与上司同罪连坐，却一定要等双方权势相等，然后才敢互相议论，那就更多地培植起蒙蔽自己的臣子了。卫嗣君的被蒙蔽从此便开始了。

夫矢来有乡[1]，则积铁以备一乡；矢来无乡，则为铁室以尽备之。备之则体不伤。故彼以尽备之不伤[2]，此以尽敌之无奸也[3]。

〔注释〕

①矢：箭。乡：通"向"，方向，下文同。

②彼:防箭的人。
③此:指君主。敌:防范。

〔译文〕

如果箭射来有一定方向,就堆集铁器来防备这个方向;如果箭射来没有一定方向,就建造铁屋来全面地防备着。防备它,身体就不会受伤了。所以那防箭的人要凭着全面的防备而不致受到伤害,君主要依靠完全的防范警惕才会杜绝奸邪事情的发生。

庞恭与太子质于邯郸[①],谓魏王曰:"今一人言市有虎,王信之乎?"曰:"不信。""二人言市有虎,王信之乎?"曰:"不信。""三人言市有虎,王信之乎?"王曰:"寡人信之。"庞恭曰:"夫市之无虎也明矣,然而三人言而成虎。今邯郸之去魏也远于市,议臣者过于三人,愿王察之。"庞恭从邯郸反[②],竟不得见[③]。

〔注释〕

①质:做人质。
②反:同"返",返回。
③竟不得见:终于不能进见魏王。意指魏王听信了谗言。竟,终于。

〔译文〕

庞恭和魏太子到赵都邯郸做人质,庞恭对魏王说:"如今有一个人说集市上有老虎,大王相信吗?"魏王说:"不相信。""两个人说集市上有老虎,大王相信吗?"魏王说:"不相信。""三个人说集市上有老虎,大王相信吗?"魏王说:"我相信了。"庞恭说："集市上没有老虎是很清楚的，但是三个人的言论就造出了一只老虎。现在邯郸离魏国比这儿离集市远得多，妄议我的人也比三个人多，希望大王明察真情。"庞恭从邯郸回来时，最终还是不能再见到魏王了。

说·二

董阏于为赵上地守[①]。行石邑山中，见深涧峭如墙，深百仞，因问其旁乡左右曰[②]："人尝有入此者乎？"对曰："无有。"曰："婴儿、痴聋、狂悖之人[③]，尝有入此者乎？"对曰："无有。""牛马犬彘尝有入此者乎[④]？"对曰："无有。"董阏于喟然太息曰："吾能治矣。使吾治之无赦，犹入涧之必死也，则人莫之敢犯也，何为不治之？"

〔注释〕

①上地：上党的别称。守：郡守，郡的长官。

②旁乡左右：居住在近涧地方的人。

③狂悖：疯癫。

④彘：猪。

〔译文〕

董阏于做赵国上党地区的郡守。他巡视到石邑山中，看见山涧深邃，谷壁像墙一样陡峭，深达千丈，就问居住在深涧附近村舍的人说："人曾有跌进这深涧的吗？"回答说："没有。"又问："小孩、痴聋、疯癫的人曾有跌进这深涧的吗？"回答说："没有。"

“牛马狗猪曾有跌进这深涧的吗?”回答说:“没有。”董阏于感叹地说:“我能治理好上党了。假如我治理时对罪犯严惩不贷,使他们好像掉下深涧必死一样,那么就没有人敢触犯法令了,还怎么会治理不好上党呢?”

子产相郑,病将死,谓游吉曰:“我死后,子必用郑①,必以严莅人②。夫火形严,故人鲜灼③;水形懦,人多溺。子必严子之刑,无令溺子之懦。”故子产死,游吉不肯严刑。郑少年相率为盗,处于藿泽④,将遂以为郑祸。游吉率车骑与战,一日一夜,仅能克之。游吉喟然叹曰:“吾蚤行夫子之教⑤,必不悔至于此矣!”

〔注释〕

①用郑:用事于郑,即在郑国执政。
②莅:临,这里谓治理。
③鲜:少。
④藿(huán)泽:即萑苻之泽,位于今河南中牟境内。藿:同“萑”。
⑤蚤:通“早”。

〔译文〕

子产担任郑国的相,得了重病快要死去的时候,对游吉说:“我死后,您一定会在郑国执政,一定要用严厉的办法去治理民众。火的样子是严酷的,所以人们很少被烧伤;水的样子是柔和的,很多人被淹死。您必须严厉地执行刑罚,不要让人们因您的柔弱而触犯法令。”子产死后,游吉不肯严厉执行刑罚,郑国的青年们群起成为强盗,盘踞在萑苻之泽中,即将给郑国造成祸害。游吉率领军队与他们作战，打了一天一夜，才勉强将他们打败。游吉感叹地说："我早按子产的教导去做的话，一定不会懊悔到这般地步了。"

鲁哀公问于仲尼曰："《春秋》之记曰：'冬十二月贾霜不杀菽[①]。'何为记此？"仲尼对曰："此言可以杀而不杀也。夫宜杀而不杀，桃李冬实[②]。天失道，草木犹犯干之[③]，而况于人君乎！"

〔注释〕

①《春秋》：这里指未经孔子修订过的鲁国史书。贾霜：霜降。贾，音义同"殒"。菽：豆类的总称。

②实：结果。

③干：犯。

〔译文〕

鲁哀公问孔子说："《春秋》里记载说：'冬季十二月份降霜，没有摧残豆类作物。'为什么要记载这件事？"孔子回答说："这是说本来可以造成伤害的，但结果没有造成伤害。应予伤害却不加伤害，那么桃树和李树一类的就会在冬天结果。天道失去常规，草木尚且要违抗它，何况君主失去了治国的常规呢！"

殷之法，刑弃灰于街者[①]。子贡以为重，问之仲尼。仲尼曰："知治之道也。夫弃灰于街必掩人[②]，掩人，人必怒，怒则斗，斗必三族相残也，此残三族之道也，虽刑之可也。且夫重罚者，人之所恶也；而无弃灰，人之所易也。使人行之所易而无离所恶[③]，此治之道。”

一曰：“殷之法弃灰于公道者断其手。”子贡曰：“弃灰之罪轻，断手之罚重，古人何太毅也[④]？”曰：“无弃灰，所易也；断手，所恶也。行所易，不关所恶[⑤]，古人以为易，故行之。”

〔注释〕

①刑：处以刑罚。

②掩：指扑面盖人。

③离：通“罹”，遭受。

④毅：严酷。

⑤关：入，犯。

〔译文〕

商朝的法令规定，对在街上倒灰的人要处以刑罚。子贡认为刑罚过重了，就询问孔子。孔子说：“这是因为他们懂得治理的方法。在街上倒灰一定会四处飞扬而扑面盖人，扑了人家，人家定会发怒，一旦发怒，就会发生争斗，争斗起来，就会引起许多家族相互残杀。既然这是会造成许多家族相互残杀的情形，那么即使对他们处以刑罚也是可行的。再说，刑罚重了是人们所厌恶的；而不去街上倒灰，则是人们容易办到的。让人们做好容易办到的事情，而不去触犯他们所厌恶的刑罚，这合乎治理的原则。”

另一种说法是：“商朝的法令规定，对在街上倒灰的人，要砍掉他的手。”子贡说：“倒灰的罪很轻，断手的刑罚太重，古人怎么这样严酷啊?”孔子说:“不在街上倒灰是容易办到的事,断手是人们厌恶的事。让人们做容易做到的事,不触犯他们所厌恶的刑罚,古人认为这是容易的,所以才推行这种法令。”

中山之相乐池以车百乘使赵,选其客之有智能者以为将行①,中道而乱。乐池曰:“吾以公为有智,而使公为将行,今中道而乱②,何也?”客因辞而去,曰:“公不知治。有威足以服人,而利足以劝之③,故能治之。今臣,君之少客也④。夫从少正长⑤,从贱治贵,而不得操其利害之柄以制之,此所以乱也。尝试使臣⑥,彼之善者我能以为卿相,彼不善者我得以斩其首,何故而不治?”

〔注释〕

①将行:即领队。旧注:将主行道之人,以为行位。

②中道:中途。

③劝:鼓励。之:当为“人”字讹误。

④少客:年轻位卑的门客。

⑤从:由。正:管理。

⑥尝试:假如。

〔译文〕

中山国相乐池带领一百乘车马出使赵国,挑选门客中一位有智慧才能的人作为领队,走到半路车队的行列就混乱了。乐池说:“我认为你有才智,才会派你做领队,现在中途队列却散乱了,这是为什么呢?”这位门客便要告辞离去,说:“您不懂得管理的原则。有用刑的威势足以制服人,有爵禄的利益足以鼓舞人,所以能够管理好别人。现在我只是您的一名年少而位卑的门客。由年少的管理年长的,由位卑的管理位尊的,又不能掌握赏罚的权柄来制约他们,这才导致了队列散乱。假如让我掌握权柄,对行列中表现好的,我能封他为卿相,而对行列中表现差的,我能砍了他的脑袋,哪有管理不好的道理呢?”

公孙鞅之法也重轻罪①。重罪者,人之所难犯也;而小过者,人之所易去也。使人去其所易,无离其所难②,此治之道。夫小过不生,大罪不至,是人无罪而乱不生也。

一曰:公孙鞅曰:“行刑重其轻者,轻者不至③,重者不来,是谓以刑去刑也。”

〔注释〕

①重轻罪:对轻罪加以重罚。

②离:通“罹”,遭受。

③至:当依《商君书·去强篇》作“生”。

〔译文〕

商鞅的法令是对轻罪处以重罚。重刑之下,人们就不敢触犯了;而小小的过失则是容易改掉的。使人们改掉容易犯的小错,不去触犯重刑,这合乎治理国家的原则。既然小错不犯,大罪也就没有了。这样一来,人们就不再犯罪了,祸乱也就不会产生了。

另一种说法是，商鞅说："行刑，用重刑处罚轻罪，轻罪都没有了，重罪也就更没人敢犯了。这是用重刑去达到不用刑罚的境界。"

荆南之地，丽水之中生金，人多窃采金。采金之禁，得而辄辜磔于市[①]，甚众，壅离其水也[②]，而人窃金不止。夫罪莫重辜磔于市，犹不止者，不必得也。故今有于此，曰："予汝天下而杀汝身。"庸人不为也。夫有天下，大利也，犹不为者，知必死。故不必得也，则虽辜磔，窃金不止；知必死，则天下不为也。

〔注释〕

①辄：立即。辜磔（zhé）：古时一种分尸示众的极刑。

②壅：堵塞。离：分流。

〔译文〕

楚国南部的地方，丽水中出产沙金，很多人都去偷采金子。官方关于偷采金子的禁令是抓住后就立即在闹市中分尸示众，杀死了很多人，尸体都阻断分离了丽水的水流，但偷采金子的人还是不停止。罪刑之中没有比分尸示众更重的了，偷采金子的人还是不肯罢手，是因为偷采金子不一定被抓到。鉴于此，假如有人说："把天下让给你而把你杀掉。"就算是没有智慧的人也不会同意。拥有天下，是最大的利益，仍然还不肯干，是因为知道一定会死。所以如果不一定被抓获，即使有分尸示众的酷刑，偷采金子的行为还不会停止；如果知道一定会死，那么即使可以拥有天下也不愿意接受。

鲁人烧积泽。天北风，火南倚[①]，恐烧国[②]。哀公惧，自将众趣救火[③]。左右无人，尽逐兽而火不救。乃召问仲尼，仲尼曰："夫逐兽者乐而无罚，救火者苦而无赏，此火之所以无救也。"哀公曰："善。"仲尼曰："事急，不及以赏[④]，救人者尽赏之，则国不足以赏于人。请徒行罚。"哀公曰："善。"于是，仲尼乃下令曰："不救火者比降北之罪[⑤]；逐兽者比入禁之罪[⑥]。"令下未遍而火已救矣。

〔注释〕

①倚：靠。

②国：都城。

③将：带领。趣(cù)：督促。

④以：用。

⑤比：比照，等同。降北：战场上投降败逃。

⑥入禁：擅自闯入禁地。

〔译文〕

鲁国人焚烧一处沼泽里的草木。天刮北风，火势向南延伸，恐怕会烧到国都。鲁哀公害怕了，要亲自率领众人督促救火。到火场后旁边没了人，大家都去追逐野兽却没人来救火，于是哀公就把孔子招来询问。孔子说："追逐野兽的人既快乐又不受罚,而救火的人既受苦又不得赏,这便是没人救火的原因。”哀公说:“说得对。”孔子说:“事情紧急,现在来不及论功行赏;假使救火的人都给予赏赐,那么举国的财富也不够用来赏赐。请只用刑罚。”哀公说:“好吧。”于是孔子就下令说:“不救火的,与投降败逃同罪;追野兽的,与擅自闯入禁地同罪。”命令下达后还未传遍,大火就已经被扑灭了。

成欢谓齐王曰:“王太仁,太不忍人[1]。”王曰:“太仁、太不忍人,非善名邪?”对曰:“此人臣之善也,非人主之所行也。夫人臣必仁而后可与谋,不忍人而后可近也;不仁则不可与谋,忍人则不可近也。”王曰:“然则寡人安所太仁、安不忍人[2]?”对曰:“王太仁于薛公[3],而太不忍于诸田[4]。太仁薛公,则大臣无重;太不忍诸田,则父兄犯法。大臣无重[5],则兵弱于外;父兄犯法,则政乱于内。兵弱于外,政乱于内,此亡国之本也。”

〔注释〕

①忍人:对人残忍。

②安所:什么地方。

③薛公:靖郭君田婴,孟尝君田文的父亲,时任齐相,封于薛。

④诸田:当时齐国王室宗族。

⑤重:权势。

〔译文〕

成欢对齐王说:“大王您太仁慈,对人太不狠心。”齐王说:

"太仁慈、太不狠心,这难道不是好名声吗?"成欢回答说:"这是臣子的优点,但不是君主应该实行的。臣子一定要仁慈,然后可以和他谋事;对人不狠心,然后才可以和他接近。臣子不仁慈,就不能和他谋事;狠心了,就无法和他接近。"齐王说:"那么我什么地方太仁慈?哪里对人不狠心?"成欢回答说:"大王对薛公田婴太仁慈,对田氏宗族太不狠心。对薛公太仁慈,大臣们就没有权势;对田氏宗族太不狠心,大王的同族叔伯兄弟们就会犯法。大臣们没有权势,在外军队就会被削弱;叔伯兄弟犯法,国内政事就会混乱。在外军队被削弱,国内政事混乱,这是亡国的根源所在。"

魏惠王谓卜皮曰:"子闻寡人之声闻亦何如焉[1]?"对曰:"臣闻王之慈惠也。"王欣然喜曰:"然则功且安至[2]?"对曰:"王之功至于亡。"王曰:"慈惠,行善也。行之而亡,何也?"卜皮对曰:"夫慈者不忍,而惠者好与也[3]。不忍则不诛有过,好予则不待有功而赏。有过不罪,无功受赏,虽亡不亦可乎?"

〔注释〕

①声闻:名声,声望。

②功:功业。且:将。

③与:通"予",给予。

〔译文〕

魏惠王对卜皮说:"您听说我的名声究竟怎么样呢?"卜皮

回答说："我听说大王很仁慈惠爱。"惠王欣喜地说："既然这样，那么我的功业将要达到怎样的地步？"卜皮回答说："大王的功业是要走向灭亡。"惠王说："慈惠是做好事。这样做了却要灭亡，为什么？"卜皮回答说："仁慈的人不狠心，行惠的人喜欢施舍。不狠心就不会惩罚有过错的人，喜欢施舍就会不等臣下立功而加赏。有过错不加以惩治，没有功劳却能受到赏赐，即使灭亡，不也是应当的吗？"

齐国好厚葬，布帛尽于衣衾①，材木尽于棺椁。桓公患之，以告管仲曰："布帛尽则无以为蔽②，材木尽则无以为守备，而人厚葬之不休，禁之奈何？"管仲对曰："凡人之有为也，非名之则利之也。"于是乃下令曰："棺椁过度者戮其尸，罪夫当丧者。"夫戮死无名，罪当丧者无利，人何故为之也？

〔注释〕

①衾：被子。

②蔽：遮体，即做衣服。

〔译文〕

齐国崇尚厚葬，好的布料全做了死人的衣被，好的木材全做了棺材。桓公为此担忧，就告诉管仲说："布帛用完了，就没有东西可做遮体的衣服；木材用完了，就没有东西可以构筑防御工事。可人们还是不停止厚葬，怎样加以禁止？"管仲回答说："大凡人的作为，不是图名，就是图利。"于是下令说："棺材超过标准的就刑戮尸体,处罚主丧的人。”尸体遭到刑戮,无名可言;主丧的人被处罚了,无利可言,人们为什么还要厚葬呢?

卫嗣君之时,有胥靡逃之魏①,因为襄王之后治病②。卫嗣君闻之,使人请以五十金买之,五反而魏王不予③,乃以左氏易之④。群臣左右谏曰:“夫以一都买胥靡,可乎?”王曰:“非子之所知也。夫治无小而乱无大。法不立而诛不必⑤,虽有十左氏无益也;法立而诛必,虽失十左氏无害也。”魏王闻之曰:“主欲治而不听之,不祥。”因载而往,徒献之。

〔注释〕

①胥靡:服劳役的囚犯。之:到,往。

②襄王:名嗣,魏国国君。后:王后。

③五反:往返五次。

④左氏:卫国城邑,位于今山东境内。

⑤必:坚定,果断。

〔译文〕

卫嗣君在位时,有个囚犯逃到了魏国,就替魏襄王的王后治病。卫嗣君听说了这件事,就派人请求用五十金赎回这个囚犯,使者往返了五次,魏王还是不给,卫嗣君就用左氏城来交换囚犯。群臣近侍劝卫嗣君说:“用一个大城邑去买一个囚犯,这件事可以吗?”卫嗣君说:“不是你们所能理解的。治不在小,乱不在大。如果法令不设立,诛罚不兑现,即使有十个左氏城也没有裨益；如果法令设立，诛罚兑现，即使失去十个左氏城也没有损害。”魏王听说后说：“卫嗣君想治理好国家，我却不答应他的要求，这样做不吉利。”于是用车子装了囚犯送到卫国，无代价地交付给卫嗣君。

说·三

齐王问于文子曰：“治国何如？”对曰：“夫赏罚之为道，利器也。君固握之，不可以示人。若如臣者[①]，犹兽鹿也，唯荐草而就[②]。”

〔注释〕

①若：至于。

②荐草：肥美的草。就：靠近。

〔译文〕

齐王向文子询问道：“怎样治理国家？”文子回答说：“赏罚作为治国原则，是一种锐利的兵器，君主要牢牢地掌握它，不可把它拿给别人看。至于像臣子这类人，也就像野兽中的麋鹿一样，只要有肥美的草地，就会跑过去的。”

越王问于大夫文种曰[①]：“吾欲伐吴，可乎？”对曰：“可矣。吾赏厚而信，罚严而必。君欲知之，何不试焚宫室？”于是遂焚宫室，人莫救之。乃下令曰：“人之救火者死，比死敌之赏[②]；救火而不死者，比胜敌之赏；不救火者，比降北之罪。”人之涂其体、被濡衣而走火者[3]，左三千人，右三千人。此知必胜之势也。

〔注释〕

①越王：指勾践。文种：字少禽，楚国人，曾入越国助勾践打败吴国。

②死敌：与敌人战斗而死。

③涂其体：在身上抹防止烧伤的东西。被：同“披”。濡衣：湿衣。走火：奔跑着救火。

〔译文〕

越王勾践向大夫文种询问道：“我想攻打吴国，行吗？”文种回答说：“行。我们的赏赐优厚而守信，惩罚严厉而坚决。您想了解清楚，为什么不用焚烧宫室来做个试验？”于是就纵火烧了宫室，没有一个人去救它。越王就下令说：“为救火而死的，和战场牺牲同赏；救了火而没死的，和战胜敌人同赏；不救火的人，和投降败北同罪。”人们把防火的东西涂在身上、蒙上湿衣服而奔赴火场救火的，左面有几千人，右面有几千人。由此知道伐吴已成必胜之势。

吴起为魏武侯西河之守。秦有小亭临境[1]，吴起欲攻之。不去则甚害田者[2]，去之则不足以征甲兵。于是乃倚一车辕于北门之外而令之曰：“有能徙此南门之外者，赐之上田上宅。”人莫之徙也。及有徙之者，还赐之如令[3]。俄又置一石赤菽东门之外[4]，而令之曰：“有能徙此于西门之外者，赐之如初。”人争徙之。乃下令曰：

"明日且攻亭,有能先登者,仕之国大夫,赐之上田宅。"人争趋之。于是攻亭,一朝而拔之。

〔注释〕

①小亭:小型军事建筑物,供侦察敌情用。

②田者:种田的人。

③还(xuán):立即。

④赤菽:赤豆。

〔译文〕

吴起担任魏武侯时的西河郡守。秦国有个小哨亭靠近魏国西河边境,吴起想要攻下它。不除掉小哨亭,会对魏国的种田人构成很大危害;要除掉小哨亭,又不值得为此征集军队。于是吴起就在北门外靠置了一根辕木,然后下令道:"谁能把它搬到南门外,就赏给谁上等田地、上等住宅。"没有人去搬它。等到有了搬动它的人,立即按照原来的命令行了赏。不久吴起又在东门外放了一石赤豆,并下令说:"谁能把它搬到西门,就像上次一样给他赏赐。"人们抢着搬它。于是吴起下令道:"明天将攻打哨亭,有谁能够先登上去,任命他做国大夫,赏他上等田地和住宅。"人们争先前往。于是吴起下令攻打哨亭,一个早上就攻下了。

李悝为魏文侯上地之守,而欲人之善射也,乃下令曰:"人之有狐疑之讼者①,令之射的②,中之者胜,不中者负。"令下而人皆疾习射③,日夜不休。及与秦人战,大败之，以人之善战射也[4]。

〔注释〕

①狐疑之讼：疑案。
②的：箭靶子。
③疾：急忙。
④以：因为。

〔译文〕

李悝担任魏文侯时的上地郡守，他想要人们都善于射箭，就下令道："人们遇着难断是非的诉讼时，就让他们用弓箭射靶，射中的胜诉，射不中的败诉。"命令下达后，人们都急忙去练习射箭，日夜不停。等到和秦军打起仗来，大胜敌人，这是因为上地人善于作战射击的缘故啊。

宋崇门之巷人服丧而毁[1]，甚瘠[2]，上以为慈爱于亲，举以为官师[3]。明年，人之所以毁死者岁十余人。子之服亲丧者，为爱之也，而尚可以赏劝也，况君上之于民乎？

〔注释〕

①巷人：里巷平民。毁：哀痛。
②瘠：瘦弱。
③官师：指"士"这一阶层。

〔译文〕

宋国崇门里弄的一个平民服丧时，因为过度哀伤以至身体非常瘦弱，宋君认为他对亲人非常仁爱，就提升他为士。第二年，人们效仿他，因服丧时过度悲哀而死的，一年之中就有十几个人。儿子为父母服丧，是因为爱父母，这种情形尚且可以用奖赏来加以劝勉，何况是君主对于民众呢？

越王虑伐吴，欲人之轻死也[①]，出见怒蛙[②]，乃为之式[③]。从者曰："奚敬于此？"王曰："为其有气故也。"明年之请以头献王者岁十余人。由此观之，誉之足以杀人矣。

一曰：越王勾践见怒蛙而式之。御者曰："何为式？"王曰："蛙有气如此，可无为式乎？"士人闻之曰："蛙有气，王犹为式，况士人有勇者乎！"是岁人有自刭死以其头献者。故曰王将复吴而试其教[④]，燔台而鼓之[⑤]，使民赴火者，赏在火也；临江而鼓之，使人赴水者，赏在水也；临战而使人绝头刳腹而无顾心者[⑥]，赏在兵也。又况据法而进贤，其劝甚此矣。

〔注释〕

①轻死：看轻死亡，即不怕死。

②怒蛙：肚子鼓胀起来的青蛙，像发怒一样，故称怒蛙。

③式：通"轼"，伏轼，表示敬意。

④复吴：向吴国复仇。试其教：试验越国教导训练的功效。

⑤燔（fán）：焚烧。鼓之：击鼓使人前进。

⑥刳（kū）：挖空，剖开。顾心：反顾之心。

〔译文〕

越王勾践计划着去攻打吴国，想要民众对他拼死效忠，出门看见鼓着肚子似含怒气的青蛙，就低头靠在车前的横木上对它表示敬意。随从说："您为什么对怒蛙致敬？"越王说："因为它有气概的缘故。"第二年，请求把头颅献给越王的人，一年中就有十多个人。由此看来，赞誉足以鼓动人们舍生忘死，等同于杀人了。

另一种说法：越王勾践看见一只鼓着肚子似含怒气的青蛙，就低头靠在车前横木上致敬。车夫说："为什么要靠着轼木致敬？"越王说："青蛙有如此的气概，怎么可以不向它凭轼致敬呢？"武士们听到后说："青蛙有气概，越王尚且向它凭轼致敬，何况勇敢的武士呢！"这一年，有人自刎后将头献给越王。越王准备向吴国复仇的时候，就试验过这种教导训练的效果：在高台上放火焚烧，击鼓令人前进，使人敢于冲到火里的原因，是因为进火有赏；面对滔滔大江，击鼓令人前进，使人敢于冲向水中的原因，是因为赴水有赏；临作战时，使人断头剖腹而义无反顾的原因，是因为作战有赏。又何况根据法律，进用贤人，它的鼓舞作用就比这些更进一层了。

韩昭侯使人藏弊袴，侍者曰："君亦不仁矣，弊袴不以赐左右而藏之。"昭侯曰："非子之所知也。吾闻明主之爱一嚬一笑[①]，嚬有为嚬，而笑有为笑。今夫袴岂特嚬笑哉！袴之与嚬笑去远矣，吾必待有功者，故收藏之未有予也[②]。"

〔注释〕

①爱：吝惜。嚬：同“颦”（pín），皱眉头。

②予：给予，赐予。

〔译文〕

韩昭侯让近侍把自己不穿的旧裤子收藏起来，近侍说：“君王也太不仁爱了，连旧裤子都不赏给近侍们，却要收藏起来。”昭侯说：“这不是你理解得了的。我听说明君连自己的一颦一笑都要加以珍惜，颦有颦的目的，笑有笑的目的。现在那条旧裤子，岂止是一颦一笑的事情了啊，裤子和一颦一笑的作用相差太远了。我一定要等待有功的人才奖赏他，所以要收藏好，现在还没有给予的对象哩。”

鳣似蛇①，蚕似蠋②。人见蛇则惊骇，见蠋则毛起。然而妇人拾蚕，渔者握鳣，利之所在，则忘其所恶，皆为贲、诸。

〔注释〕

①鳣：同“鳝”，鳝鱼。

②蠋（zhú）：蝴蝶、蛾等的幼虫。

〔译文〕

黄鳝像蛇，蚕像毛虫。人们看见蛇就惊恐害怕，看见毛虫就汗毛竖起。但是养蚕的妇女拾蚕，捕鱼的人捉黄鳝，因为利益在这上面，也就忘记了他们所厌恶的形状，都成了孟贲、专诸那样的勇士。

说·四

魏王谓郑王曰[①]："始郑、梁一国也[②]，已而别，今愿复得郑，而合之梁。"郑君患之，召群臣而与之谋所以对魏。公子谓郑君曰："此甚易应也。君对魏曰：'以郑为故魏而可合也，则弊邑亦愿得梁而合之郑[③]。"魏王乃止。

〔注释〕

①郑王：指韩王。

②郑：指韩国，韩灭郑后迁都于郑，故而又称韩为郑。梁：即魏国，魏国都城原在大梁。

③弊邑：对自己国家的谦称。弊，通"敝"。

〔译文〕

魏王对韩王说："当初韩、魏属同一个国家，后来才分开的，现在我希望重新得到韩国的土地，把韩国并入魏国。"韩王很为这件事担忧，召集群臣和他们商量如何答复魏国。公子对韩王说："这很容易回答。您对魏王说：'假如认为韩与魏原属一国而可以合并，那么敝国也希望把魏国并入韩国。'"魏王因此不再提出合并要求了。

齐宣王使人吹竽，必三百人。南郭处士请为王吹竽[①]，宣王说之[②]，廪食以数百人[③]。宣王死，湣王立[④]，好一一听之，处士逃。

一曰：韩昭侯曰："吹竽者众，吾无以知其善者。"田严对曰："一一而听之。"

〔注释〕

①南郭：复姓。处士：古代有才能但隐居不做官的读书人。

②说：同"悦"，喜欢，高兴。

③廪（lǐn）食：由官府供给粮食。

④湣（mǐn）王：齐湣王，齐宣王之子。

〔译文〕

齐宣王让人吹竽给他听，每次一定要有三百个人来同时演奏。有个姓南郭的先生请求替宣王吹竽，宣王很喜欢他，发给他的薪水和其他几百人的相等。宣王死后，湣王即位，喜欢一个一个地听他们吹竽，南郭先生便逃跑了。

另一种说法：韩昭侯说："吹竽的人多，我无法知道其中吹得好的人。"田严回答说："不妨逐个地听他们演奏。"

赵令人因申子于韩请兵①，将以攻魏。申子欲言之君，而恐君之欲疑己外市也②，不则恐恶于赵③，乃令赵绍、韩沓尝试君之动貌而后言之。内则知昭侯之意，外则有得赵之功④。

〔注释〕

①因：依靠，通过。

②外市：与外国勾结。

③不：同“否”，否则。

④得赵：讨好赵国。

〔译文〕

赵国派人通过申不害向韩国借兵，准备用来进攻魏国。申不害想对韩国国君说这件事，又怕韩王怀疑自己与外国勾结，否则又怕在赵国那儿找来怨恨，于是他就让赵绍、韩沓试探韩王的态度，然后才去向君主进说这件事。这样，申不害对内则明白了韩王的意图，对外则有拉拢赵国的收效。

三国至韩[①]，秦王谓楼缓曰[②]：“三国之兵深矣，寡人欲割河东而讲[③]，何如？”对曰：“夫割河东，大费也[④]；免国于患，大功也。此父兄之任也[⑤]，王何不召公子汜而问焉？”王召公子汜而告之，对曰：“讲亦悔，不讲亦悔。王今割河东而讲，三国归，王必曰：‘三国固且去矣，吾特以三城送之。’不讲，三国也入韩，则国必大举矣，王必大悔。王曰：‘不献三城也。’臣故曰：‘王讲亦悔，不讲亦悔。’”王曰：“为我悔也，宁亡三城而悔，无危乃悔。寡人断讲矣[⑥]。”

〔注释〕

①三国：指齐、韩、魏三国。

②楼缓：战国时赵人，曾任秦昭襄王相。

③河东：黄河以东的土地。讲：讲和。

④费:损失。

⑤父兄:指君主宗族的老臣。

⑥断:决定。

〔**译文**〕

韩、魏、齐三国军队集结到了韩国,秦王对楼缓说:"三国军队就要深入我国了!我想割让河东之地与他们讲和,怎么样?"楼缓回答说:"割让河东,是大代价;免除国家祸患,是大功劳。权衡这种利害是宗族老臣的责任,大王为什么不召见公子汜来征询意见呢?"秦王召见公子汜并告知了有关情况,公子汜对答说:"讲和也会后悔,不讲和也会后悔。大王眼下如果割让河东而讲和,三国撤兵,大王一定会说:'三国本来就会回去了,我白白地把三座城送给了他们。'如果不讲和,三国军队进入韩国,那么秦国一定要大动干戈了,大王您一定会非常后悔。您会说:'这是没有献出三座城的过错。'我所以说:'大王讲和也会后悔,不讲和也会后悔。'"秦王说:"既然都会后悔,我宁可丧失三城而后悔,不能等到国家危亡了才去后悔。我决定讲和了。"

应侯谓秦王曰①:"王得宛、叶、蓝田、阳夏②,断河内,困梁、郑③,所以未王者,赵未服也。弛上党在一而已④,以临东阳⑤,则邯郸口中虱也。王拱而朝天下⑥,后者以兵中之⑦。然上党之安乐,其处甚剧⑧,臣恐弛之而不听,奈何?"王曰:"必弛易之矣⑨。"

〔**注释**〕

①应侯:即范雎,战国时魏国人,以远交近攻的政策游说秦昭襄王而

得以在秦国为相,受封于应地。

②宛、叶、蓝田、阳夏:四地原属楚,后被秦夺取。

③梁、郑:即魏、韩两国。

④弛:放弃。

⑤临:逼近。

⑥拱:拱手,表示毫不费力。

⑦后者:后至者。中(zhòng):击。

⑧剧:形势险要。

⑨弛易:这里指放弃上党移兵东阳。

〔译文〕

应侯对秦王说:“大王占领了宛、叶、蓝田、阳夏,封锁了魏国的河内地区,围困了魏、韩两国,之所以到现在还没有称王天下,是因为赵国还没有顺服。如果放弃上党,那不过是丢掉一个郡罢了,用兵逼近东阳的话,邯郸就成了口中的虱子。大王拱拱手轻而易举地使天下诸侯都来朝拜,迟到的就用兵去攻打他!但是上党是个安乐之乡,它的地势又十分险要,我怕劝您放弃了您不会听从,怎么办呢?”秦王说:“我决定放弃上党郡,移师东阳了。”

说·五

庞敬,县令也,遣市者行①,而召公大夫而还之。立以间,无以诏之,卒遣行②。市者以为令与公大夫有言,不相信,以至无奸。

〔注释〕

①行：巡视。

②卒：最后。

〔译文〕

庞敬是一位县令，他派遣市场管理人员去巡视，又召回另一位管理市场的公大夫来见。公大夫站了一会儿，庞敬并没有什么可告诫他的，最后就这样让他走了。市场管理人员以为县令对公大夫有所指示，而对自己不予信任，因此不敢作奸犯科。

戴欢，宋太宰，夜使人，曰："吾闻数夜有乘辒车至李史门者①，谨为我伺之②。"使人报曰："不见辒车，见有奉笥而与李史语者③，有间，李史受笥④。"

〔注释〕

①辒(wēn)车：卧车。李史：掌刑狱的官吏。李，通"理"。

②伺：侦查，窥探。

③奉：捧着。笥(sì)：盛饭或衣物的方形竹器。

④受笥：这里指受贿。

〔译文〕

戴欢是宋国的太宰，夜里他派遣一个人，对他说："我听说这几天夜里有人坐着卧车到了法官家的门口，请你替我监视侦查一下。"派出去的人回报说："没有看到卧车，只看到有人捧着竹器和法官说话，过了一会儿，法官收下了竹器。"

周主亡玉簪[①],令吏求之,三日不能得也。周主令人求而得之家人之屋间[②]。周主曰:“吾之吏之不事事也[③]。求簪三日不得之,吾令人求之,不移日而得之[④]。”于是吏皆耸惧[⑤],以为君神明也。

〔注释〕

①亡:丢失。

②家人:庶人,普通百姓。

③事事:做事,办事。

④不移日:日影没有移动,喻时间之短。

⑤耸:通“悚”,惊悚。

〔译文〕

东周君丢失了玉簪,命令官吏们去找,找了三天没能找到。东周君又派人寻找,结果在普通百姓居民的房屋中间找到了。东周君说:“我的官吏都不认真做事。找根玉簪,三天都没有找到,我派别人寻找,不大一会儿就拿回来了。”于是官吏都震恐不已,认为君主就像神明一样。

商太宰使少庶子之市[①],顾反而问之曰[②]:“何见于市?”对曰:“无见也。”太宰曰:“虽然,何见也?”对曰:“市南门之外甚众牛车,仅可以行耳。”太宰因诫使者[③]:“无敢告人吾所问于女[④]。”因召市吏而诮之曰[⑤]:“市门之外何多牛屎?”市吏甚怪太宰知之疾也,乃悚惧其所也[6]。

〔注释〕

①少庶子:年轻的家臣。

②顾反:返回。

③使者:指少庶子。

④无:不。女:通“汝”,你。

⑤诮(qiào):责备。

⑥所:职守。

〔译文〕

商太宰派遣年轻的侍仆到市场上去,等他回来后问道:“在市场上见到了什么?”侍仆回答说:“没见到什么。”太宰说:“虽说如此,究竟见到了什么呢?”侍仆回答说:“市场南门外牛车很多,仅能勉强通行。”太宰就告诫他说:“不准告诉别人我问你的话。”于是太宰招来市场官吏并责骂说:“市场门外为什么有那么多的牛屎?”市场官吏对太宰知道得这么快而感到奇怪,于是开始惶恐小心地对待职守了。

说·六

韩昭侯握爪[1],而佯亡一爪,求之甚急。左右因割其爪而效之[2]。昭侯以察左右之臣不诚[3]。

〔注释〕

①爪:指甲。

②效：进献。

③不：同“否”。

〔译文〕

韩昭侯握着手指甲，然后假装说自己掉了一个指甲，寻找得非常着急。于是他身边的近侍就割掉自己的指甲呈献给他。昭侯通过此事来考察近侍忠诚与否。

韩昭使骑于县①，使者报，昭侯问曰：“何见也？”对曰：“无所见也。”昭侯曰：“虽然，何见？”曰：“南门之外，有黄犊食苗道左者②。”昭侯谓使者：“毋敢泄吾所问于女。”乃下令曰：“当苗时禁牛马入人田中，固有令，而吏不以为事，牛马甚多入人田中。亟举其数上之③；不得，将重其罪。”于是，三乡举而上之④。昭侯曰：“未尽也。”复往审之，乃得南门之外黄犊。吏以昭侯为明察，皆悚惧其所而不敢为非。

〔注释〕

①使骑于县：谓派骑马的人到县里巡视。

②犊：小牛。

③亟(jí)：立即。上：上报。

④三乡：东、西、北三个方向。乡，通“向”。

〔译文〕

韩昭侯派人骑马到县里巡视。使者回报，昭侯问道：“见到什么了?”使者回答说:“没见到什么。”昭侯说:“虽说如此,到底见到什么了呢?”使者说:“南门外有小黄牛在大路左边吃禾苗。”昭侯对使者说:“不准泄露我问你的话。”就下命令说:“正值禾苗生长时,本来就有命令禁止牛马进入农田里边,但官吏们却不把这当回事,有很多牛马进到农田里边了。立即把这个数目报上来;如果调查不出来,将加重对他的处罚。”于是东、西、北三门都把这种事件报了上来。昭侯说:“还没有报全。”经官吏再去细查,才发现南门外小黄牛的事。官吏们都认为韩昭侯明察秋毫,都惶恐小心地对待职守而不敢为非作歹。

周主下令索曲杖[①],吏求之数日不能得。周主私使人求之,不移日而得之。乃谓吏曰:“吾知吏不事事也。曲杖甚易也,而吏不能得;我令人求之,不移日而得之。岂可谓忠哉!”吏乃皆悚惧其所,以君为神明。

〔注释〕

①索:搜寻。

〔译文〕

东周君下令寻找一根弯曲的手杖,官吏搜寻了几天都没能找到。东周君私下派人再找,不到一天就找到了。东周君就对官吏说:“我就知道你们这些官吏都不认真做事。弯曲的手杖很容易找,但你们却没能找到;我派人寻找,没过一会儿就找到了。你们怎么能算忠诚啊!”官吏们于是都惶恐小心地对待职守,认为东周君像神明一样。

卜皮为县令,其御史污秽[1],而有爱妾,卜皮乃使少庶子佯爱之,以知御史阴情。

〔注释〕

①御史:监察官,这里指监督县令的官。

〔译文〕

卜皮做县令,他的监察官行为肮脏,有一个宠妾,卜皮就派遣年轻的侍仆假装喜欢并接近她,靠这种办法来探知监察官的隐情。

西门豹为邺令,佯亡其车辖[1],令吏求之不能得。使人求之而得之家人屋间。

〔注释〕

①辖(xiá):穿在车轴上的小棍。

〔译文〕

西门豹担任邺县的县令,假装丢失了车辖,命令官吏寻找,结果没能找到。西门豹再派专人寻找,在普通百姓居民的房屋中间找到了。

说·七

阳山君相卫,闻王之疑己也,乃伪谤樛竖以知之[1]。

淖齿闻齐王之恶己也，乃矫为秦使以知之[②]。

齐人有欲为乱者，恐王知之，因诈逐所爱者，令走王知之[③]。

子之相燕，坐而佯言曰："走出门者何[④]，白马也？"左右皆言不见。有一人走追之，报曰："有。"子之以此知左右之不诚信。

有相与讼者，子产离之而无使得通辞[⑤]，倒其言以告而知之。

卫嗣公使人为客过关市[⑥]，关市苛难之。因事关市[⑦]，以金与关吏，乃舍之。嗣公为关吏曰[⑧]："某时有客过而所，与汝金[⑨]，而汝因遣之。"关市乃大恐，而以嗣公为明察。

〔注释〕

①伪：假装。

②矫：假托。

③走王：逃到齐王那里。知之：指借此了解齐王的反应。

④走：跑。

⑤离：隔离。无：不。通辞：串通。

⑥为：假扮。

⑦事：事奉，这里指贿赂。

⑧为：通"谓"，说。

⑨与：通"予"，给予。

〔译文〕

阳山君做卫相，听说卫君怀疑自己，就假装诽谤卫君近侍樛竖来探测卫君的态度。

淖齿听说齐王厌恶自己，就派人假装秦国的使臣来探测真情。

有个想作乱的齐人，怕齐王知道，就假装驱逐自己喜爱的人，让他跑到齐王那里，以探知齐王的反应。

子之做燕相，坐在那里撒谎说："跑出去的是什么，是白马吗？"侍从们都说没看见。有一个人跑出去追赶，回报说："有白马。"子之通过这种方法了解侍从中那些不诚实的人。

有对互相诉讼的人，子产把他们隔离开来，以便使他们无法互相串通，然后将他们的话反过来说，去告诉另一方，从中了解实情。

卫嗣公派人装扮成客商通过关口上的集市，管理关市的官吏刁难客商。客商就用金子贿赂了关吏，这样关吏才放他通行。嗣公对关吏说："某时有一位客商经过你们这个地方，给了你金子，你才放他走的。"关吏因而非常害怕，认为嗣公能够明察秋毫。

内储说下·六微

所谓六微，指的是臣下和外敌危害君权的六种隐微手段，韩非在本文中以大量生动的历史、传说故事告诫君主要提高警惕加强防范，在国内杜绝六微，在国外运用六微，达到巩固君权的目的。“六微”是“主之所察”的隐患，“七术”是“主之所用”的防范措施，在明察六微的基础上运用七术，就可以防患于未然。

六微：一曰权借在下①，二曰利异外借②，三曰托于似类③，四曰利害有反④，五曰参疑内争⑤，六曰敌国废置⑥。此六者，主之所察也。

〔注释〕

①权借在下：君主的权势转借给臣下，君主大权旁落。

②利异外借：君臣利益不同，臣下借助外部势力谋取私利。

③托于似类：臣下假托于类似的事欺主成私。托，假托。

④利害有反：君臣之间利害相反，臣下因私而忘公、害公。

⑤参疑内争：臣下势力互相匹敌就会争权夺利。参，并列。疑，通“拟”，比拟，类似。

⑥敌国废置：敌对的国家操纵本国储君和大臣的废立。

〔译文〕

有六种隐蔽微妙的情况：一是君主的权力转借给臣下；二是君臣利益不同而臣下借用外力来谋私；三是臣下假托类似的事物去蒙骗君主；四是君臣利害关系彼此相反；五是臣下势力互相匹敌就会导致内部争权夺利；六是敌国设谋按他们的意图去操纵本国储君和大臣的废立。这六种现象是君主必须要明察的。

经一·权借

权势不可以借人，上失其一，臣以为百。故臣得借则力多，力多则内外为用①，内外为用则人主壅。其说在老聃之言失鱼也②。是以人主久语，而左右鬻怀刷③。其患在胥僮之谏厉公④，与州侯之一言，而燕人浴矢也⑤。

〔注释〕

①内外为用：朝廷内外被重臣所利用。

②老聃(dān)：即道家创始人老子。

③鬻(yù)：卖，这里指卖弄。怀：馈赠，赐给。刷：布巾一类的小物品。

④胥僮：晋厉公的老臣。

⑤矢：通“屎”。

〔译文〕

权力和威势不可以让给别人去用，君主失去一分权势，臣下就会把它当作百分权势去加以利用。所以臣下得到君主的权势，力量就会强大起来；臣下力量强大起来了，朝廷内外就会为他所用；朝廷内外一旦被利用，君主就会受到蒙蔽。这种论点的说明在“说一”中老聃说的“鱼不可脱于渊”部分。因此君主同臣下谈话的时间长，臣下就以此作为抬高身价的资本；赏赐左右侍从毛巾之类的小物品，侍从便向人炫耀。其中的祸患表现在胥僮劝谏晋厉公、州侯手下的人异口同声为他解脱、燕人受骗用屎浴身的故事中。

经二·利异

君臣之利异，故人臣莫忠。故臣利立而主利灭。是以奸臣者，召敌兵以内除，举外事以眩主①，苟成其私利，不顾国患。其说在卫人之夫妻祷祝也。故戴歇议子弟②，而三桓攻昭公③；公叔内齐军④，而翟黄召韩兵⑤；太宰嚭说大夫种⑥，大成牛教申不害⑦；司马喜告赵王⑧，吕仓规秦、楚⑨；宋石遗卫君书⑩，白圭教暴谴⑪。

〔注释〕

①外事：外交上的举动。眩：迷惑。

②子弟：这里指楚国诸公子。

③三桓：春秋后期掌握鲁国政权的三家贵族，即季孙氏、孟孙氏、叔孙氏。

④公叔：战国时韩相。内：同“纳”，放进。

⑤翟黄：又作“翟璜”，战国时魏文侯之相。

⑥太宰嚭(pǐ)：即伯嚭，春秋时楚人，后入吴国为太宰。种：即文种，越国大夫。

⑦大成牛:战国时赵国的相。申不害:韩昭侯的相。

⑧司马喜:中山国大臣。

⑨吕仓:魏国大臣。规:规劝。

⑩宋石:魏国的将领。卫君:楚国的将领。

⑪白圭:魏惠王的相。暴谴:韩国的相。

〔译文〕

君主和臣下的利益不同,所以臣下没有对君主忠诚的。所以臣下的利益一旦确立了,君主的利益也就失去了。因此那些奸臣贼子,招致敌国军队来除掉国内私敌,用外交的事情来迷惑君主,如果能够取得他的私利,就会不顾国家的忧患。这种论点的说明,在“说二”中卫国某对夫妻祈祷求神赐福的故事中。所以戴歇要议论楚国的诸公子,鲁国的三桓要合力攻打鲁昭公;韩国的相国公叔要引进齐国的军队,魏国的翟黄要招来韩国的军队;吴国太宰伯嚭要劝说越国的大夫文种,赵国的大成牛要开导韩国的申不害;中山国的司马喜要私送情报给赵王,魏国大臣吕仓要劝秦、楚两国攻魏;魏将宋石要写信给楚将卫君,而魏相白圭要开导韩相暴谴。

经三·似类

似类之事,人主之所以失诛[①],而大臣之所以成私也。是以门人捐水而夷射诛[②],济阳自矫而二人罪[③],司马喜杀爰骞而季辛诛,郑袖言恶臭而新人劓[④],费无忌教郄宛而令尹诛[⑤],陈需杀张寿而犀首走[⑥]。故烧刍廥而中山罪[⑦],杀老儒而济阳赏也。

〔注释〕

①失诛：指诛罚失当。

②捐水：弃水，泼水。夷射（yì）：人名，生平不详。

③济阳：这里指济阳君。矫：假传王命。

④郑袖：楚怀王宠姬。劓（yì）：古代割鼻子的酷刑。

⑤费无忌：一作费无极，楚平王宠臣。郄（xì）宛：楚国左尹。

⑥陈需杀张寿而犀首走：句谓陈需杀了犀首的仇人张寿，致使犀首被迫出逃。

⑦刍廥（guì）：存放马草的仓库。廥，下文作"厩"。

〔译文〕

那些似是而非的假象，是使君主处罚不当，而大臣能够谋取私利的原因。因此守门人泼水而夷射被诛杀；济阳君伪造王命而使两个仇人获罪；司马喜杀掉爰骞而季辛被诛杀；郑袖说新来的美人厌恶楚王的气味，以致美人被割去了鼻子；费无忌教郄宛陈列兵器而使郄宛被令尹杀害；陈需暗杀张寿，迫使犀首出逃。所以近侍烧掉马草仓库，中山国君就加罪于公子；有人杀掉了一个老儒生，济阳君却予以奖赏。

经四·有反

事起而有所利，其尸主之[①]；有所害，必反察之。是以明主之论也，国害则省其利者[②]，臣害则察其反者。其说在楚兵至而陈需相，黍种贵而廪吏覆[③]。是以昭奚恤执贩茅[④]，而僖侯谯其次[⑤]；文公发绕炙[⑥]，而穰侯请立帝[7]。

〔注释〕

①尸:主,这里指得利者。主:主持。

②省:仔细查看。

③廪:仓库。覆:检查,审核。

④昭奚恤:楚国贵族,楚宣王时任令尹。执:抓住,逮捕。

⑤僖侯:即韩昭侯。谯(qiào):责骂。次:副手,指厨师的助手。

⑥文公:晋文公重耳,春秋五霸之一。炙:烤肉。

⑦穰侯:战国时楚人魏冉,后入秦为相,封于穰地。

〔译文〕

事情发生了,如果有利可得,那么一定是得利者主持做了这件事;如果有害,一定要从反面加以考察。因此英明的君主考虑问题时,如果国家受害,就要察看谁能从中得到好处;如果臣下受害,就要考察与他利害相反的人。这种论点的说明在"说四"中楚军来攻打魏国而陈需升任为魏相,黍种价高而管理粮仓的官吏受到检查。因此昭奚恤逮捕贩茅草的人得以破案,韩昭侯怒责厨师的副手便查明了阴谋,晋文公追查把头发缠在烤肉上的人,穰侯魏冉请求齐王称帝。

经五·参疑

参疑之势,乱之所由生也,故明主慎之。是以晋骊姬杀太子申生[1],而郑夫人用毒药;卫州吁杀其君完[2],公子根取东周[3];王子职甚有宠而商臣果作乱[4];严遂、韩魔争而哀侯果遇贼[5]；田常、阚止、戴欢、皇喜敌而宋君、简公杀[6]。其说在狐突之称二好[7]，与郑昭之对未生也。

〔注释〕

①骊姬：晋献公的宠妾。申生：晋献公正妻姜氏所生的儿子。

②州吁：春秋时期卫桓公的弟弟，掌握重兵。完：即卫桓公，名完。

③公子根：周威公的小儿子。

④王子：公子。职：楚成王的庶子。商臣：楚成王的长子。

⑤严遂：韩哀侯宠臣。韩魔（wěi）：韩哀侯的相。

⑥田常、阚止：二人为齐国权臣。戴欢、皇喜：二人为宋国权臣。敌：权势相当。

⑦狐突：春秋时晋国大夫。

〔译文〕

等级名分相互混杂的局面，是产生祸乱的根源，所以英明的君主应该慎重地对待它。因此骊姬唆使晋献公杀掉太子申生，郑君的夫人用毒药将郑君毒杀；卫国的州吁杀掉他哥哥卫桓公而自立为君，不该继位的周公子根占得东周；楚国王子职过分受宠而太子商臣果然兴兵作乱；韩国的严遂、韩魔争权，结果韩哀侯被杀；田常和阚止争斗、戴欢和皇喜争斗，结果宋君、齐简公被杀。这种论点的解说在“说五”的狐突谈论君主宠爱姬妾和近臣，以及郑昭回答君主说太子还未出生两则故事中。

经六·废置

敌之所务[1]，在淫察而就靡[2]，人主不察，则敌废置矣。故文王资费仲[3]，而秦王患楚使[4]；黎且去仲尼[5]，而干象沮甘茂[6]。是以子胥宣言而子常用[7]，内美而虞[8]、虢亡，佯遗书而苌弘死[9]，用鸡猳而郐桀尽[10]。

〔注释〕

①务：致力，从事。

②淫：惑乱。就靡：造成错误。就，成。靡，错。

③文王：周文王姬昌。资：给予财物。费仲：商纣王宠臣。

④秦王患楚使：句谓秦王因为看到楚国使者有贤才而感到担心。

⑤黎且（jū）：齐景公的臣子。去：使……离开。

⑥干象：楚怀王的臣子。沮：阻止。

⑦宣言：造假舆论。

⑧内：同“纳”，接受。

⑨苌弘：春秋时周王朝大夫，传说他被周人冤杀后，其血三年化为碧玉。

⑩鸡猳（jiā）：祭祀时的牺牲品。猳，通“豭”，公猪。郐（kuài）：西周分封的诸侯国，位于今河南境内。桀：豪杰。

〔译文〕

敌国力求做到的，是使对立国家的君主观察错乱而造成失误。君主如果不能明察，就会按敌国的意图来任免自己的大臣。所以周文王资助商纣王的宠臣费仲，而秦王为楚国使者的贤能而感到担心，齐景公的臣子黎且设法让鲁君赶走孔子，楚国的臣子干象阻止楚王扶持甘茂。因此伍子胥散布舆论而楚国的子常得以任用，因为收纳晋君献来的美女而虞、虢两国终于灭亡，叔向故意丢失书信而使苌弘被杀，郑桓公制造订立盟约的假象而使邻国残杀自己的豪杰。

经七·庙攻

参疑、废置之事，明主绝之于内而施之于外。资其轻者，辅其弱者，此谓庙攻。参伍既用于内[1]，观听又行于外，则敌伪得。其说在秦侏儒之告惠文君也。故襄疵言袭邺[2]，而嗣公赐令席。

〔注释〕

①参伍：用各方面的事实进行验证。

②襄疵：人名，魏惠王时担任邺县县令。

〔译文〕

“臣下的势力互相匹敌而争权夺利”“按照敌国的意图任免和废黜大臣”这种事情，明君要严格地禁止它在国内出现，而应该把它作为一种策略运用于国外。资助那些权势轻的，支持那些地位弱的，这就叫作庙攻。君主既能在国内运用检查、验证的方法，又能对国外运用观察、探听的手段，那么敌人的一切诈伪都可以识破。这种论点的解说在秦国的侏儒把楚国的计谋告诉秦惠文王。所以襄疵把打听到的赵国偷袭邺城的消息告诉魏王，卫嗣公赐给县令席子表示他掌握了县令的情况。

说·一

势重者[1]，人主之渊也；臣者，势重之鱼也。鱼失于渊而不可复得也，人主失其势重于臣而不可复收也。古之人难正言[②]，故托之于鱼[③]。赏罚者，利器也。君操之以制臣，臣得之以拥主[④]。故君先见所赏[⑤]，则臣鬻之以为德；君先见所罚，则臣鬻之以为威。故曰："国之利器，不可以示人。"

〔注释〕

①势重：权势。

②古之人：指老子。正言：直言，直白地说出。

③托之于鱼：把道理寄托在鱼身上。《老子》第三十六章："鱼不可脱于渊，国之利器不可以示人。"

④拥：通"壅"，蒙蔽。

⑤见：同"现"，表露出。

〔译文〕

权势好比是君主的深渊，臣子好比是君主权势这一深渊里的鱼。鱼离开深渊，就不可能再把它抓到了；君主把权势失落给臣子，就不能再收回来了。古人难于直陈事理，所以把道理假托成鱼来做比喻。赏罚是锐利的武器。君主掌握它来制服臣子，臣子盗用它来蒙蔽君主。所以君主事先显露出行赏的苗头，臣子就会予以兜售来作为自己的恩德；君主事先显露出行罚的意图，臣子就会予以兜售来作为自己的权威。所以说："国家的治国利器，是不能显露出来给别人看到的。"

靖郭君相齐[①]，与故人久语[②]，则故人富；怀左右刷，则左右重。久语、怀刷，小资也，犹以成富，况于吏势乎？

〔注释〕

①靖郭君:战国时齐国田婴的封号,其曾担任齐相十一年。

②故人:旧相识。

〔译文〕

靖郭君田婴担任齐国的相,与老相识进行了一次长谈,老相识就变得富有起来;赏赐近侍布巾一类的小物品,近侍的地位就尊贵起来了。谈话时间长、赏赐小物品,都只是微小的资助,尚且可以借此致富,何况把权势让给官吏呢?

晋厉公之时,六卿贵①。胥僮、长鱼矫谏曰②:"大臣贵重,敌主争事③,外市树党④,下乱国法,上以劫主,而国不危者,未尝有也。"公曰:"善。"乃诛三卿⑤。胥僮、长鱼矫又谏曰:"夫同罪之人偏诛而不尽⑥,是怀怨而借之间也⑦。"公曰:"吾一朝而夷三卿⑧,予不忍尽也。"长鱼矫对曰:"公不忍之,彼将忍公。"公不听。居三月,诸卿作难,遂杀厉公而分其地。

〔注释〕

①六卿:晋国统率六军的六个军事首领:栾书、荀偃、韩厥、士燮、郤锜和郤至。

②胥僮、长鱼矫:二人都是晋厉公的宠臣。

③敌:匹敌。主:君主。事:政事。

④外市:与外部势力相勾结。

⑤三卿:指郤锜、郤犨和郤至。

⑥偏诛：只诛杀一部分。偏，局部。

⑦是怀怨而借之间也：句谓这是使漏网的人怀恨在心，又给他们留下了复仇作乱的机会。间，空隙。

⑧夷：灭掉。

〔译文〕

晋厉公时，六卿位高权重。胥僮和长鱼矫劝谏说："大臣位高权重，与君主抗衡而争夺处理政事的权势，他们与外国勾结，树立私党，对下扰乱国法，对上挟持君主，出现了这样的局面而国家不危乱的，从来就不曾有过。"晋厉公说："讲得好。"于是就杀了三卿。胥僮、长鱼矫又劝谏说："对于罪状相同的人，杀了一部分却不予涤除净尽，这样其余的就会心怀怨恨而给他们提供作乱的机会。"晋厉公说："我一下子就杀了三位大卿，我不忍心全部杀光了。"长鱼矫回答说："您不忍心动手，他们将会狠心杀掉君主。"晋厉公没有听从劝告。过了三个月，其他的几个卿作乱，杀掉了晋厉公并瓜分了晋国的土地。

州侯相荆①，贵而主断②。荆王疑之，因问左右，左右对曰"无有"，如出一口也。

〔注释〕

①州侯：楚顷襄王宠臣。

②主断：擅权独断。

〔译文〕

州侯担任楚相，地位显贵并专权独断。楚王怀疑他有二心，就问左右近侍,左右近侍回答说没那么回事,众人同声,就像一张嘴说出来的似的。

燕人无惑[1],故浴狗矢[2]。燕人其妻有私通于士,其夫早自外而来,士适出。夫曰:“何客也?”其妻曰:“无客。”问左右,左右言“无有”,如出一口。其妻曰:“公惑易也[3]。”因浴之以狗矢。

一曰:燕人李季好远出,其妻私有通于士,季突至,士在内中,妻患之。其室妇曰[4]:“令公子裸而解发,直出门,吾属佯不见也[5]。”于是公子从其计,疾走出门。季曰:“是何人也?”家室皆曰“无有。”季曰:“吾见鬼乎?”妇人曰:“然。”“为之奈何?”曰:“取五牲之矢浴之[6]。”季曰:“诺。”乃浴以矢。一曰浴以兰汤[7]。

〔注释〕

①惑:指惑疾,精神失常的病。

②故:反而。矢:通“屎”。

③易:狂,神志迷乱。

④室妇:家中的仆妇。

⑤吾属:我辈,我们这些人。

⑥五牲:五种牲畜,即牛、羊、猪、狗、鸡。

⑦兰汤:用兰草煮的水。

〔译文〕

有个燕国人并没有精神失常,反而要被用狗屎清洗身体来祛除邪祟。这个燕人的妻子和一个士人通奸,她的丈夫早上从外面回来,正碰上这个士人走出他的家门。丈夫说:“这是什么客人?”他妻子说:“没有客人。”问身边的人,大家都说没有客人,就像一张嘴说出来的一样。他妻子说:“您的神志迷乱了。”于是就用狗屎给他清洗身体。

又一种说法:燕人李季喜欢出远门,他妻子私下和一个士人通奸,一次李季突然回家,但这个士人还在屋内,他的妻子感到非常担心。她的女仆说:“让这位公子赤身裸体,披头散发,径直走出门外,我们这些人都假装没看见。”于是士人听从了她的计谋,快步跑出门外。李季说:“这是什么人?”家里的人都说:“没有人啊。”李季说:“我看见鬼了吗?”他妻子说:“是的。”李季说:“那该怎么办呢?”妻子说:“可以拿各种牲畜的屎来洗身。”李季说:“好吧。”于是就用五种牲畜的屎来洗身。一说是用兰草煮的热水来洗身。

说·二

卫人有夫妻祷者而祝曰[①]:“使我无故[②],得百束布。”其夫曰:“何少也?”对曰:“益是[③],子将以买妾。”

〔注释〕

①祝:求神赐福。

②无故:无灾无难。

③益:增加,引申为超过。

〔译文〕

卫国有一对夫妻在向神明祈祷，妻子说："让我无灾无难，得到一百捆布币。"她的丈夫说："为什么祈求得这么少呢？"妻子回答说："超过这个数目，您将会用它去买小妾。"

荆王欲宦诸公子于四邻[1]，戴歇曰："不可。""宦公子于四邻，四邻必重之。"曰："子出者重，重则必为所重之国党[2]，则是教子于外市也，不便[3]。"

〔注释〕

①宦：做官。

②党：党羽。

③不便：不适宜。

〔译文〕

楚王想让自己的几个儿子到四周邻国去做官，戴歇说："不行。""让儿子到四周邻国去做官，四周邻国一定器重他们。"戴歇说："您的儿子出国做官受到器重，受到器重必然成为这些国家的党羽，也就是用与外国勾结的方式来教育儿子了，这样做不适宜。"

鲁孟孙、叔孙、季孙相戮力劫昭公[1]，遂夺其国而擅其制[2]。鲁三桓公逼[3]，昭公攻季孙氏，而孟孙氏、叔孙氏相与谋曰："救之乎？"叔孙氏之御者曰："我，家臣也，安知公家？凡有季孙与无季孙于我孰利④？”皆曰：“无季孙必无叔孙。”“然则救之。”于是，撞西北隅而入⑤。孟孙见叔孙之旗入，亦救之。三桓为一，昭公不胜。逐之，死于乾侯⑥。

〔**注释**〕

①戮力：合力。

②制：君命，这里指权势。

③公逼：即“逼公”的倒文。

④凡：总的说来。

⑤撞西北隅：突破包围圈的西北角。隅，角落。

⑥乾侯：地名，在今河北境内。

〔**译文**〕

鲁国的孟孙氏、叔孙氏、季孙氏通力合作挟制了鲁昭公，占有了他的国家，垄断了他的权势。鲁国的三桓威逼昭公朝廷的时候，昭公进攻季孙氏，孟孙氏、叔孙氏互相商量说：“去救援吗？”叔孙氏的车夫说：“我是个家臣，哪里知道公室大事？但总的说来，有季孙氏和无季孙氏，哪一样对我们更有利呢？”大家都说：“没有季孙氏就没有我们叔孙氏了。”“既然这样，那么就去救季孙氏吧。”于是他们就从西北角冲了进去。孟孙氏见叔孙氏的旗帜已经进入战场，也去救援。三桓合兵一处，鲁昭公失败了。三桓驱逐了鲁昭公，结果鲁昭公死在晋国的乾侯。

公叔相韩而有攻齐①，公仲甚重于王，公叔恐王之相公仲也，使齐、韩约而攻魏；公叔因内齐军于郑②。以劫其君,以固其位,而信两国之约[3]。

〔注释〕

①有:通"又"。攻:友好,交好。
②内:同"纳",放进来。郑:指韩国。
③信:通"伸",伸张。

〔译文〕

公叔担任韩国的相又和齐国交好,公仲很受韩王的器重,公叔担心韩王让公仲担任韩相,就让齐、韩两国结约去攻打魏国。公叔乘机把齐军引入韩国国都,用来威胁他的君主,巩固他的相位,并重申两国的协约。

翟璜,魏王之臣也,而善于韩。乃召韩兵令之攻魏,因请为魏王构之以自重也[1]。

〔注释〕

①构:讲和。

〔译文〕

翟璜是魏王的大臣,却又和韩国交好。于是他就招来韩国的军队让他们攻打魏国,接着请求替魏王去讲和,以便提高自己的地位。

越王攻吴王,吴王谢而告服[1]。越王欲许之,范蠡、大夫种曰:"不可。昔天以越与吴,吴不受。今天反夫差，亦天祸也。以吴予越，再拜受之，不可许也。”太宰嚭遗大夫种书曰[②]：“狡兔尽则良犬烹，敌国灭则谋臣亡。大夫何不释吴而患越乎？”大夫种受书读之，太息而叹曰：“杀之，越与吴同命[③]。”

〔注释〕

①谢：谢罪。服：降服。

②遗（wèi）：送给。

③同命：同样要遭灭亡的命运，夫差杀伍子胥的前车之鉴可参。

〔译文〕

越王勾践攻打吴王夫差，吴王夫差认罪并请求投降。越王准备答应，范蠡和大夫文种说：“不行。过去上天把越国给了吴国，吴国不接受。现在上天不帮助吴王夫差，这也是上天降给他的灾祸呀！上天把吴国给了越国，应当行再拜礼接受下来，不能答应吴王的谢罪请降。”越国的太宰嚭送给大夫文种的信上说：“狡猾的兔子捕完了，好猎狗就会被煮来吃；敌国灭亡了，谋臣就会遭到杀害。大夫您为什么不放过吴国，让它成为越国的忧患呢？”大夫文种接信读罢，长叹一声说：“杀掉谋臣，越国和吴国将会遭到同样的下场。”

大成牛从赵谓申不害于韩曰[①]：“以韩重我于赵，请以赵重子于韩，是子有两韩，我有两赵。”

〔注释〕

①大成牛：战国时赵国的相。

〔译文〕

大成牛从赵国到韩国对申不害说:“请您用韩国的力量使我得到赵国的重用,我再用赵国的力量使您得到韩国的重用,这样一来,就像您有两个韩国,我有两个赵国一样了。”

司马喜,中山君之臣也,而善于赵,尝以中山之谋微告赵王①。

吕仓,魏王之臣也,而善于秦、荆。微讽秦、荆令之攻魏②,因请行和以自重也③。

宋石,魏将也;卫君,荆将也。两国构难,二子皆将。宋石遗卫君书曰:“二军相当,两旗相望,唯毋一战,战必不两存。此乃两主之事也,与子无有私怨,善者相避也。”

白圭相魏王,暴谴相韩。白圭谓暴谴曰:“子以韩辅我于魏,我以魏待子于韩④,臣长用魏,子长用韩。”

〔注释〕

①尝:通“常”,时常。微:秘密,暗中。

②微讽:暗中劝说。

③行和:讲和。

④待:通“持”,扶持。

〔译文〕

司马喜是中山国君的臣子,但和赵国交好,常常把中山国的谋略密告给赵王。

吕仓是魏王的臣子，但和秦、楚两国交好。他暗示秦、楚，让两国攻魏，以便借机请求前去讲和来提高自己的地位。

宋石是魏国的将领，卫君是楚国的将领。两国交战，宋石、卫君都统率各自的军队出征。宋石送信给卫君说："双方兵力相当，双方军旗相望，希望不要交战，交战后一定不能两存。这是两国君主的事，我和您没有私人的怨恨，最好的办法是相互避开。"

白圭担任魏国的相，暴谴担任韩国的相。白圭对暴谴说："您用韩国的力量帮助我在魏国任职，我用魏国的力量扶助您在韩国任职，这样我就能够长期在魏国掌权，您也可以长期在韩国掌权。"

说·三

齐中大夫有夷射者①，御饮于王②，醉甚而出，倚于郎门③。门者刖跪请曰④："足下无意赐之余隶乎⑤？"夷射叱曰："去！刑余之人，何事乃敢乞饮长者⑥！"刖跪走退。及夷射去，刖跪因捐水郎门霤下⑦，类溺者之状⑧。明日，王出而呵之曰："谁溺于是？"刖跪对曰："臣不见也。虽然，昨日中大夫夷射立于此。"王因诛夷射而杀之⑨。

〔注释〕

①中大夫：战国时期的官名，议论政事以供君主思考。

②御饮:侍酒。

③郎:通“廊”,走廊。

④刖(yuè)跪:受到刖刑而被砍掉脚的人。跪,脚。

⑤余隶:喝剩的酒。隶,字当作“沥”。

⑥长者:年高位尊的人。

⑦捐水:泼水。霤(liù):屋檐下承接雨水的地方。

⑧溺:尿。

⑨诛:这里是责骂。

〔译文〕

齐国有个叫夷射的中大夫,陪侍齐王饮酒,喝得酩酊大醉后出来,倚靠在廊门上。守门人刖跪请求说:“您无意于赏给我一点吃剩下的酒吗?”夷射斥骂道:“滚开!受过刑的人,怎么竟敢向尊长要酒喝!”刖跪急忙地退下了。等到夷射离开后,刖跪就把水泼在廊门的檐沟下,像被人尿湿的样子。第二天,齐王出来看见了,怒责道:“谁在这儿撒尿?”刖跪回答说:“我没看见。虽说如此,昨天中大夫夷射曾经站在这里。”齐王因而责骂了夷射并把他杀死。

魏王臣二人不善济阳君,济阳君因伪令人矫王命而谋攻己。王使人问济阳君曰:“谁与恨①?”对曰:“无敢与恨。虽然,尝与二人不善,不足以至于此。”王问左右,左右曰:“固然。”王因诛二人者。

〔注释〕

①谁与恨:即“与谁有仇恨”。

〔译文〕

魏王臣子中有两个人与济阳君不和,济阳君就作假让人伪造魏王的命令而谋划进攻自己。魏王派人问济阳君说:“你与谁有仇?”济阳君回答说:“我不敢和谁结下仇恨。虽说如此,也曾和两个人关系不好,但还不至于到这种地步。”魏王问左右近侍,都说:“确实如此。”魏王就杀了这两个人。

季辛与爰骞相怨。司马喜新与季辛恶,因微令人杀爰骞[①]。中山之君以为季辛也,因诛之。

〔注释〕

①微:暗中。

〔译文〕

季辛和爰骞相互怨恨。司马喜和季辛的关系刚刚恶化,就暗中派人杀了爰骞。中山国君以为是季辛干的,于是就杀了季辛。

荆王所爱妾有郑袖者。荆王新得美女,郑袖因教之曰:“王甚喜人之掩口也,为近王[①],必掩口。”美女入见,近王因掩口。王问其故,郑袖曰:“此固言恶王之臭[②]。”及王与郑袖、美女三人坐,袖因先诫御者曰[③]:“王适有言[④],必亟听从王言[⑤]。”美女前,近王甚,数掩口。王悖然怒曰:“劓之!”御因揄刀而劓美人[⑥]。

一曰：魏王遗荆王美人，荆王甚悦之。夫人郑袖知王悦爱之也，亦悦爱之，甚于王。衣服玩好择其所欲为之[⑦]。王曰："夫人知我爱新人也，其悦爱之甚于寡人，此孝子所以养亲，忠臣之所以事君也。"夫人知王之不以己为妒也，因为新人曰[⑧]："王甚悦爱子，然恶子之鼻，子见王常掩鼻，则王长幸子矣。"于是新人从之，每见王，常掩鼻。王谓夫人曰："新人见寡人常掩鼻何也？"对曰："不己知也。"王强问之，对曰："顷尝言恶闻王臭。"王怒曰："劓之！"夫人先诫御者曰："王适有言，必可从命。"御者因揄刀而劓美人。

〔注释〕

①为：如果。

②臭（xiù）：气味。

③御者：侍从。

④适：倘若，假如。

⑤亟：立即。

⑥揄（yú）：抽，引。

⑦玩好：玩赏喜好的东西。

⑧为：通"谓"，告诉。

〔译文〕

楚王的宠妾中有一个名叫郑袖的人。楚王新近又得到了一个美女，郑袖便告诉她说："楚王非常喜欢别人掩着嘴，你要是靠近大王，一定要掩着嘴。"美女进见楚王，走近楚王就掩着嘴。

楚王询问其中的原因，郑袖说："她本来就说过厌恶大王的气味。"等到楚王和郑袖、美女三人坐在一起的时候，郑袖就事先告诫侍从说："大王如果发话，一定要立即听从照办。"美女上前来到靠楚王很近的地方，多次掩住嘴。楚王勃然大怒说："割掉她的鼻子！"侍从于是拔出刀来割掉了美人的鼻子。

另一种说法：魏王送给楚王一个美女，楚王非常喜欢。楚王夫人郑袖知道楚王喜爱这位美女，她也佯装喜爱这位美女，看起来好像比楚王喜欢得更厉害。华丽的服饰和珍奇的玩物，都挑选美女想要的送给她。楚王说："夫人知道我宠爱新来的美人，她喜爱这位美人甚至超过了我，这也就是孝子奉养父母、忠臣侍奉君主的做法。"郑袖看出楚王不认为自己是嫉妒，就对新来的美人说："君王非常喜爱你，但讨厌你的鼻子，你见到大王，时常捂住鼻子，君王就会长久地宠爱你了。"于是美人听从了郑袖的话，每次见到楚王，常常捂住鼻子。楚王对郑袖说："新人见我时常捂住鼻子，这是为什么呢？"郑袖回答说："我不知道。"楚王一再追问她，她回答说："不久前，新人曾说讨厌闻到君王您的气味。"楚王发怒说："割了她的鼻子！"郑袖预先告诫侍从说："君主如果有什么吩咐，一定要听从他的命令。"侍从于是就拔出刀来割掉了美人的鼻子。

费无极，荆令尹之近者也。郄宛新事令尹，令尹甚爱之。无极因谓令尹曰："君爱宛甚，何不一为酒其家[①]？"令尹曰："善。"因令之为具于郄宛之家[②]。无极教宛曰："令尹甚傲而好兵，子必谨敬，先亟陈兵堂下及门庭。"宛因为之。令尹往而大惊曰："此何也？"无极曰:"君殆[3],去之!事未可知也。"令尹大怒,举兵而诛郄宛[4],遂杀之。

〔注释〕

①为酒:置办酒宴。

②具:饭食酒肴。

③殆:危险。

④诛:这里是问罪的意思。

〔译文〕

费无极是楚国令尹亲近的人。郄宛新近侍奉令尹,令尹非常喜欢他。费无极就对令尹说:"您很喜欢郄宛,为什么不到他的家里置办一次酒宴呢?"令尹说:"好吧。"令尹就让费无极到郄宛家置办酒席。费无极开导郄宛说:"令尹非常高傲而喜欢兵器,您一定要小心恭敬地接待他,预先快点把兵器陈列在厅堂下面和院子门口。"郄宛就照办了。令尹前往,大吃一惊,说:"这是做什么呀?"费无极说:"您危险了,快离开这里!事情还不知会怎样呢。"令尹非常愤怒,起兵而向郄宛问罪,接着就把他杀死了。

犀首与张寿为怨[1],陈需新入,不善犀首,因使人微杀张寿。魏王以为犀首也,乃诛之[2]。

〔注释〕

①为怨:结下仇怨。

②诛:惩罚。

〔译文〕

犀首和张寿结下怨仇，陈需刚到魏国，与犀首不和，就派人暗杀了张寿。魏王以为是犀首做的，就惩罚了犀首。

中山有贱公子[①]，马甚瘦，车甚弊[②]。左右有私不善者，乃为之请王曰："公子甚贫，马甚瘦，王何不益之马食？"王不许。左右因微令夜烧刍厩[③]。王以为贱公子也，乃诛之。

〔注释〕

①贱公子：地位低贱的公子。

②弊：破旧。

③刍(chú)厩：存放草料的马棚。

〔译文〕

中山国有位地位低下的公子，他的马很瘦，车很破旧。国君近侍中有和他私下不友好的，就假意替他向国君请求说："公子很贫困，他的马很瘦，大王为什么不增加他的马料？"国君不答应。近侍就暗中派人在晚上烧了草库马棚。国君认为是这个地位低下的公子干的，就处罚了他。

魏有老儒而不善济阳君。客有与老儒私怨者，因攻老儒杀之，以德于济阳君[①]，曰："臣为其不善君也，故为君杀之。"济阳君因不察而赏之。

一曰：济阳君有少庶子者②，不见知，欲入爱于君者。齐使老儒掘药于马梨之山，济阳少庶子欲以为功，入见于君曰："齐使老儒掘药于马梨之山，名掘药也，实间君之国③，君不杀之，是将以济阳君抵罪于齐矣④。臣请刺之。"君曰："可。"于是明日得之城阴而刺之⑤，济阳君还益亲之⑥。

〔注释〕

①德：讨好。

②少庶子：年轻的侍从家臣。

③间：窥伺，窥探。

④以：使。抵罪：依据罪行的轻重，处以相当的刑罚。

⑤城阴：城北。

⑥还(xuán)：通"旋"，随即。益：逐渐。

〔译文〕

魏国有个老儒生与济阳君不和。济阳君的门客中有个和老儒生有私仇的人，乘机攻击老儒生并杀了他，借此讨好济阳君，说："我因他与您不和，所以替您杀了他。"于是济阳君不对事情加以明察就奖赏了他。

另一种说法：济阳君家的年轻侍从中，有一个未被济阳君赏识而想得到宠爱的。齐国派一个老儒生到马梨山挖草药，这个侍从想利用这件事来立功，就进见济阳君说："齐国派老儒生到马梨山挖草药，名义上是挖草药，实际上是刺探您封地的国情。您若不杀他，就将使您因为泄密给齐国而被治罪。请让我去刺杀他。"济阳君说："行。"于是第二天侍仆在城北找到老儒生并刺杀了他，济阳君随即就逐渐亲近这个侍仆了。

说·四

陈需，魏王之臣也，善于荆王，而令荆攻魏。荆攻魏，陈需因请为魏王行解之[1]，因以荆势相魏。

〔注释〕

①行解：进行调解，讲和。

〔译文〕

陈需是魏王的臣子，又和楚王亲善友好，因而让楚国攻打魏国。楚国攻打魏国，陈需乘机请求替魏王去调解、讲和，于是利用楚国攻魏的形势做了魏国的相。

韩昭侯之时，黍种尝贵甚。昭侯令人覆廪[1]，廪吏果窃黍种而粜之甚多[2]。

〔注释〕

①廪（lǐn）：仓库。
②粜（tiào）：卖出粮食。

〔译文〕

韩昭侯时期，黍种的价格曾经很昂贵。韩昭侯派人去检查粮仓，官吏果然盗窃了黍种并且卖掉了很多。

昭奚恤之用荆也，有烧仓廥窌者[1]，而不知其人。昭奚恤令吏执贩茅者而问之，果烧也。

〔注释〕

①仓：粮仓，仓库。廥(guì)：存柴草的仓库。窌(jiào)：地窖。

〔译文〕

昭奚恤在楚国执政时，有人纵火烧了粮仓、草料库和地窖，但不知道纵火的人是谁。昭奚恤命令官吏逮捕贩卖茅草的人并加以审问，果然是他放的火。

昭僖侯之时，宰人上食而羹中有生肝焉[1]。昭侯召宰人之次而诮之曰："若何为置生肝寡人羹中？"宰人顿首服死罪，曰："窃欲去尚宰人也[2]。"

一曰：僖侯浴，汤中有砾。僖侯曰："尚浴免，则有当代者乎[3]？"左右对曰："有。"僖侯曰："召而来。"谯之曰[4]："何为置砾汤中？"对曰："尚浴免，则臣得代之，是以置砾汤中。"

〔注释〕

①宰人：厨师。

②尚：掌管。

③代：顶替。

④谯(qiào)：责骂。

〔译文〕

韩昭侯时期，厨师进呈饭食而肉汁中却有生肝。昭侯招来厨师的助手责骂他说："你为什么把生肝放到我的肉汁中？"厨师助手便叩头求饶并承认自己该处死罪，说："我私下想除掉主管君王膳食的官吏啊。"

另一种说法是：韩昭侯洗澡，热水中有小石子。昭侯说："主管沐浴的官吏如果免职了，那么还有应当接替他的人吗？"左右近侍回答说："有。"昭侯说："招他进来。"召来后，昭侯便责骂他说："为什么在热水里放小石子？"他回答说："主管沐浴的官吏如果被免职，我就能够代替他，因此在热水中放了小石子。"

文公之时，宰臣上炙而发绕之①。文公召宰人而谯之曰："女欲寡人之哽耶②，奚为以发绕炙？"宰人顿首再拜请曰："臣有死罪三：援砺砥刀③，利犹干将也④，切肉肉断而发不断，臣之罪一也；援锥而贯脔而不见发⑤，臣之罪二也；奉炽炉⑥，炭肉尽赤红，炙熟而发不焦，臣之罪三也。堂下得无微有疾臣者乎⑦？"公曰："善。"乃召其下而谯之，果然，乃诛之。

一曰：晋平公觞客⑧，少庶子进炙而发绕之，平公趣杀炮人⑨，毋有反令。炮人呼天曰："嗟乎！臣有三罪，死而不自知乎！"平公曰："何谓也？"对曰："臣刀之利，风靡骨断而发不断⑩，是臣之一死也；桑炭炙之⑪，肉红白而发不焦，是臣之二也；炙熟，又重睫而视之⑫，发绕炙而目不见，是臣之三死也。意者堂下其有翳憎臣者乎⑬！杀臣不亦蚤乎？”

〔注释〕

①宰臣：古代掌管膳食的官吏，下文“宰人”意同。炙：烤，这里指烤肉。

②女：通“汝”，你。

③砺：磨刀石。砥：磨。

④干将：相传为春秋时吴国铸剑高手干将所铸的宝剑。

⑤脔(luán)：切成小块的肉。

⑥奉：通“捧”，端。

⑦得无：莫非，恐怕。微：暗中。疾：嫉妒。

⑧觞(shāng)客：请客吃酒。

⑨趣(cù)：催促。炮人：即庖人，厨师。

⑩风靡：“望风披靡”的省文，极言刀的锋利。靡，倒下。

⑪桑炭：用桑树烧成的木炭，火力很旺。

⑫重睫：睫毛相重，形容眯着眼睛细看的样子。

⑬意：料想。翳(yì)：暗中。

〔译文〕

晋文公时期，厨师端上烤肉而有头发缠在肉上。文公召厨师而怒责他说：“你想让我噎死吗？为什么把毛发缠在烤肉上？”厨师叩头拜过两拜请罪说：“我有三条死罪：我用磨刀石将刀磨得像宝剑干将一样锋利，用来切肉，肉被切断了而头发却不断，这是我的第一条罪状；用木棒穿透肉片却没有看见头发，这是我的第二条罪状；捧着烧得很旺的炉子，炭火都烧得红通通、肉块都烤熟了而头发却没有烧掉，这是我的第三条罪状。侍从中难道没有暗中嫉恨我的人吗?”文公说:“说得对。”就招来侍从斥问,果真如此,于是处罚了嫉恨厨师的人。

另一种说法:晋平公请客喝酒,年轻的侍从端来烤肉,却有头发缠在肉上,平公催促去杀掉厨师,不准违反命令。厨师呼唤着苍天说:“啊!我有三条罪状,自己还不知道会被处死吗!”平公说:“这话怎么说?”厨师回答说:“我的刀很锋利,锋利得能斩断骨头,头发却斩不断,这是我的第一条死罪;用桑树烧成的木炭烤肉,烤得精肉发红、肥肉发白,头发却没烧焦,这是我的第二条死罪;烤肉熟了,我又眯着眼睛细看,头发缠在烤肉上眼睛却看不见,这是我的第三条死罪。我猜想,堂下的侍从应该有暗恨我的人吧!杀我不是也太早了吗?”

穰侯相秦而齐强[①]。穰侯欲立秦为帝而齐不听,因请立齐为东帝,而不能成也。

〔注释〕

①穰侯:即魏冉,战国时秦国的大臣。

〔译文〕

穰侯魏冉担任秦国的相时,齐国很强盛。穰侯想立秦王为帝,但齐国却不予承认,他就请求立齐王为东帝,但事情最后还是没有成功。

说·五

晋献公之时,骊姬贵,拟于后妻[①];而欲以其子奚齐代太子申生，因患申生于君而杀之[②]，遂立奚齐为太子。

郑君已立太子矣，而有所爱美女，欲以其子为后[③]。夫人恐，因用毒药贼君杀之[④]。

卫州吁重于卫，拟于君，群臣百姓尽畏其势重。州吁果杀其君而夺之政。

公子朝，周太子也。弟公子根甚有宠于君。君死，遂以东周叛，分为两国。

〔注释〕

①拟：比拟，匹敌。后妻：君主的正妻，这里指齐姜。

②患：谗毁。

③后：指储君，继位人。

④贼：暗害。

〔译文〕

晋献公时期，骊姬地位尊贵，可以和君主的正妻匹敌。她想用自己的儿子奚齐来取代太子申生，就在献公面前陷害申生并迫使他自杀，于是献公立奚齐为太子。

郑国的君主已经确立太子了，而有个受宠的美女想让自己的儿子当继承人。郑国君主的夫人非常害怕，就用毒药暗杀了郑国君主。

卫桓公的弟弟州吁在卫国的地位很高，可以和国君相匹敌，群臣百姓都害怕他大权在握。州吁后来果真杀了卫桓公并夺取了政权。

公子朝是周国君主的太子。他的弟弟公子根很受周君的宠爱。周君死后，公子根就率领东周叛乱，把周分裂为两个小国。

楚成王以商臣为太子，既而又欲置公子职[①]。商臣作乱，遂攻杀成王。

一曰：楚成王商臣为太子，既欲置公子职。商臣闻之，未察也，乃为其傅潘崇曰[②]："奈何察之也？"潘崇曰："飨江芈而勿敬也[③]。"太子听之。江芈曰："呼，役夫[④]！宜君王之欲废女而立职也[⑤]。"商臣曰："信矣[⑥]。"潘崇曰："能事之乎？"曰："不能。""能为之诸侯乎？"曰："不能。""能举大事乎？"曰："能。"于是乃起宿营之甲而攻成王[⑦]。成王请食熊膰而死[⑧]，不许，遂自杀。

〔注释〕

①既而：不久。置：立。

②为：通"谓"。傅：师傅。

③飨（xiǎng）：设宴招待。江芈（mǐ）：楚成王的妹妹，嫁到江国。

④呼：发怒时语气词。役夫：供役使的人，一种贱称。

⑤宜君王之欲废女而立职也：本句是"君王之欲废女而立职也宜"的倒文。

⑥信：确实。

⑦起：调动。宿营之甲：守卫王宫的军队。

⑧熊膰（fán）：熊掌。膰，古代祭祀用的熟肉。

〔译文〕

楚成王把商臣立为太子，随后又想立公子职为太子。商臣便发动叛乱，起兵杀死了成王。

另一种说法：楚成王把商臣立为太子，过后又想立公子职为太子。商臣听说了这件事，但还没有弄清楚，于是就对他师傅潘崇说："怎样查清这件事呢？"潘崇说："设宴招待成王的妹妹江芈，但不要尊敬她。"太子接受了潘崇的建议。江芈说："呸，下贱的东西！君主想废掉你而立公子职是应该的。"商臣说："事情得到了证实。"潘崇说："你能侍奉公子职吗？"商臣说："不能。""能做职的诸侯吗？"商臣说："不能。""能发动大事吗？"商臣说："能。"于是商臣就发动守卫宫殿的军队去攻打成王。楚成王请求吃过烤熟的熊掌再死，商臣不答应，于是成王只好自杀。

韩廆相韩哀侯，严遂重于君①，二人甚相害也②。严遂乃令人刺韩廆于朝，韩廆走君而抱之，遂刺韩廆而兼哀侯③。

田恒相齐，阚止重于简公，二人相憎而欲相贼也。田恒因行私惠以取齐国，遂杀简公而夺之政。

戴欢为宋太宰，皇喜重于君，二人争事而相害也。皇喜遂杀宋君而夺其政。

狐突曰："国君好内则太子危④，好外则相室危⑤。"

〔注释〕

①重：被倚重、器重。

②害：忌恨。

③兼：指同时刺中。

④好：喜爱，喜欢。

⑤相室：指相，执政的卿。

〔译文〕

韩廆担任韩哀侯的国相，而严遂受着韩君的器重，韩廆和严遂相互忌恨。于是严遂就派人在朝廷上刺杀韩廆，韩廆跑到哀侯身边抱住哀侯，刺客就刺杀韩廆，连哀侯也一起刺死了。

田常担任齐相，而阚止受到了齐简公的器重，田常、阚止这两个人互相憎恨并想要杀掉对方。田常因此施行私人恩惠收买人心，结果杀掉了齐简公并夺取了齐国的政权。

戴欢担任宋国的太宰，而皇喜受到宋桓侯的器重。戴欢、皇喜争权夺利而互相伤害，结果皇喜杀死了宋君，夺取了宋国的政权。

狐突说："君王宠爱姬妾，太子就会危险；宠信近臣，相室就会危险。"

郑君问郑昭曰："太子亦何如？"对曰："太子未生也。"君曰："太子已置，而曰'未生'，何也？"对曰："太子虽置，然而君之好色不已①，所爱有子，君必爱之，爱之则必欲以为后②，臣故曰'太子未生'也。"

〔注释〕

①已：停止。

②后：储君，继承人。

〔译文〕

郑国国君问郑昭说："太子到底怎么样？"郑昭回答说："太

子还没出生呢。”郑君说：“太子已经确立了，您却说‘没有出生’，这是为什么呢？”郑昭回答说：“太子虽然确立了，但是君王的好色之心不减，您宠爱的姬妾如果有了儿子，君主必定喜爱他，喜爱他就一定想把他立为继承人，所以我说‘太子还没有出生’。”

说·六

文王资费仲而游于纣之旁[①]，令之谏纣而乱其心。

〔注释〕

①游：活动。

〔译文〕

周文王资助费仲在商纣王身边活动，让他劝谏商纣王来扰乱纣王的思想。

荆王使人之秦，秦王甚礼之。王曰：“敌国有贤者，国之忧也。今荆王之使者甚贤，寡人患之。”群臣谏曰：“以王之贤圣与国之资厚[①]，愿荆王之贤人[②]，王何不深知之而阴有之[③]？荆以为外用也，则必诛之。”

〔注释〕

①资厚：丰饶的财富。

②愿：担心，不放心。

③知:结交。阴:暗中。有:这里指为己所用。

〔译文〕

楚王派人到秦国去出使,秦王非常礼貌地接待了这位使者。秦王说:“敌国有贤人,就是我国的忧患。现在楚王的使者很贤能,我对此很忧虑。”群臣劝谏说:“凭大王的圣明和国家资财的丰富,如果担心楚王手下的贤人,大王何不与他深深地结交,暗中加以笼络呢?楚国以为他被外国利用,一定会处罚他的。”

仲尼为政于鲁,道不拾遗,齐景公患之。黎且谓景公曰:“去仲尼犹吹毛耳,君何不迎之以重禄高位,遗哀公女乐以骄荣其意[①]?哀公新乐之,必怠于政,仲尼必谏,谏必轻绝于鲁。”景公曰:“善。”乃令黎且,以女乐六遗哀公[②]。哀公乐之,果怠于政。仲尼谏,不听,去而之楚。

〔注释〕

①遗(wèi):赠送。哀公:鲁哀公,春秋末期鲁国君主。女乐(yuè):歌舞伎。荣:通“营”,惑乱。

②六:指六行,古代歌舞以八人为一行,六行即四十八人。

〔译文〕

孔子在鲁国执政,国家治理达到了路不拾遗的境界,齐景公对此很忧虑。黎且对齐景公说:“除去孔子就像吹毛一样省事。您何不用厚禄高官招引孔子来到齐国,再送给鲁哀公歌舞女乐来惑乱骄纵他的意志呢？哀公新得歌舞伎，必定对政事很懈怠，孔子一定会加以劝谏；他劝谏的结果，必定会使孔子和鲁国轻易地断绝关系。”景公说：“很好。”就让黎且把四十八人的歌舞女乐送给哀公。哀公非常高兴，果真懒于处理政事。孔子劝谏，鲁哀公不听，孔子就离开鲁国到楚国去了。

楚王谓干象曰：“吾欲以楚扶甘茂而相之秦，可乎？”干象对曰：“不可也。”王曰：“何也？”曰：“甘茂少而事史举先生，史举，上蔡之监门也[①]，大不事君，小不事家，以苛刻闻天下，茂事之顺焉。惠王之明[②]，张仪之辨也[③]，茂事之，取十官而免于罪，是茂贤也。”王曰：“相人敌国而相贤，其不可何也？”干象曰：“前时王使邵滑之越[④]，五年而能亡越，所以然者，越乱而楚治也。日者知用之越[⑤]，今亡之秦[⑥]，不亦太亟亡乎？”王曰：“然则为之奈何？”干象对曰：“不如相共立[⑦]。”王曰：“共立可相何也？”对曰：“共立少见爱幸，长为贵卿，被王衣[⑧]，含杜若[⑨]，握玉环，以听于朝，且利以乱秦矣。”

〔注释〕

①上蔡：地名，在今河南上蔡西南。监门：看门人。

②惠王：指秦惠文王，名驷，战国时秦国君主。

③张仪：战国时魏国人，曾任秦国的相，连横派的代表人物。辨：明察。

④邵滑：楚人，《史记》作“召滑”。

⑤日者：从前。

⑥亡:通“忘”,下同。

⑦共立:秦国公子,时作为人质,留于楚国。

⑧被:同“披”。

⑨杜若:香草名。

〔译文〕

楚王对干象说:“我想用楚国的力量扶持甘茂,让他做秦国的相,这样可以吗?”干象回答说:“不可以。”楚王说:“为什么?”干象说:“甘茂年轻时侍奉史举先生。史举,是上蔡的一个看门人,从大的方面说不侍奉君主,从小的方面说他不为家庭尽力,以刻薄闻名天下。甘茂侍奉史举,却没有违逆他的地方。即使有秦惠文王那样的明智,张仪那样的明察,甘茂侍奉他们,还是得到了十种官职,又能够免于罪过,这些都说明甘茂是很贤能的。”楚王说:“帮助贤能的人做敌国的相国,为什么不可以呢?”干象说:“过去大王派邵滑去越国做官,五年就能灭掉越国,之所以能够这样,是因为越国危乱而楚国却治理得很好。过去大王懂得用不贤能的人去灭掉越国,现在忘了把这个经验用到秦国去,不是也忘得太快了吗?”楚王说:“那么该怎么办呢?”干象回答说:“不如让共立做相。”楚王说:“共立可以做相,是什么原因呢?”干象回答说:“共立年轻时就受秦王喜爱和宠信,年长时又被封为贵卿,穿着秦王的衣服,嘴里含着香草,手里拿着玉环,用这种人在朝廷上处理问题,将有利于扰乱秦国了。”

吴政荆①,子胥使人宣言于荆曰:“子期用②,将击之;子常用,将去之。”荆人闻之,因用子常而退子期也。吴人击之,遂胜之。

〔注释〕

①政:通“征”,攻伐。

②用:用事,这里指担任将军。

〔译文〕

吴国征伐楚国,伍子胥派人向楚国宣称:“如果子期担任将军,吴国将进攻楚国;如果子常担任将军,吴国将离开楚国。”楚人听说后,就用子常为将,罢免了子期。吴人进攻楚国,结果取得了胜利。

晋献公伐虞、虢,乃遗之屈产之乘[1],垂棘之璧[2],女乐六,以荣其意而乱其政[3]。

〔注释〕

①屈产:春秋时晋国地名,是出名马的地方。乘:一车四马为一乘,这里指马匹。

②垂棘:地名,产美玉,今为何地不详。

③荣:通“营”,惑乱。

〔译文〕

晋献公讨伐虞、虢两国之前,就曾送给他们屈产的良马,垂棘的宝玉,四十八人的歌舞女乐,来惑乱他们的思想,扰乱他们的政治。

叔向之谗苌弘也[1],为苌弘书[2]。谓叔向曰:“子为我谓晋君，所与君期者[3]，时可矣。何不亟以兵来？”因佯遗其书周君之庭而急去行。周以苌弘为卖周也，乃诛苌弘而杀之。

〔注释〕

①叔向：春秋时晋国大夫。

②为：伪造。

③期：约定。

〔译文〕

晋国大夫叔向陷害周人苌弘时，伪造了一封苌弘的书信。书信的内容是苌弘对叔向说：“你代我告诉晋国君主，和他约好的事情，时机已经成熟了，为什么还不快点带兵来攻打呢？”随后假装把书信丢在周国国君的朝廷上，接着就急忙离去了。周君认为苌弘出卖周朝，就处罚了苌弘并把他杀死了。

郑桓公将欲袭郐，先问郐之豪杰、良臣、辨智、果敢之士，尽与姓名[1]，择郐之良田赂之，为官爵之名而书之。因为设坛场郭门之外而埋之[2]，衅之以鸡豭[3]，若盟状。郐君以为内难也，而尽杀其良臣。桓公袭郐，遂取之。

〔注释〕

①与：通“举”，记录。

②坛场：古代祭祀、盟会的地方，堆土为坛，辟地为场。郭门：外城门。

③衅:古代祭祀或结盟时杀牲歃血以表示诚信的仪式。豭(jiā):公猪。

〔译文〕

郑桓公准备袭击郐国时,先打听郐国的豪杰、良臣和明智、果断的人士,全部记下他们的名字,选择郐国好的田地写在他们名下表示已通贿赂,又在他们名下写上官爵名称。然后假装在外城门外设了坛场,把有关记录掩埋在下面,洒上鸡和猪的血来加以祭祀,做出好像举行过结盟的样子。郐君认为这些人与郑国串通,将要在内部作乱,因而杀了全部的良臣。郑桓公偷袭郐国,就把它攻取了。

说·七

秦侏儒善于荆王,而阴有善荆王左右①,而内重于惠文君。荆适有谋②,侏儒常先闻之以告惠文君。

邺令襄疵③,阴善赵王左右。赵王谋袭邺,襄疵常辄闻而先言之魏王④。魏王备之,赵乃辄还。

卫嗣君之时,有人于令之左右。县令发蓐⑤,而席弊甚,嗣公还令人遗之席⑥,曰:"吾闻汝今者发蓐而席弊甚,赐汝席。"县令大惊,以君为神也。

〔注释〕

①阴:暗中。有:通"又"。

②适:若是,如果。

③邺：魏国地名，在今河南境内。襄疵：人名。

④辄：立即，及时。

⑤发：揭开，掀开。蓐（rù）：能作褥子的草。

⑥还（xuán）：立即。

〔译文〕

秦国的侏儒得到楚王的喜欢，暗中又结交了楚王的左右侍从，而且在国内还被秦惠文王器重。楚国若是有什么打算，侏儒常常预先知道并把它告诉给秦惠文王。

魏国邺县的县令襄疵，暗中结交赵王的左右侍从。赵王谋划偷袭邺县，襄疵常常能马上得到情报并事先告诉魏王。魏王加以防备，于是赵王就撤兵回去了。

卫嗣君的时候，有人受命在县令身边窥探。县令掀起褥子时，露出了很破旧的席子，嗣公马上派人赠送他席子，说："我听说你今天掀起褥子时，席子很破旧，所以赏赐给你席子。"县令非常吃惊，以为卫嗣君是神明。

五　蠹

《五蠹》是韩非的代表作，比较全面地反映了韩非的社会历史观和法治思想。“蠹”即蛀虫，“五蠹”是用来比喻五类破坏法治的人群：其中学者主要指儒者，言谈者指纵横家，带剑者指游侠，患御者指逃避兵役的人，商工之民指广大经营工商业的人。

文章的前半，韩非以历史进化的观点，指出时代是发展变化的，故而治国的方法和措施也应该随之变化，从而为他主张以法治代替礼治提出理论根据。文章的后半，他在斥责五蠹的同时，还抨击了时政，并提出了重农尚武、以法治国的观点。全文纵谈古今，善于用浅显的事物来阐述深刻的道理，逻辑严谨，分析透彻，具有一定的说服力和战斗性。

韩非主要认为：五蠹一旦兴盛，国家就会衰败，严重危害君主专制。故而他在篇末提出君主应除掉这“五蠹之民”。重农抑商政策就是基于这种认识出台的，而秦始皇焚书坑儒的极端措施也与这种除五蠹的思想不无关系。事实证明，除五蠹的主张并未收到多大的实际作用，法律虽重农轻商，农民却越贫穷，商人越富贵，甚至形成了官僚、地主、商人三位一体的新兴地主阶层集团，抑商政策已软弱无力。此外，将文学之士列为一蠹也不可取。这些都是《五蠹》篇的局限性所在。

上古之世[1]，人民少而禽兽众，人民不胜禽兽虫蛇[2]。有圣人作[3]，构木为巢，以避群害，而民悦之，使王天下[4]，号之曰有巢氏。民食果蓏蚌蛤[5]，腥臊恶臭而伤害腹胃[6]，民多疾病。有圣人作，钻燧取火，以化腥臊，而民说之[7]，使王天下，号之曰燧人氏。中古之世[8]，天下大水，而鲧、禹决渎[9]。近古之世[10]，桀、纣暴乱，而汤、武征伐。今有构木钻燧于夏后氏之世者[11]，必为鲧、禹笑矣；有决渎于殷、周之世者，必为汤、武笑矣。然则今有美尧、舜、汤、武、禹之道于当今之世者[12]，必为新圣笑矣[13]。是以圣人不期修古[14]，不法常可[15]，论世之事，因为之备[16]。宋人有耕者，田中有株，兔走触株，折颈而死；因释其耒而守株[17]，冀复得兔，兔不可复得，而身为宋国笑。今欲以先王之政，治当世之民，皆守株之类也。

〔注释〕

①上古之世：相当于原始社会的原始群时期。

②胜（shēng）：受得住。

③作：兴起。

④王：称王，引申为统治。

⑤果蓏（luǒ）：瓜果的总称。木本植物的果实叫果，草本植物的果实叫蓏。蛤（gé）：蛤蜊。

⑥恶臭（xiù）：难闻的气味。

⑦说：同“悦”，喜欢。

⑧中古之世：相当于原始社会的氏族公社时期。

⑨鲧（gǔn）、禹决渎：传说中鲧是禹的父亲，夏后氏的部落首领。他奉

尧的命令治水，采用拦河筑坝的方法，但没有成功，被舜杀死。禹接受了鲧的教训，疏通河道，导流入海，最终制服了洪水。决，疏通。渎，入海的河道。古代以长江、黄河、淮河、济水为“四渎”。

⑩近古之世：相当于夏、商、周时期。

⑪今：倘若，假如。夏后氏：大禹建立的夏朝，也称夏后氏。

⑫美：称颂，褒扬。

⑬新圣：新时代的圣人，作者观念中能实行法治的统治者。

⑭期：期望。修古：远古。修，久远。

⑮法：效法。常可：永久适用的规则。

⑯因：依据。为：制定。备：应备的措施。

⑰耒(lěi)：翻土的农具。

〔译文〕

在上古时代，人口稀少，鸟兽众多，人民受不了禽兽虫蛇的侵害。这时候出现了一位圣人，他发明在树上用树枝搭成像鸟巢一样的住处，用来避免遭到各种伤害，因此人们很爱戴他，推举他来治理天下，称他为有巢氏。当时人民吃的是野生的瓜果和蚌蛤，腥臊腐臭，伤害肠胃，许多人得了疾病。这时候又出现了一位圣人，他发明钻木取火的方法烧烤食物，除掉腥臊臭味。因而人们很爱戴他，推举他治理天下，称他为燧人氏。到了中古时代，天下洪水泛滥，鲧和他的儿子禹先后负责疏通河道，排洪治灾。近古时代，夏桀和殷纣的统治残暴昏乱，于是商汤和周武王起兵讨伐。如果到了夏朝，还有人用在树上搭窝棚居住和钻木取火的办法生活，那一定会被鲧、禹耻笑了。如果到了殷周时代，还有人要把挖河排洪作为要务的话，那就一定会被商汤、武王所耻笑。既然如此，那么在今天要是还有人推崇尧、舜、汤、武王、禹的政治并加以实行的人，定然要被当代的圣人耻笑了。因此，圣人不期望照搬古法，不死守陈规旧俗，而是根据当前社会的实际情况，制定应备的措施。有个宋人在田里耕作，田中有一个树桩，一只兔子奔跑时撞在树桩上，碰断了脖子死了。从此这个宋人便放下手中的农具，守在树桩旁边，希望再捡到死兔。他当然不可能再得到兔子，自己倒成了宋国的一个笑话。现在假使还要用先王的政治来治理当代的民众，那就无疑属于守株待兔之类的人了。

古者丈夫不耕①，草木之实足食也；妇人不织，禽兽之皮足衣也。不事力而养足②，人民少而财有余，故民不争。是以厚赏不行，重罚不用，而民自治③。今人有五子不为多，子又有五子，大父未死而有二十五孙④。是以人民众而货财寡，事力劳而供养薄，故民争；虽倍赏累罚而不免于乱⑤。

尧之王天下也，茅茨不翦⑥，采椽不斫⑦；粝粢之食⑧，藜藿之羹⑨；冬日麑裘⑩，夏日葛衣⑪：虽监门之服养不亏于此矣⑫。禹之王天下也，身执耒锸⑬，以为民先；股无胈⑭，胫不生毛⑮：虽臣虏之劳不苦于此矣。以是言之，夫古之让天子者，是去监门之养而离臣虏之劳也，古传天下而不足多也⑯。今之县令，一日身死，子孙累世絜驾⑰，故人重之。是以人之于让也，轻辞古之天子，难去今之县令者，薄厚之实异也。夫山居而谷汲者，膢腊而相遗以水⑱；泽居苦水者，买庸而决窦⑲。故饥岁之春，幼弟不饷⑳；穰岁之秋㉑，疏客必食。非疏骨肉，爱过客也，多少之心异也。是以古之易财[22]，非仁也，财多也；今之争夺，非鄙也[23]，财寡也。轻辞天子，非高也，势薄也；重争士橐[24]，非下也，权重也。故圣人议多少、论薄厚为之政。故罚薄不为慈，诛严不为戾[25]，称俗而行也[26]。故事因于世[27]，而备适于事。

〔注释〕

①丈夫：泛指成年男子。

②事力：从事体力劳动，即耕织。养：供养，指生活资料。这句话反映的观点是错误的，原始社会主要靠采集和狩猎为主，生产力不发达，氏族之间经常以武力争夺生活资料，绝没有“不事力而养足”之事。

③治：太平，安定而有秩序。

④大父：祖父。

⑤累：屡次。

⑥茅茨：用茅草盖的房屋。翦：修剪。

⑦采：栎木。椽(chuán)：架在屋顶檩木上的木条。斫(zhuó)：砍削。

⑧粝粢(lìzī)：泛指粗劣的食物。粝，粗米。粢，谷类。

⑨藜藿：泛指野菜。藜，一年生草本植物，嫩叶可食。藿，豆叶。

⑩麑(jī)裘：泛指质量差的兽皮衣服。麑，小鹿。

⑪葛衣：粗布衣。葛，一种多年生蔓草，根可食用，纤维可织布。

⑫虽：即使。监门：看门的人。服养：指吃的和穿的。

⑬锸(chā)：锹。

⑭股：大腿。胈(bá)：大腿上的肌肉。

⑮胫：小腿。

⑯多：称赞。

⑰累世：接连几代。絜(xié)驾：套马驾车，即指不失富贵。絜，围束，这里指套马。

⑱膢(lóu)腊:泛指节日。膢,楚国人二月祭祀饮食神的节日。腊,夏历冬十月祭祀百神的节日。遗(wèi):赠送。

⑲庸:雇工。窦:孔洞,这里指沟渠。

⑳饷:供给食物。

㉑穰(ráng):丰收。

㉒易:看轻。

㉓鄙:贪吝。

㉔士:通"仕",做官。橐(tuó):请托,指依附权贵。

㉕戾:暴虐。

㉖称(chèn):适应。

㉗因:依据,取决于。

〔译文〕

在古代,男人不用耕种,野生的果实就足够吃了;妇女不用纺织,禽兽的皮就足够穿了。不用费力而供养充足,人口少而财物有余,所以人们之间用不着争夺。因而不实行厚赏,不实行重罚,民众自然安定而有秩序。现在一个人养有五个儿子并不算多,每个儿子又各有五个儿子,祖父还没有死就会有二十五个孙子。因此,人口多了而财物缺乏,费尽力气劳动,还是不够吃用,所以民众互相争夺,即使加倍地奖赏和不断地惩罚,结果仍然免不了要发生混乱。

尧统治天下的时候,住的是没经修整的茅草房,栎木做的椽子也不加砍削;吃的是粗米饭,喝的是野菜汤;冬天披块小鹿皮,夏天穿着麻布衣:现在即使是看门奴仆的吃穿生活,也不会比这更差了。禹统治天下的时候,亲自拿着锹锄带领人们干活,累得大腿消瘦,小腿上的汗毛都磨没了:就是奴隶们的劳役,也不会比这更辛苦了。这样说来,古代把天子的位置让给别人,不过是逃避看门奴仆般的供养，摆脱奴隶般的繁重苦劳罢了。所以古代把天下传给别人也并不值得赞美。当今的县令，一旦死去，他的子孙世世代代可以套马乘车，所以人们都很看重县令的职位。因此，人们对于让位这件事，可以轻易地辞掉古代的天子，却难以舍弃今天的县官，原因即在其间实际利益的大小很不一样。居住在山上到深谷打水的人们，逢年过节用水作为礼品互相赠送；居住在洼地饱受水涝灾害的人，却要雇人来挖渠排水。所以在荒年青黄不接的时候，就连自己的幼弟来了也不能管饭；在好年成的收获季节，即使是疏远的过客也总要招待吃喝。不是有意疏远自己的骨肉而偏爱过路的客人，而是因为存粮多少的实际情况不同。因此，古人轻视财物，并不是因为仁义，而是由于财多；今人互相争夺，并不是因为卑鄙，而是由于财少。古人轻易辞掉天子的职位，并不是什么风格高尚，而是因为权势很小；今人争夺官位或依附权势，也不是什么品德低下，而是因为权大势重。所以圣人要衡量社会财富的多少、考虑权势的轻重，来制定他的政策。所以刑罚轻并不是仁慈，刑罚重并不是残暴，是适应社会情况而行事。所以国家应该做的事情取决于社会情况的变化，而应备的措施要跟所做的措施相适应。

古者文王处丰、镐之间[①]，地方百里，行仁义而怀西戎[②]，遂王天下。徐偃王处汉东[③]，地方五百里，行仁义割地而朝者三十有六国。荆文王恐其害己也[④]，举兵伐徐，遂灭之。故文王行仁义而王天下，偃王行仁义而丧其国，是仁义用于古不用于今也。故曰："世异则事异。"当舜之时，有苗不服[⑤]，禹将伐之。舜曰："不可。

上德不厚而行武[⑥]，非道也。”乃修教三年[⑦]，执干戚舞[⑧]，有苗乃服。共工之战，铁铦短者及乎敌[⑨]，铠甲不坚者伤乎体。是干戚用于古不用于今也。故曰：“事异则备变。”上古竞于道德，中世逐于智谋，当今争于气力。齐将攻鲁，鲁使子贡说之[⑩]。齐人曰：“子言非不辩也，吾所欲者土地也，非斯言所谓也。”遂举兵伐鲁，去门十里以为界[⑪]。故偃王仁义而徐亡，子贡辩智而鲁削。以是言之，夫仁义辩智非所以持国也[⑫]。去偃王之仁，息子贡之智，循徐、鲁之力[⑬]，使敌万乘，则齐、荆之欲不得行于二国矣。

〔注释〕

①文王：这里实际应指的是周文王与周武王。丰：周文王建都的地方，在今陕西西安西南。镐(hào)：周武王迁都于镐，在今陕西西安西南。

②怀：用安抚手段使别人归顺自己。西戎：我国周代时西北方少数民族的泛称。

③徐偃王：西周穆王时徐国的国君。当时徐国较强，汉水以东各小国都来归附，自称偃王。徐国在今安徽境内，都城在今安徽泗县一带。

④荆文王：当为“荆王”之误。荆文王是楚文王熊赀，为东周庄王时人，比徐偃王所处的时代晚了三百年。这里的荆王应指西周穆王时期的熊胜。

⑤有：名词词头，无实义。苗：我国古代活动于长江中游的少数民族泛称，又称三苗。

⑥上：通“尚”，崇尚。厚：指风气浓厚。

⑦修教：修治德教。

⑧执干戚舞：手里拿着干戚对有苗跳舞，表示兵器不用于战争而用于

娱乐。这是用礼乐进行感化的一种表现。干，盾牌。戚，斧头。

⑨铦（xiān）：铁锸（chā）一类的工具。及：加到，指杀伤。

⑩子贡：即端木赐，春秋末期卫国人，孔子的门徒。

⑪去门十里以为界：以距离鲁国都城城门十里的地方为国界，意思指一直打到距离鲁国都城城门十里的地方。

⑫持：保有，保全。

⑬循：依照，这里指依靠、凭借。

〔译文〕

古时候周文王地处丰、镐一带，土地方圆不过百里，他施行仁义的政策感化了西戎，进而统治了天下。徐偃王统治着汉水东面的地方，方圆有五百里，他也施行仁义的政策，有三十六个国家向他割地朝贡。楚王害怕徐国会危害到自己，便出兵伐徐，灭了徐国。所以周文王施行仁义得了天下，而徐偃王施行仁义却亡了国，这证明仁义只适用于古代而不适用于今天。所以说："时代不同了，政事就会随之不同。"在舜当政的时候，苗族不驯服，禹主张用武力去讨伐。舜说："不行，我们推行德教还不够深就动用武力，这不是治国的办法。"于是便用三年时间加强德教，让人民拿着盾牌和大斧跳舞，苗族终于归服了。到了共工打仗的时候，武器短的就会被敌人杀伤，铠甲不坚固的便会伤及自己的身体。这表明拿着盾牌和大斧跳舞的德政方法只能用于古代而不能用于当今。所以说："情况变了，措施也要跟着改变。"上古时期人们在道德上竞争高下，中古时期人们在智谋上角逐优劣，当今社会人们在力量上较量输赢。齐国准备进攻鲁国，鲁国派子贡去说服齐人。齐人说："你的话说得不是没有道理的，然而我想要的是土地，不是你所说的这套空话。"于是出兵攻打鲁国，把齐国的国界推进到距鲁国都城只有十里远的地方。所以说徐偃王施行仁义而徐国被灭，子贡机智善辩而鲁国被削割。由此说来，仁义道德、机智善辩之类，都不是用来保全国家的正道。如果当初抛弃徐偃王的仁义，不用子贡的巧辩，而是依靠徐、鲁两国的实力，去抵抗拥有万辆兵车的强敌，那么齐、楚的野心也就不会在这两个国家得逞了。

夫古今异俗，新故异备[①]。如欲以宽缓之政治急世之民[②]，犹无辔策而御駻马[③]，此不知之患也[④]。今儒、墨皆称"先王兼爱天下"，则视民如父母[⑤]。何以明其然也？曰："司寇行刑[⑥]，君为之不举乐[⑦]；闻死刑之报，君为流涕。"此所举先王也。夫以君臣为如父子则必治，推是言之[⑧]，是无乱父子也。人之情性莫先于父母[⑨]，父母皆见爱而未必治也，君虽厚爱，奚遽不乱[⑩]？今先王之爱民，不过父母之爱子，子未必不乱也，则民奚遽治哉！且夫以法行刑而君为之流涕，此以效仁，非以为治也。夫垂泣不欲刑者，仁也；然而不可不刑者，法也。先王胜其法不听其泣[⑪]，则仁之不可以为治亦明矣。

且民者固服于势，寡能怀于义[⑫]。仲尼天下圣人也，修行明道以游海内，海内说其仁美其义[⑬]，而为服役者七十人[⑭]。盖贵仁者寡，能义者难也。故以天下之大，而为服役者七十人，而仁义者一人[⑮]。鲁哀公，下主也，南面君国[⑯]，境内之民莫敢不臣，民者固服于势。势诚易以服人，故仲尼反为臣，而哀公顾为君[⑰]。仲尼非怀其义，服其势也。故以义则仲尼不服于哀公，乘势则哀公臣仲尼。今学者之说人主也⑱，不乘必胜之势，而务行仁义则可以王，是求人主之必及仲尼，而以世之凡民皆如列徒⑲，此必不得之数也⑳。

〔**注释**〕

①新故异备：指新旧时代的政治措施不一样。故，旧。

②急世：急剧变动的时代。

③辔：马缰绳。策：马鞭。御：驾驭。駻：音义同"悍"，駻马即烈马。

④知：同"智"，明智。

⑤视民如父母："视民如父母之爱子"的省文。

⑥司寇：古代掌管刑狱的官。

⑦举乐：演奏音乐。

⑧推是言之：以此推论说。

⑨先：超过。

⑩奚：怎么。遽(jù)：就。

⑪胜：任用。

⑫怀：被感化。

⑬说：同"悦"，欣赏。

⑭而为服役者七十人：孔门弟子三千，贤者七十二，此取其约数。

⑮一人：指孔丘。

⑯南面：古代国君听政都是面南而坐，表示尊贵。君：统治。

⑰顾：反而。

⑱学者：指儒家。

⑲列徒：指上文孔子七十子之徒。

⑳数：术，方法。

〔译文〕

古今社会风俗不同,新旧时代的政治措施也不一样。如果想用宽大和缓的政策去治理剧变时代的民众,就好比没有缰绳和鞭子却要去驾驭烈马一样,这是不明智会带来的祸害。现在,儒家和墨家都称颂先王,说他们博爱天下一切人,就如同父母爱子女一样。用什么证明先王如此呢?他们说:“司寇执行刑法的时候,君主为此停止奏乐;听到罪犯被处决的报告后,君主难过得流下眼泪。”这就是他们所赞美的先王。如果认为君臣关系能像父子关系一样,天下必能治理得好,由此推论开去,就不会存在父子之间发生纠纷的事了。从人类本性上说,没有什么感情能超过父母疼爱子女的,然而大家都一样疼爱子女,家庭却未必就和睦。君主即使深爱臣民,何以见得天下就不会发生动乱呢?何况先王的爱民不会超过父母爱子女,子女不一定不背弃父母,那么民众何以就能靠仁爱治理好呢?再说按照法令执行刑法,而君主为之流泪,这不过是用来表现仁爱罢了,却并非用来治理国家的。流泪而不想用刑,这是君主的仁爱;然而不得不用刑,这是国家的法令。先王首先要执行法令,并不会因为同情而废去刑法,那么不能用仁爱来治理国家的道理也就明白无疑了。

况且人们一向就屈服于权势,很少能被仁义感化的。孔子是天下的圣人,他修养身心,宣扬儒道,周游列国,可是天下赞赏他的仁、颂扬他的义并肯为他效劳的人才只有七十多个。可见看重仁的人少,能行义的人实在难得。所以天下这么大,愿意为他效劳的只有七十多人,而倡导仁义的只有孔子一个。鲁哀公是个才智低下的君主,面南而坐,统治鲁国,国内的民众没有敢于不服从的。民众总是屈服于权势，权势也确实容易使人服从，所以孔子反倒做了臣子，而鲁哀公却成了君主。孔子并不是服从于鲁哀公的仁义，而是屈服于他的权势。因此，就仁义来说，孔子不会屈服于哀公；但凭借权势，哀公却可以使孔子俯首称臣。现在的儒家学者们游说君主，不是要君主依靠可以取胜的权势，而致力于宣扬施行仁义就可以统治天下。这就是要求君主一定要像孔子那样，要求天下民众都像孔子门徒。这在事实上是肯定办不到的。

今有不才之子，父母怒之弗为改，乡人谯之弗为动[①]，师长教之弗为变。夫以父母之爱，乡人之行，师长之智，三美加焉而终不动，其胫毛不改[②]。州部之吏[③]，操官兵，推公法而求索奸人，然后恐惧，变其节，易其行矣。故父母之爱不足以教子，必待州部之严刑者，民固骄于爱听于威矣。故十仞之城[④]，楼季弗能逾者[⑤]，峭也；千仞之山，跛牂易牧者[⑥]，夷也[⑦]。故明王峭其法而严其刑也。布帛寻常[⑧]，庸人不释；铄金百溢[⑨]，盗跖不掇[⑩]。不必害则不释寻常，必害手则不掇百溢，故明主必其诛也[⑪]。是以赏莫如厚而信，使民利之；罚莫如重而必，使民畏之；法莫如一而固，使民知之。故主施赏不迁[⑫]，行诛无赦。誉辅其赏，毁随其罚，则贤不肖俱尽其力矣。

〔注释〕

①谯(qiào)：责骂，呵斥。

②胫毛不改:极言其丝毫不变。

③州部:当时的基层行政机关。

④仞:古代的高度计量单位。城:城墙。

⑤楼季:战国时魏文侯的弟弟,擅长攀登跳跃。逾:跨越。

⑥跛牂(zāng):跛脚的母羊。

⑦夷:平坦。

⑧寻常:古时长度计量单位,八尺为寻,两寻为常。

⑨铄:熔化。溢:通“镒”,古代的重量计算单位,一镒二十两,一说二十四两。

⑩掇(duō):拾取。

⑪必:坚决执行。诛:惩罚。

⑫迁:改变。

〔译文〕

现在假定有这么一个不成材的儿子,父母对他发怒,他并不悔改;乡邻们加以责备,他无动于衷;师长教诲他,他也不肯改变。把父母的慈爱、乡邻的帮助、师长的智慧这三样美好的东西同时加在他的身上,然而他却始终不受感动,丝毫不肯改邪归正。直到地方官吏拿着官府的武器,依法执行公务,搜捕坏人的时候,他这才害怕起来,改掉旧习,变易恶行。所以父母的慈爱不足以教育好子女,必须依靠官府执行严厉的刑法,这是由于人们总是受到慈爱就骄纵、见到威势就屈服的缘故。因此,十仞高的城墙,就连善于攀高的楼季也不能越过,因为它太陡峭了;千仞高的大山,就是瘸腿的母羊也可以被赶上去放牧,因为它坡度平缓。所以英明的君主总要立法严峻,用刑严格。十几尺布帛,一般人见了也舍不得放手;熔化着的百镒黄金,即使是盗跖也不会伸手去拿。不一定受害的时候,十几尺的布帛也不肯丢掉;肯定会烧伤手时,就是百镒黄金也不敢去拿。所以英明的君主一定要严格执行刑罚。因此,施行奖赏最好是丰厚而且说到做到,使人们有所贪图;进行刑罚最好严厉而且坚决执行,使人们有所畏惧;法令最好是一贯而且固定,使人们都能明白。所以君主施行奖赏不随意改变,执行刑罚不轻易赦免。对受赏的人同时给予荣誉,对受罚的人同时给予谴责,这样一来,不管贤还是不贤的人都会尽力而为。

今则不然。其有功也爵之,而卑其士官也①;以其耕作也赏之,而少其家业也②;以其不收也外之③,而高其轻世也④;以其犯禁罪之,而多其有勇也⑤。毁誉赏罚之所加者相与悖缪也⑥,故法禁坏而民愈乱。今兄弟被侵,必攻者,廉也⑦,知友被辱,随仇者⑧,贞也。廉、贞之行成,而君上之法犯矣。人主尊贞廉之行而忘犯禁之罪,故民程于勇而吏不能胜也⑨。不事力而衣食,则谓之能,不战功而尊,则谓之贤。贤、能之行成,而兵弱而地荒矣。人主说贤能之行,而忘兵弱地荒之祸,则私行立而公利灭矣。

〔注释〕

①士官:做官。士,通“仕”。

②少其家业:轻视他们经营家业。少,轻视,与“高”相反。

③收:接受官爵。外:疏远。

④高:推崇。轻世:轻视世间的官爵禄位。

⑤多:赞扬。

⑥缪(miù):错乱。

⑦廉:此处指方正,有棱角。

⑧随仇:跟朋友一道报仇。

⑨程:显露,炫耀。胜:制服。

〔译文〕

现在就不是这样。正是因为他有功劳才授予他爵位,却又鄙视他做官;因为他从事耕种才奖赏他,却又看不起他经营家业;因为他不愿被录用而疏远他,却又推崇他轻视世俗名利;因为他违犯禁令才给他定罪,却又称赞他勇敢。是毁是誉,是赏是罚,执行起来是如此自相矛盾。所以法令遭到破坏,民众更加混乱。现在假如自己的兄弟受到侵犯就一定帮他反击的人,被认为是正直;知心的朋友被侮辱就跟随着去报仇的人,被认为是忠贞。这种正直和忠贞的风气形成了,而君主的法令却被冒犯了。君主推崇这种忠贞正直的品行,却忽视了他们违犯法令的罪责,所以人们敢于逞勇犯禁,而官吏制止不住。对于不从事耕作就有吃有穿的人,就说他有本事;对于没有军功就获得官爵的人,就说他有才能。这种本事和才能养成了,就会导致国家兵力衰弱、土地荒芜了。君主赞赏这种本事和才能,却忘却兵弱地荒的祸害,结果谋私的行为就会得逞,而国家的利益就要落空。

儒以文乱法[①],侠以武犯禁[②],而人主兼礼之,此所以乱也。夫离法者罪[③],而诸先生以文学取[④];犯禁者诛,而群侠以私剑养。故法之所非,君之所取;吏之所诛,上之所养也。法、趣、上、下四相反也[⑤],而无所定,虽有十黄帝不能治也。故行仁义者非所誉,誉之则害功[⑥];工文学者非所用,用之则乱法。楚之有直躬[⑦],其父窃羊而谒之吏[⑧]。令尹曰[⑨]:“杀之!”以为直于君而曲于父[⑩],报而罪之。以是观之,夫君之直臣,父之暴子也。鲁人从君战,三战三北[⑪]。仲尼问其故,对曰:“吾有老父,身死莫之养也。”仲尼以为孝,举而上之[⑫]。以是观之,夫父之孝子,君之背臣也。故令尹诛而楚奸不上闻,仲尼赏而鲁民易降北。上下之利若是其异也,而人主兼举匹夫之行[⑬],而求致社稷之福,必不几矣[⑭]。

〔注释〕

①文:文学,即儒家推崇的诗书礼乐。

②侠:游侠,指行凶逞勇的地方豪强,后文亦称“带剑者”。

③离:通“罹”,触犯。

④诸先生:众儒生。

⑤法、趣、上、下:指上文“法之所非,君之所取;吏之所诛,上之所养。”趣,通“取”。

⑥功:指耕战之事。

⑦直躬:人名。传说他为人正直,因而得名。

⑧谒:这里是报案的意思。

⑨令尹:楚国官名。相当于其他诸侯国的相。

⑩曲:不直,这里指不孝顺。

⑪北:败北,败逃。

⑫举:推荐。上:使居于上位,即使他做官。

⑬匹夫之行:个人谋私利的行为。

⑭几:希望。

〔译文〕

儒家利用文学扰乱法纪,游侠使用武力违犯禁令,而君主却都要加以礼待,这就是国家混乱的根源。犯法的本该判罪,而那些儒生却凭着文章学说得到任用;犯禁的本该处罚,而那些游侠却靠着为臣下的私利去暗杀而得到豢养。所以,法令反对的,成了君主重用的;官吏处罚的,成了权贵豢养的。法令反对和君主重用、官吏处罚和权贵豢养,四者互相矛盾而没有确立一定的标准,即使有十个黄帝也不能治好天下。所以对于宣扬仁义的人不应当加以称赞,如果称赞了就会妨害耕战功业;对于从事文章学术的人不应当加以任用,如果任用了就会破坏法治。楚国有个叫直躬的人,他的父亲偷了人家的羊,他便到令尹那里告发,令尹说:"杀掉直躬!"认为他对君主虽算忠心而对父亲却属不孝,因而把他判决治罪。由此看来,君主的忠臣,竟是父亲的逆子。鲁国有个人跟随君主去打仗,屡战屡逃。孔子询问他逃跑的原因,他说:"我家中有年老的父亲,我死后就没人养活他了。"孔子认为这是孝子,便推举他做了官。由此看来,父亲的孝子,恰恰是君主的叛臣。所以令尹杀了直躬,楚国的坏人坏事就没有人再向上告发让君主知道了;孔子奖赏逃兵,鲁国人作战就轻易地投降逃跑。君臣之间的利害得失是如此不同,而君主却既赞成谋求私利的行为,又想求得国家的繁荣富强,这是肯定没有指望的。

古者苍颉之作书也[①],自环者谓之私[②],背私谓之公[③]。公私之相背也,乃苍颉固以知之矣[④]。今以为同利者,不察之患也。然则为匹夫计者,莫如修行义而习文学[⑤]。行义修则见信,见信则受事[⑥];文学习则为明师,为明师则显荣:此匹夫之美也。然则无功而受事,无爵而显荣,为有政如此,则国必乱主必危矣。故不相容之事不两立也。斩敌者受赏,而高慈惠之行;拔城者受爵禄,而信廉爱之说[⑦];坚甲厉兵以备难,而美荐绅之饰[⑧];富国以农,距敌恃卒[⑨],而贵文学之士;废敬上畏法之民,而养游侠私剑之属。举行如此[⑩],治强不可得也。国平养儒侠,难至用介士[⑪]。所利非所用,所用非所利。是故服事者简其业[⑫],而游学者日众[⑬],是世之所以乱也。

〔注释〕

①苍颉:又作仓颉,相传为黄帝的史官,传说中汉字的创造者。

②自环:自营,为自己打算。私:古字"私"的字形向内旋绕,表示为自己打算。

③公:古字"公"由一对相背的弧线和向内旋绕的古字"私"组成。相背的弧线表示违背,演化为今字"公"的上半部分,而古字"私"演化为今字"公"的下半部分。故而韩非说"背私谓之公"。

④以:通"已"。

⑤行义:德行和道义。

⑥受事:接受委托的工作,即获得官职。

⑦廉爱:按文义应为"兼爱"。

⑧荐绅:古代官吏上朝时把朝笏插在衣带间,叫作搢绅,这里指穿着宽袍大袖。荐,插。绅,宽大的衣带。

⑨距:通"拒",抵御。

⑩举行：举动，代政治措施。

⑪介士：披甲的兵士。介，甲。

⑫服事者：从事于耕战的人。简：怠慢，荒废。

⑬游学者：指游侠和儒家学者。

〔译文〕

古时候，苍颉创造文字，把围着自己环绕的叫作“私”，与“私”相背的叫作“公”。公和私相反的道理，是苍颉早就已经知道的。现在还有人认为公私利益相同，这是犯了没有仔细考察的错误。那么为个人打算的话，没有什么比修养品德、熟悉学术的办法更好了。修养品德就会得到君主信任，得到君主信任就可以做官；熟悉学术就可以成为高明的老师，成了高明的老师就会显荣：这是个人最美满的事了。然而没有功劳的就能做官，没有爵位就能显荣，形成这样的政治局面，国家就一定陷入混乱，君主就一定面临危险了。所以互不相容的事情，是不能并存的。杀敌有功的人受奖赏，却又崇尚仁爱慈惠的行为；攻克敌城的人授予爵禄，却又信奉兼爱的学说；采用坚固的铠甲、锋利的兵器来防备战乱，却又提倡宽袍大带的服饰；国家富足靠农民，打击敌人靠士兵，却又看重从事文章学术事业的儒生；不用那些尊君守法的人，而去收养游侠刺客之类的人。如此理政，要想使国家太平和强盛是不可能的。国家太平的时候收养儒生和游侠，危难来临的时候要用披坚执锐的士兵。国家给予利益的人，并不是国家所要用的人，而国家所要用的人，又得不到任何好处。结果从事耕战的人荒废了自己的事业，而游侠和儒生却一天天多了起来，这就是社会陷于混乱的原因所在。

且世之所谓贤者，贞信之行也；所谓智者，微妙之言也[①]。微妙之言，上智之所难知也[②]。今为众人法，而以上智之所难知，则民无从识之矣。故糟糠不饱者，不务粱肉[③]，短褐不完者不待文绣[④]。夫治世之事，急者不得[⑤]，则缓者非所务也。今所治之政，民间之事，夫妇所明知者不用[⑥]，而慕上知之论[⑦]，则其于治反矣。故微妙之言，非民务也。若夫贤贞信之行者[⑧]，必将贵不欺之士。贵不欺之士者，亦无不欺之术也。布衣相与交[⑨]，无富厚以相利，无威势以相惧也，故求不欺之士。今人主处制人之势，有一国之厚，重赏严诛得操其柄，以修明术之所烛[⑩]，虽有田常、子罕之臣[⑪]，不敢欺也，奚待于不欺之士？今贞信之士不盈于十[⑫]，而境内之官以百数，必任贞信之士，则人不足官。人不足官则治者寡而乱者众矣。故明主之道，一法而不求智[⑬]，固术而不慕信[⑭]，故法不败而群官无奸诈矣。

〔**注释**〕

①微妙之言：深奥玄妙的言辞。

②上智：智慧极高的人。

③务：致力于，追求。粱肉：泛指精美的饭食。粱，细米。

④短褐：僮仆所穿的粗布衣服。不完：不完整，残破。文绣：有刺绣的华丽服装。

⑤不得：得不到处理。

⑥夫妇：匹夫匹妇，指普通男女。

⑦知：同“智”。

⑧贤：推崇。

⑨布衣：平民。

⑩修明：修习并巧妙地运用。烛：洞察。

⑪田常：谥号田成子，春秋末年齐国执政的卿。公元前481年，他杀掉了齐简公获取专权。子罕：即皇喜，战国时宋国大臣，曾劫杀宋桓侯，夺取了政权。

⑫不盈于十：形容极少。盈，满。

⑬一法：专一地实行法制。

⑭固术：坚定地使用权术。

〔译文〕

况且社会上所说的贤，是指忠贞不欺的行为；所说的智，是指深奥玄妙的言辞。那些深奥玄妙的言辞，就连最聪明的人也难以理解。现在制定民众都得遵守的法令，却采用那些连最聪明的人也难以理解的言辞，那么民众就无从弄懂了。连糟糠都吃不饱的人，是不会追求精美饭菜的，连粗布短衣都穿得破损不全的人，是不会期望有刺绣的华丽衣衫的。治理社会事务，如果紧急的还没有办好，那么可从缓的就不必忙着去办。现在用来治理国家的政治措施，凡属民间习以为常的事理，或普通人明知的道理不加采用，却去期求连最聪明的人都难以理解的说教，其结果只能是适得其反了。所以那些深奥玄妙的言辞，并不是人民所需要的。至于推崇忠贞信义的品行，必将尊重那些诚实不欺的人；而诚实不欺的人，也没有什么使人不行欺诈的办法。平民之间彼此交往，没有大宗钱财可以互相利用，没有大权重势可以互相威胁，所以才要寻求诚实不欺的人。如今君主处于统治地位，拥有整个国家的财富，掌握着重赏严罚的权力，可以处理好用术所洞察到的问题，那么即使有田常、子罕一类的臣子也不敢进行欺骗，何必寻找那些诚实不欺的人呢？现今忠贞诚信的人很少，而国家需要的官吏却数以百计，如果一定要任用忠贞信义之士，那么合格的人就会不敷需要；合格的人不敷需要，那么能够把政事治理好的官就少，而会把政事搞乱的官就多了。所以明君的治国方法，在于专一地实行法治，而不寻求有智的人；牢牢掌握使用官吏的权术，而不崇尚诚信。这样，法治就不会遭到破坏而官吏们也不敢胡作非为了。

今人主之于言也，说其辩而不求其当焉①；其用于行也，美其声而不责其功焉②。是以天下之众，其谈言者务为辩而不周于用③，故举先王、言仁义者盈廷，而政不免于乱。行身者竞于为高而不合于功④，故智士退处岩穴，归禄不受⑤，而兵不免于弱，政不免于乱，此其故何也？民之所誉，上之所礼，乱国之术也。今境内之民皆言治，藏商、管之法者家有之⑥，而国愈贫，言耕者众，执耒者寡也；境内皆言兵，藏孙、吴之书者家有之⑦，而兵愈弱，言战者多，被甲者少也⑧。故明主用其力，不听其言，赏其功，必禁无用，故民尽死力以从其上。夫耕之用力也劳，而民为之者，曰："可得以富也⑨。"战之事也危，而民为之者曰："可得以贵也。"今修文学，习言谈，则无耕之劳而有富之实，无战之危而有贵之尊，则人孰不为也！是以百人事智而一人用力。事智者众则法败，用力者寡则国贫。此世之所以乱也。

〔注释〕

①说:同“悦”,欣赏。

②声:虚名。

③谈言者:游说之士。周:切合。

④行身者:指注重自身道德修养的人。

⑤归禄:辞去俸禄。

⑥商、管之法:指《商君书》《管子》等有关法令方面的书。商,商鞅。管,管仲。

⑦孙、吴之书:指《孙子兵法》《吴子兵法》等兵书。

⑧被:同“披”。

⑨以:凭借,依靠。

〔译文〕

现在君主对于臣下的言论,总是喜欢巧言善辩而不管是否恰当;对于臣下的行事,仅欣赏他的名声而不责求做出成效。因此天下那些游说之士都致力于巧言善辩,却根本不切合实用,结果导致称颂先王、高谈仁义的人充满朝廷,而政局仍不免于混乱。那些所谓注重自身道德修养的人,不去为国家建功立业,所以有才智的人隐居山林,推辞俸禄而不接受,而兵力不免于削弱,政局不免于混乱,这究竟是怎么造成的呢?因为民众所称赞的,君主所优待的,都是些使国家混乱的做法。现在全国的民众都在谈论如何治国,每家每户都藏有商鞅和管仲的法典,国家却越来越穷,原因就在于空谈耕作的人太多,而真正拿起农具种地的人太少;全国的民众都在谈论如何打仗,每家每户都藏有孙子和吴起的兵书,国家的兵力却越来越弱,原因就在于空谈打仗的人太多,而真正穿起铠甲上阵的人太少。所以明君要使用民力进行耕战，不听信高谈阔论；奖赏人们的功劳，坚决禁止那些无用的言行。这样民众就会拼命为君主出力。耕种用力是很劳苦的事情，而从事耕种的民众却愿意去做，因为他们认为："可以由此得到富足。"打仗是十分危险的事情，而参军打仗的民众却愿意去做，因为他们认为："可以由此获得显贵。"如今只要擅长文章学术，熟悉言谈，无须有耕种的劳苦就可以获得富足的实惠，无须冒打仗的危险便可以得到尊贵的官爵，那么人们谁不乐意这样干呢！结果就出现了许多人从事于智辩活动，却只有很少的人致力于耕战事业的状况。从事智辩的人多了，法治就要遭到破坏，致力耕战事业的人少了，国家就会变得贫穷。这就是社会所以混乱的原因。

故明主之国，无书简之文，以法为教；无先王之语，以吏为师①；无私剑之捍②，以斩首为勇。是境内之民，其言谈者必轨于法③，动作者归之于功④，为勇者尽之于军。是故无事则国富，有事则兵强，此之谓王资⑤。既畜王资⑥，而承敌国之亹⑦，超五帝侔三王者⑧，必此法也。

［注释］

①吏：执法之官。

②捍：通"悍"，强悍。

③轨：符合，这里指遵守，依句例下当有"之"字。

④动作者：指从事劳动的人。功：这里指农耕。

⑤王资：称王天下的资本。

⑥畜(xù)：积蓄。

⑦承：通“乘”，趁着。亹(xìn)：间隙，破绽。

⑧五帝：说法不一，一般指黄帝、颛顼(zhuānxū)、帝喾(kù)、尧、舜。侔(móu)：等同，并列。三王：指夏禹、商汤、周文王、周武王等三代的开国君主。

〔译文〕

因此，在英明君主的国家里，不用有关学术的文献典籍，而以法令为教本；禁绝先王的言论，而以官吏为老师；制止游侠刺客的凶悍活动，而只以杀敌立功为勇敢。这样，国内民众中那些擅长言谈的人一定要遵循法令讲话，从事劳动的人让他们都回到农业生产中去，逞勇的人让他们都回到军队中去。这样太平时期国家十分富足，战争时期兵力也很强盛，这便奠定了称王天下的资本。既拥有称王天下的资本，又善于利用敌国的弱点，那么建立超过五帝、赶上三王的功业，一定得采用这种办法。

今则不然。士民纵恣于内[①]，言谈者为势于外。外内称恶[②]，以待强敌，不亦殆乎[③]？故群臣之言外事者，非有分于从衡之党[④]，则有仇雠之忠[⑤]，而借力于国也。从者，合众强以攻一弱也；而衡者，事一强以攻众弱也。皆非所以持国也。今人臣之言衡者，皆曰：“不事大则遇敌受祸矣。”事大未必有实[⑥]，则举图而委[⑦]，效玺而请兵矣[⑧]。献图则地削，效玺则名卑；地削则国削，名卑则政乱矣。事大为衡未见其利也，而亡地乱政矣。人臣之言从者，皆曰：“不救小而伐大，则失天下[⑨]，失天下则国危，国危而主卑。”救小未必有实，则起兵而敌大矣。救小未必能存[10]，而伐大未必不有疏，有疏则为强国制矣。出兵则军败，退守则城拔。救小为从未见其利，而亡地败军矣。是故事强则以外权士官于内[11]，求小则以内重求利于外[12]。国利未立，封土厚禄至矣；主上虽卑，人臣尊矣；国地虽削，私家富矣。事成，则以权长重；事败，则以富退处。人主之于其听说于其臣，事未成则爵禄已尊矣；事败而弗诛，则游说之士孰不为用矰缴之说而侥幸其后[13]？故破国亡主，以听言谈者之浮说[14]，此其故何也？是人君不明乎公私之利，不察当否之言，而诛罚不必其后也[15]。皆曰："外事，大可以王，小可以安。"夫王者，能攻人者也；而安，则不可攻也。强，则能攻人者也；治，则不可攻也。治强不可责于外，内政之有也[16]。今不行法术于内，而事智于外，则不至于治强矣。

〔注释〕

①士民：这里主要指儒生和游侠。

②称：并行。

③殆：危险。

④有分（fèn）：从属，参与。从衡：即纵横，指合纵、连横。韩、赵、魏南北联合燕、齐、楚合力抗秦为合纵；秦国为瓦解六国联盟，与六国分别结盟，以便各个击破，形成东西向的联合为连横。

⑤仇雠：报仇。忠：忠诚。

⑥实：实际效果。

⑦委：托付，进献。

⑧效：献。请兵：请大国之兵。

⑨失天下：失去天下诸侯国的信任。

⑩存：指使小国保存。

⑪士官：做官。士，通“仕”。

⑫重：权势。

⑬缯缴（zēngzhóu）之说：比喻纵横家用来猎取功名富贵的虚浮言辞。缯缴，带丝线的箭，射出后可以收回。缯，射鸟的短箭。缴，系在箭尾的丝线。

⑭以：因为。

⑮诛罚不必其后：在事败之后不坚决执行刑罚。

⑯有：取得。

〔译文〕

现在却不是这样。儒士、游侠在国内恣意妄为，纵横家在国外大造声势。他们内外一同作恶，在这种情况下来对付强敌，不是太危险了吗？所以那些谈论外交问题的臣子们，不是属于合纵或连衡中的哪一派，就是怀有借国家力量来报私仇的隐衷。所谓合纵，就是联合众多弱小国家去攻打一个强大国家；所谓连衡，就是依附于一个强国去攻打其他弱国。这都不是保全国家的好办法。现在那些主张连衡的臣子都说：“不依附大国，一遇强敌就得遭殃。”侍奉大国不一定有什么实际效应，倒必须先献出本国地图，呈上政府玺印，这样才得以请求军事援助。献出地图，本国的版域就缩小了；呈上印玺，君主的声望就降低了。版域缩小，国家就削弱了；声望降低，政治上就混乱了。侍奉大国实行连衡，还来不及看到什么好处，却已丧失了国土，搞乱了政治。那些主张合纵的臣子都说：“不救援小国去进攻大国，就失去了各国的信任，失去了各国的信任，国家就面临危险，国家面临危险，君主的地位就降低了。”援救小国不一定有什么实惠可言，倒要起兵去和大国为敌。援救小国未必能使它保存下来，而进攻大国未必就不失误，一有失误，就要被大国控制了。出兵作战，军队就要吃败仗；退军防守，城池就会被攻破。援救小国实行合纵，还来不及看到什么好处，却已使国土被侵吞，让军队吃了败仗。所以，侍奉强国，只能使那些搞连衡的人凭借外国势力在国内捞取高官；援救小国，只能使那些搞合纵的人凭借国内势力从国外得到好处。国家利益没有确立起来，而臣下倒先把封地和厚禄都弄到手了；君主地位虽然降低了，而臣下地位反而抬高了；国家土地尽管削减了，而私家却变富了。事情如能成功，纵横家们就会依仗权势长期受到重用；事情失败的话，纵横家们就会凭靠财富退居闲职。君主如果听信臣下的游说，事情还没办成就已给了他们很高的爵位俸禄，事情失败而不予以处罚，那么那些游说之士谁不愿意用猎取名利的言辞不断去进行投机活动呢？所以国破君亡局面的出现，都是因为听信了纵横家的花言巧语造成的，这是什么缘故呢？这是因为君主分不清公私利益，辨不出正确与错误的言论，事败之后也没有坚决地实行处罚。纵横家们都说："进行外交活动，收效大的可以统一天下，收效小的也可以保证安全。"所谓统一天下，指的是能够打败别国；所谓保证安全，指的是本国不受侵犯。兵强就能打败别国，国安就不可能被人侵犯。而国家的强盛和安定并不能通过外交活动取得，只能靠搞好内政。现在不在国内推行法术，却要一心在外交上动脑筋，就必然达不到国家安定富强的目的。

鄙谚曰[①]："长袖善舞，多钱善贾[②]。"此言多资之易为工也[③]。故治强易为谋，弱乱难为计。故用于秦者，十变而谋希失[4]，用于燕者，一变而计希得。非用于秦者必智，用于燕者必愚也，盖治乱之资异也。故周去秦为从[5]，期年而举[6]；卫离魏为衡[7]，半岁而亡。是周灭于从，卫亡于衡也。使周、卫缓其从衡之计，而严其境内之治，明其法禁，必其赏罚，尽其地力，以多其积；致其民死以坚其城守[8]，天下得其地则其利少，攻其国则其伤大，万乘之国莫敢自顿于坚城之下[9]，而使强敌裁其弊也[10]，此必不亡之术也。舍必不亡之术而道必灭之事[11]，治国者之过也。智困于内而政乱于外，则亡不可振也[12]。

民之政计[13]，皆就安利如辟危穷[14]。今为之攻战[15]，进则死于敌，退则死于诛，则危矣；弃私家之事而必汗马之劳[16]，家困而上弗论[17]，则穷矣。穷危之所在也，民安得勿避？故事私门而完解舍[18]，解舍完则远战，远战则安。行货赂而袭当涂者则求得[19]，求得则私安。私安则利之所在，安得勿就？是以公民少而私人众矣[20]。

〔注释〕

①鄙谚：民间谚语。

②贾（gǔ）：做生意。

③工：通“功”，成功。

④希：很少。

⑤周去秦为从：据《史记·周本纪》记载，周赧王本来依附秦国，公元前256年，周赧王害怕被秦国消灭，背离了秦国，参加了赵、魏、楚对秦的战争，被秦昭王打败后只能献地投降。去，背离。

⑥期（jī）年：一周年。举：攻陷，这里指被攻取。

⑦卫离魏为衡:卫国原来亲附魏国,后背离魏国与秦国连横,于公元前254年被魏国消灭。

⑧致其民死:使其百姓拼死。

⑨顿:困顿。

⑩裁其弊:趁其疲惫而加以制裁。弊,疲困。

⑪道:实行。

⑫振:挽救。

⑬政计:通常的打算。政,通“正”。

⑭就:接近,趋向。如:而。辟(bì):通“避”,躲避。

⑮为:使。

⑯汗马之劳:指战争的劳苦。

⑰论:过问。

⑱完解舍:指具备了免除兵役的条件。完,具备。解舍,指解除、免除赋税兵役,是为当时常语。

⑲袭:因,这里是依附之意。当涂者:即重臣。涂,道路。求得:要求得到满足。

⑳公民:为君主服务的人。私人:为权臣贵族服务的人。

〔译文〕

乡间谚语说:“长袖善舞,多钱善贾。”这就是说,物质条件越好越容易取得功效。所以国家安定强盛,谋事就容易成功;国家衰弱混乱,计策就难以实现。所以秦国使用的计谋,即使改变十次也很少失败;燕国使用的计谋,即使改变一次也很难成功。这并不是被秦国任用的人智慧一定高,被燕国任用的人脑子一定笨,而是因为这两个国家的治乱条件大不相同。所以西周背弃秦国参与合纵,只一年工夫就被吞灭了;卫国背离魏国参与连衡,仅半年工夫就被消灭了。这就是说合纵灭了西周,连衡亡了卫国。假使西周和卫国不急于听从合纵连横的计谋，而将国内政治严加整顿，明定法律禁令，信守赏罚制度，努力开发土地来增加积累，使民众拼死去坚守城池，那么，天下各国即使夺得了他们的土地也只能捞到不多的好处，而进攻他们却会伤亡很大。就算拥有万乘兵车的大国也不敢在这样的坚城之下把自己拖垮，而让别的强敌趁着自己疲惫来整治自己，只有这样才是使国家绝对不会灭亡的方法。丢掉这种必然不会亡国的办法，却去做势必会招致亡国的事情，这是治理国家的人的过错。在外交上无计可施，在内政上又陷于混乱，那么国家的灭亡就无法挽救了。

人们的习惯想法，都是追求安逸和私利而避开危险和穷苦。如果让他们去打仗，前进会被敌人杀死，后退要受军法处置，就处于危险之中了；放弃个人的家业，承受作战的劳苦，家里有困难而君主不予过问，就置于穷困之中了。穷困和危险交加，民众怎能不逃避呢？所以他们投靠私门贵族，这样就具备了免除兵役的条件，免除兵役的条件具备了就可以远离战争，远离战争也就可以得到安全了。用钱财贿赂当权者就可以使自己的要求得到满足，要求满足了就能够保证自身的安全。平安有利的事情明摆在那里，民众怎能不去追求呢？这样一来，为君主出力的人就少了，而依附私门的人就多了。

夫明王治国之政，使其商工游食之民少而名卑，以寡趣本务而趋末作[①]。今世近习之请行则官爵可买[②]，官爵可买则商工不卑也矣；奸财货贾得用于市[③]，则商人不少矣。聚敛倍农而致尊过耕战之士，则耿介之士寡而商贾之民多矣[4]。是故乱国之俗,其学者,则称先王之道以籍仁义[5],盛容服而饰辩说[6],以疑当世之法而贰人主之心[7]。其言古者,为设诈称[8],借于外力,以成其私而遗社稷之利[9]。其带剑者,聚徒属,立节操,以显其名而犯五官之禁[10]。其患御者[11],积于私门,尽货赂而用重人之谒,退汗马之劳。其商工之民,修治苦窳之器[12],聚弗靡之财[13],蓄积待时而侔农夫之利[14]。此五者,邦之蠹也。人主不除此五蠹之民,不养耿介之士,则海内虽有破亡之国,削灭之朝,亦勿怪矣。

〔注释〕

①以:因为。趣:趋向。本务:根本的事务,即农业。末作:下贱的行业,指工商。

②近习:君主的亲信。请:请托。行:盛行。

③奸财货贾:指投机倒把的商业活动。

④耿介之士:光明正直的人。

⑤籍:通"藉",凭借。

⑥盛容服:使仪表端庄、服饰华美。

⑦贰:惑乱,动摇。

⑧为设:虚构事实。为,通"伪"。诈称:说谎弄假。

⑨遗:丢弃。

⑩五官之禁:泛指国家法令。五官,司徒、司马、司空、司士、司寇。

⑪患御者:指逃避兵役的人。

⑫苦窳(yǔ)之器:质量粗劣的器物。

⑬弗靡:不细好。靡,细好。财:财物,多指布帛米粟等生活必需物。

⑭侔:取。

〔译文〕

明君治理国家的政策,总是要使工商业者和游手好闲的人尽量减少,而且名位卑下,以免从事农耕的人少而致力于工商业的人多。现在社会上向君主亲近的侍臣行贿请托的风气很流行,这样官爵就可以用钱买到;官爵可以用钱买到,那么工商业者的地位就不会低贱了;投机倒把的商业活动可以在市场上通行,那么商人就不会少了。他们搜括到的财富超过了农民收入的几倍,他们获得的尊贵地位也远远超过从事耕战的人,结果光明正直的人就越来越少,而经营商业的人就越来越多。因此,造成国家混乱的风气是,那些著书立说的人,称引先王之道来宣扬仁义道德,讲究仪容服饰而文饰巧辩言辞,用以扰乱当今的法令,从而动摇君主实行法治的决心。那些纵横家们,虚构事实招摇撞骗,借助于国外势力来达到私人目的,却把国家的利益放到了一边。那些游侠刺客,聚集党徒,标榜气节,以图显身扬名,结果触犯国家禁令。那些逃避兵役的人,大批依附权臣贵族,肆意行贿,而借助于重臣的请托,逃避从军作战的劳苦。那些工商业者,制造粗劣器具,聚集一些不细不好的布帛米粟等生活必需品,囤积居奇,待机出售,希图从农民身上牟取暴利。上述这五种人,都是国家的蛀虫。君主如果不除掉这五种像蛀虫一样的人,不收养光明正大的人,那么天下即使出现破败沦亡的国家、地削名除的朝廷,也不足为怪了。

显　学

显学，就是影响广泛、地位显赫的学问，这里指当时阵容强大、声名远播的儒、墨两家学派，韩非在这篇文章中驳斥了这两家的政治主张，并阐述了自己的法治思想，这也正反映了战国时期百家争鸣的兴盛局面。

韩非以功利主义的刑名参验为手段，以法度为立场，尖锐地斥责了取舍不同的儒、墨后学是"愚诬之学，杂反之行"，进而提出君主兼听完全相反的儒、墨学说，是造成国家混乱的根源。与此同时，他希望人君利用权势禁止学术讨论，对异己的思想者"宜去其身而息其端"；认为民智"犹婴儿之心也"，反对儒、墨提出的"得民之心"等等，这些观点也对后世统治者的文化专制政策产生了极其深远的影响。

本文逻辑严密，层层深入，比喻贴切，通俗易懂，富有极强的说服力，将儒、墨两家对富国强兵的危害揭示得淋漓尽致。但韩非关于"民知不足以师用"等观点，也说明他在思想上还具有很大的局限性。

世之显学，儒、墨也。儒之所至①，孔丘也②。墨之所至，墨翟也③。自孔子之死也，有子张之儒④，有子思之儒⑤，有颜氏之儒⑥，有孟氏之儒⑦，有漆雕氏之儒⑧，有仲良氏之儒[9]，有孙氏之儒[10]，有乐正氏之儒[11]。自墨子之死也，有相里氏之墨[12]，有相夫氏之墨[13]，有邓陵氏之墨[14]。故孔、墨之后，儒分为八，墨离为三，取舍相反不同，而皆自谓真孔、墨；孔、墨不可复生，将谁使定世之学乎？孔子、墨子俱道尧、舜，而取舍不同，皆自谓真尧、舜；尧、舜不复生，将谁使定儒、墨之诚乎[15]？殷、周七百余岁，虞、夏二千余岁，而不能定儒、墨之真；今乃欲审尧、舜之道于三千岁之前[16]，意者其不可必乎[17]！无参验而必之者，愚也；弗能必而据之者，诬也[18]。故明据先王，必定尧、舜者，非愚则诬也。愚诬之学，杂反之行[19]，明主弗受也。

〔注释〕

①至：指造诣最高的。

②孔丘：字仲尼，春秋时期鲁国人，儒家学派的始祖。

③墨翟（dí）：春秋战国之际宋国人，墨家学派创始人，倡“兼爱”“非攻”“尚贤”“尚同”之说。

④子张：孔子弟子，姓颛孙，名师，字子张，春秋时期陈国人。

⑤子思：孔子之孙，名伋，字子思，相传《中庸》《缁衣》等为其作。

⑥颜氏：孔子弟子颜姓的有很多，此处不知指何人，疑即是颜回。

⑦孟氏：即孟子，名轲，战国时期邹人，曾受业于子思之门人，继承和发展了孔丘的思想，是战国中期儒家的代表人物，今存有《孟子》一书。

⑧漆雕氏：孔子弟子，姓漆雕，名启。

⑨仲良氏：即仲良子，战国时期鲁国人。

⑩孙氏：即荀况，战国时赵人，曾讲学于齐国稷下，为一时儒宗，今存有《荀子》一书。

⑪乐正氏:孔子门下曾参的弟子,姓乐正,名子春,春秋时期鲁国人。

⑫相里氏:指相里勤,南方墨家学派的代表。

⑬相夫氏:又作伯夫氏,事迹无考。

⑭邓陵氏:即邓陵子,《庄子·天下》称其为“南方之墨者”。

⑮诚:真实。

⑯乃:反而。

⑰意者:推测,想来。必:确定。

⑱诬:欺骗。

⑲杂反:杂乱矛盾。

〔译文〕

当今世上最显赫的学派是儒家和墨家。儒家学说里造诣最高的人是孔丘。墨家学说里造诣最高的人是墨翟。自从孔子死后,儒家有子张、子思、颜氏、孟氏、漆雕氏、仲良氏、孙氏、乐正氏各派。自从墨子死后,墨学有相里氏、相夫氏、邓陵氏各派。所以孔丘、墨翟死后,儒家分为八派,墨家分为三派,他们对孔、墨学说的取舍相互矛盾,观点歧异,却都自称得了孔、墨的真传。孔丘、墨翟两人不能复活,让谁来鉴定社会上这些学派的真假呢?孔子、墨子全都赞颂尧、舜,但他们对尧、舜的取舍又大不相同,却都自称得到了真正的尧舜之道。尧和舜不能复活,让谁来判定儒、墨两家学说哪一家是尧舜之道的真传呢?自儒家所称道的殷、周之际到现在有七百多年,自墨家所推崇的虞、夏之际到现在有两千多年,就已经不能判断儒、墨两家所讲的哪个是真实的了;现在还要去考察三千多年前尧、舜的思想,想来更是无法确定的吧!不用事实加以检验就对事物做出判断,那就是愚蠢;不能正确判断就引为根据,那就是欺骗。所以,公开宣称依据先王之道，一定要肯定尧、舜的一切，不是愚蠢，就是欺骗。对于这种愚蠢欺骗的学说、杂乱矛盾的行为，英明的君主是不能接受的。

墨者之葬也，冬日冬服，夏日夏服，桐棺三寸[①]，服丧三月，世以为俭而礼之。儒者破家而葬[②]，服丧三年，大毁扶杖[③]，世主以为孝而礼之。夫是墨子之俭，将非孔子之侈也；是孔子之孝，将非墨子之戾也[④]。今孝、戾、侈、俭俱在儒、墨，而上兼礼之。漆雕之议，不色挠，不目逃，行曲则违于臧获[⑤]，行直则怒于诸侯，世主以为廉而礼之。宋荣子之议[⑥]，设不斗争[⑦]，取不随仇[⑧]，不羞囹圄，见侮不辱，世主以为宽而礼之。夫是漆雕之廉，将非宋荣之恕也；是宋荣之宽，将非漆雕之暴也。今宽、廉、恕、暴俱在二子，人主兼而礼之。自愚诬之学、杂反之辞争，而人主俱听之，故海内之士言无定术，行无常议。夫冰炭不同器而久，寒暑不兼时而至，杂反之学不两立而治。今兼听杂学缪行同异之辞[⑨]，安得无乱乎？听行如此，其于治人，又必然矣。

〔注释〕

①桐棺：桐木做的棺材。桐木木质粗劣，极容易腐烂。

②破家：指倾家荡产。

③大毁扶杖：句谓因悲哀而极大地损坏了身体，以致要依靠拐杖才能走路。

④戾：乖戾，违反人情。

⑤行曲则违于臧获：自己的行为如果错了，即使碰到奴仆也要退让。臧获，奴仆。

⑥宋荣子：战国时宋人，曾讲学于齐国稷下。

⑦设：提倡。

⑧随仇：立即复仇。

⑨缪：荒谬。

〔译文〕

墨家的葬礼主张是，冬天死就穿冬天随身的衣服作寿衣，夏天死就穿夏天随身的衣服作寿衣，只要三寸厚的桐木棺材，守丧三个月。当今的君主认为这是节俭，因而很敬重他们。而儒家提倡不惜倾家荡产来大办葬礼，守丧需经三年，要悲痛到身体受损伤、扶杖而行的程度，当今的君主认为这是尽孝，因而很敬重他们。要是赞成墨子的节俭，那就应该反对孔子的奢侈；要是赞成孔子的尽孝，那就应该反对墨子的不孝。现在是尽孝和不孝、奢侈和节俭同时存在于儒、墨两家的学说之中，而君主却都要同样地加以尊礼。漆雕氏的主张是，面对威胁时脸上不露出屈服顺从的表情，眼里不显出怯懦逃避的神色，自己做错了事，即使对奴仆也要避让；行为正直诚实，即使对于诸侯也敢于抗争。当今君主认为这是为人耿直，因而加以敬重。宋荣子的主张是提倡不和别人争斗，倡导不报复仇恨，坐进监狱不感羞愧，被人欺侮不觉耻辱。当今君主认为这是为人能宽恕，因而加以敬重。要是赞成漆雕氏的为人耿直，那就应该反对宋荣子的为人随和；要是赞成宋荣子的宽容，那就应该反对漆雕氏的凶暴。现在是宽容与耿直、随和与凶暴同时存在于这两个人的主张中，而君主对他们都要同等地加以敬重。显然属于愚蠢骗人的学说、杂乱矛盾的争论，而君主却都要听信不疑，所以天下的学者，言论没有统一的思想，行为没有固定的准则。要知道，冰和炭是不能长久放在同一个器皿中，寒冷和暑热不能同时到来，杂乱矛盾的学说不能兼收并蓄地用来治理国家。现在君主对于那种杂乱、荒谬和互相矛盾的言行都同时听信，怎么能不造成混乱呢？既然君主听话和行事这个样子，那么在治理民众方面也就必然如此了。

今世之学士语治者，多曰："与贫穷地以实无资[①]。"今夫与人相若也，无丰年旁入之利[②]，而独以完给者[③]，非力则俭也。与人相若也，无饥馑、疾疚、祸罪之殃[④]，独以贫穷者，非侈则惰也。侈而惰者贫，而力而俭者富。今上征敛于富人以布施于贫家，是夺力俭而与侈惰也[⑤]，而欲索民之疾作而节用，不可得也。

〔注释〕

①实：充满，使富足。

②旁入：额外收入。

③完给：生活条件充裕。

④饥馑：泛指荒年。疚：久病。

⑤与：通"予"，给予。

〔译文〕

如今世上的学者谈论起国家治理的问题，总是说："给贫穷的人一些土地，以充实他们匮乏的资财。"而今有的人和别人的情况相类似，并没有丰收年景和其他额外收入的好条件，但唯独有的人能做到自给自足，这若不是由于勤劳，就是他节俭的缘故。还有的人和别人的情况也相类似，没有遇到荒年、大病、横祸、犯罪等灾殃，却唯独他陷入贫穷困苦，这若不是由于奢侈，就是他懒惰的缘故。奢侈和懒惰的人会贫穷，而勤劳和节俭的人能富足。现在君主向富足的人家征收财物去散给贫穷的人家，这是夺来勤俭节约者的财物而送给奢侈懒惰的人，这样还想督促民众努力耕作、省吃俭用，那就根本办不到了。

今有人于此，义不入危城，不处军旅，不以天下大利易其胫一毛①，世主必从而礼之，贵其智而高其行，以为轻物重生之士也。夫上所以陈良田大宅，设爵禄，所以易民死命也②。今上尊贵轻物重生之士，而索民之出死而重殉上事③，不可得也。藏书策，习谈论，聚徒役，服文学而议说，世主必从而礼之，曰："敬贤士，先王之道也。"夫吏之所税，耕者也；而上之所养，学士也。耕者则重税，学士则多赏，而索民之疾作而少言谈，不可得也。立节参明④，执操不侵，怨言过于耳，必随之以剑，世主必从而礼之，以为自好之士⑤。夫斩首之劳不赏，而家斗之勇尊显，而索民之疾战距敌而无私斗⑥，不可得也。国平则养儒侠，难至则用介士⑦。所养者非所用，所用者非所养，此所以乱也。且夫人主于听学也，若是其言，宜布之官而用其身；若非其言，宜去其身而息其端。今以为是也而弗布于官，以为非也而不息其端。是而不用，非而不息，乱亡之道也。

〔注释〕

①胫:小腿。

②易:换取。死命:拼死效力。

③出死:献出生命。重:看重。殉上事:为君主的事业而牺牲。

④节:气节。参明:高明,这里指标榜高明。

⑤自好:这里指自尊。

⑥距:通“拒”,抵抗。

⑦介士:武士。

〔译文〕

假如这里有一个人,他坚决不进入危险的地区,不到军队里参军打仗,不愿为天下民众的利益而拔下他小腿上的一根汗毛,当世的君主一定会听从并重用他,推崇他的见识,赞扬他的行为,认为这是轻视财物而爱惜自己生命的人。君主之所以拿出肥美的田地和宽大的住宅作为赏赐,设置官爵和俸禄,为的就是换取民众去为君主的事业拼死效命。现在君主既然尊重那些轻视财物而爱惜自己生命的人,再想要求民众出生入死、看重为君上的事业献身,就根本不可能了。有的人收藏书册,演习辩论,聚徒讲学,从事文章学术事业来高谈阔论地进行游说,对于这些人,当代君主一定会听信和敬重他,并且说:“尊敬贤士是先王的制度。”官吏们征税的对象是种田的人,而君主供养的却是那些不劳而食的学士。种田的人负担着沉重的赋税,不劳而食的学士却得到了丰厚的赏赐,这样,想要督责民众努力耕作而少说空话,那是不可能办到的。还有的人讲求气节,标榜自己的高明,坚持自己的操守而不容侵犯,只要一听到怨恨自己的话,马上拔剑而起。对于这样的人，当代君主一定会听从并敬重他，认为这是爱惜自己名誉的人。对战场上杀敌立功的人不予奖赏，却让那些为了私仇逞勇斗狠的人尊贵起来，这样要想求得民众努力作战、奋勇杀敌而不去私斗，是根本不可能的。国家太平的时候供养儒生和侠客，危难到来时却要使用战士打仗。平时供养的人不是要使用的人，要使用的人不是平时供养的人，这就是发生祸乱的原因。再说，君主在听取一种学说的时候，如果认为是对的，就应该正式向官府公布，并任用倡导的人；如果认为是错误的，就应该驱逐他们，并制止他们的言论。现在认为正确的，却不在官府予以公布，认为错误的，又不从根本上加以禁止。对的不采纳，错的不禁止，这是会导致国家混乱和灭亡的做法啊。

澹台子羽[①]，君子之容也，仲尼几而取之[②]，与处久而行不称其貌。宰予之辞[③]，雅而文也，仲尼几而取之，与处久而智不充其辩[④]。故孔子曰："以容取人乎，失之子羽；以言取人乎，失之宰予。"故以仲尼之智而有失实之声。今之新辩滥乎宰予[⑤]，而世主之听眩乎仲尼[⑥]，为悦其言，因任其身，则焉得无失乎？是以魏任孟卯之辩而有华下之患[⑦]，赵任马服之辩而有长平之祸[⑧]。此二者，任辩之失也。夫视锻锡而察青黄[⑨]，区冶不能以必剑[⑩]；水击鹄雁，陆断驹马，则臧获不疑钝利。发齿吻形容[⑪]，伯乐不能以必马；授车就驾而观其末涂[⑫]，则臧获不疑驽良。观容服，听辞言，仲尼不能以必士；试之官职，课其功伐[⑬]，则庸人不疑于愚智。故明主之吏，宰相必起于州部[14]，猛将必发于卒伍[15]。夫有功者必赏，则爵禄厚而愈劝；迁官袭级，则官职大而愈治。夫爵禄大而官职治，王之道也。

〔注释〕

①澹台子羽：姓澹台，字子羽，春秋时期鲁国人，孔子弟子。

②几：近于，这里是认为差不多的意思。

③宰予：名予，字子我，春秋时期鲁国人，孔子弟子。

④充：满足，这里是相符合的意思。

⑤滥：超过。

⑥眩：迷惑，不清醒。

⑦孟卯：又作芒卯、昭卯，战国时期魏国的将领，有口才。华下之患：公元前273年，赵、魏两国联合攻打韩国的华阳（即华下），秦国将领白起率兵援助韩国，打败魏将孟卯，魏国被迫割地求和。

⑧马服：即马服君，赵国大将赵奢的封号，这里指他的儿子赵括。长平之祸：公元前260年，秦国攻打赵国，与赵军战于长平，喜好纸上谈兵的赵括兵败，赵军被坑杀四十万。

⑨锻锡：古代炼铜铸剑时要掺假锡。青黄：指冶炼时的火色。

⑩区（ōu）冶：即欧冶子，春秋末期越国铸剑名匠。必：判定。

⑪发：查看。吻：嘴唇。

⑫末涂：终点。涂，通“途”，道路。

⑬课：考核。功伐：功绩。

⑭州部：古代地方行政单位。

⑮发：出身。伍卒：古代军队基层编制，百人为卒，五人为伍。

〔译文〕

澹台子羽有着君子的仪表，孔子认为他和君子差不多，就收他做弟子，和他相处时间长了，却发现他的品行和他的容貌很不相称。宰予的言辞非常文雅，孔子认为他和学者差不多，就收他做弟子，和他相处的时间长了，却发现他的智力和他的口才很不相符。因此孔子说："按照容貌来判断一个人吧，在子羽身上行不通；按照言谈来判断人吧，在宰予身上行不通。"看来，即使凭借孔子那样的聪明，也还有看人失实的名声。现在流行起来的巧辩大大超过了宰予，而当世的君主听起话来又比孔子还要糊涂，因为喜欢他的言论，就去任用他这个人，这怎么能够不出差错呢？所以魏国听信孟卯的夸夸其谈，结果带来了华阳之战的惨败；赵国听信赵括的纸上谈兵，结果造成了长平之战的大祸。这两件事，都是任用能说会道的人而铸成了大错。如果炼铜造剑时只看所掺的锡量多少和炉火的颜色，就是铸剑能手欧冶子也不能据此断定剑的好坏，可是用这把剑到水上能击杀鹄、雁，在陆上能劈杀驹马，那么就是奴仆也不会怀疑这把剑是否锋利。如果只是扒开马嘴看牙齿、观察马的外表，就是伯乐也不能判断马的好坏；可是让马套上车让它驾着车奔跑，一直看它跑到路途的终点，就是奴仆也不会怀疑这匹马的优良。如果只看一个人的相貌、服饰，只听一个人的说话议论，就是孔子也不能断定这个人的能力高低；通过担任的官职试用他，考察他的功绩，那么就是一个平庸的人也不会怀疑他是愚蠢还是聪明了。所以，英明的君主任命的官吏，宰相一定是从地方低级官吏中选拔上来的，猛将一定是从基层士兵挑选出来的。有功劳的人必定给予奖赏，那么俸禄越优厚他们就越受鼓励；要逐级提升官员，那么官职越高他们就越能办事。高官厚禄，公务大治，这是实现称王天下的有效措施。

磐石千里[①]，不可谓富；象人百万[②]，不可谓强。石非不大，数非不众也，而不可谓富强者，磐不生粟，象人不可使距敌也[③]。今商官技艺之士[④]，亦不垦而食，是地不垦，与磐石一贯也[⑤]。儒侠毋军劳而显荣者[⑥]，则民不使，与象人同事也。夫祸知磐石象人，而不知祸商官儒侠为不垦之地、不使之民，不知事类者也。

〔注释〕

①磐(pán)石：大石头，这里指布满大石头的土地。

②象人：木偶，陶俑，古代用作殉葬品。

③距：通“拒”，抵抗。

④商官：靠金钱捐官的商人。技艺之士：指手工业者。

⑤一贯：一样。

⑥毋：无，没有。

〔译文〕

不能种庄稼的石头地，纵然拥有千里，也不能称为富有；泥土或木头做成的人偶，即使拥有百万个，也不能称为强大。石头地不是不广大，俑人的数量也不是不多，之所以不能称为富有和强盛，是因为巨石上不能生产粮食，人偶不能用来抗击敌人。现在经商谋官和凭技艺牟利的人，也都是不靠种田吃饭的人，这样土地得不到耕种，就和石头地毫无区别。儒生和游侠没有军功却得以显贵和出名，不会听从驱使，就和人偶毫无区别。现在只知道把石头地和人偶看成祸害，却不知道经商谋官和儒生、游侠，也像不能耕种的石头地和不听驱使的人偶一样是祸害，那就是不懂得根据事情同类相推的人了。

故敌国之君王虽说吾义①，吾弗入贡而臣②；关内之侯虽非吾行③，吾必使执禽而朝④。是故力多则人朝，力寡则朝于人，故明君务力。夫严家无悍虏，而慈母有败子。吾以此知威势之可以禁暴，而德厚之不足以止乱也。

〔注释〕

①说：同“悦”，喜欢。

②臣：臣服，这里指使对方向自己臣服。

③关内之侯：即关内侯，战国时的一种爵位，秦制爵第十九级为关内侯。

④执禽：古代臣子朝见天子或诸侯时，拿着作为进见礼物的禽鸟，表示臣服。

〔译文〕

因此，实力相当的别国君主尽管称赞我们的道义，我们却并不能叫他进贡称臣；关内侯虽然反对我们的行为，我们却肯定能让他拿着礼物来朝拜。可见力量大就有人来朝拜，力量小就得去朝拜别人，所以圣明的君主务求发展实力。在严厉的家庭中不会有强悍不驯的奴仆，在慈母的娇惯下却会养出败坏门风的子女。我由此得知威严和权势能够禁暴，而道德再好也不足以制止混乱。

夫圣人之治国，不恃人之为吾善也，而用其不得为非也。恃人之为吾善也，境内不什数①；用人不得为非，一国可使齐②。为治者,用众而舍寡,故不务德而务法。夫必恃自直之箭,百世无矢;恃自圜之木③,千世无轮矣。自直之箭,自圜之木,百世无有一,然而世皆乘车射禽者何也?隐栝之道用也④。虽有不恃隐栝而有自直之箭、自圜之木,良工弗贵也。何则?乘者非一人,射者非一发也。不恃赏罚而恃自善之民,明主弗贵也。何则?国法不可失,而所治非一人也。故有术之君,不随适然之善⑤,而行必然之道。

〔注释〕

①什:十,形容很少。
②齐:整顿。
③圜:同"圆"。
④隐栝(guā):矫正曲木的工具。
⑤适然:偶然。

〔译文〕

圣明的君主治理国家,不是依赖人们主动地替自己做好事,而要使得人们不敢做坏事。要是靠人们主动地替自己做好事,全国也数不到十个做好事的人;要是形成人们不敢做坏事的局面,就可以使全国整齐一致。治理国家的人需要采用多数人都得遵守的措施,不能用只有少数人才能做到的办法,因此不应该推崇德治,而应该实行法治。一定要依靠自然生长得挺直的箭杆,那么一百代也造不出箭来;一定要依靠自然生长得滚圆的木材,那么一千代也造不成车轮来。自然长成的直杆和圆木,既然千年万载也没有一个，那为什么大家还都能有车坐、还都能射箭打猎呢？那是因为矫正竹木的工具已经被人们采用。虽然也有不经过加工就自然合用的直杆和圆木，但好工匠是不看重它们的。这是为什么呢？因为要坐车的不是一个人，射箭打猎也不是只发一箭。虽然也有不靠赏罚就能自行去做好事的人，但明君是不看重他的。这是为什么呢？因为国家的法律不可丧失，而所要统治的也不是一个人。所以有韬略的君主，不追求少数人偶然做得出的善行，而推行多数人必然做得到的法治措施。

今或谓人曰："使子必智而寿。"则世必以为狂[①]。夫智，性也；寿，命也。性命者，非所学于人也。而以人之所不能为说人[②]，此世之所以谓之为狂也。谓之不能然，则是谕也[③]。夫谕，性也。以仁义教人，是以智与寿说也，有度之主弗受也。故善毛啬、西施之美无益吾面[④]；用脂泽粉黛，则倍其初。言先王之仁义，无益于治；明吾法度，必吾赏罚者，亦国之脂泽粉黛也。故明主急其助而缓其颂，故不道仁义。

〔注释〕

①狂：说谎欺骗。
②说：同"悦"，喜欢。
③谕：奉承，讨好。
④毛啬、西施：古代的两个美女。

〔译文〕

如果现在有人对别人说："我一定能让你又聪明又长寿。"

那么大家肯定会认为这是说谎骗人。因为一个人的智力,是先天造成的;一个人的寿限,是命里注定的。这种天性和命定的东西,不是能从别人那里学来的。用人们不能做到的事去讨好人家,这便是大家说他说谎骗人的原因。向人家说那些无法做到的事,这便是奉承,而奉承是一种本性。儒家主张用仁义教导人,就像说“我一定能让你又聪明又长寿”去取悦别人一样,实行法治的君主是不会接受这种说教的。所以称赞毛嫱、西施的美丽,并不能使自己变得好看;用脂膏和粉黛化妆一番,就能比原来的容颜漂亮几倍。空谈先王的仁义,对于治理国家没有什么好处;彰明自己国家的法度,在国内坚决地实行赏罚,这也就是能使国家富强起来的脂膏和粉黛啊。所以圣明的君主急切地追求有效的手段,而不去理睬虚妄的颂扬,所以不讲儒家学派的仁义道德。

今巫祝之祝人曰[①]:“使若千秋万岁。”“千秋万岁”之声聒耳[②],而一日之寿无征于人[③],此人所以简巫祝也[④]。今世儒者之说人主,不言今之所以为治,而语已治之功;不审官法之事,不察奸邪之情,而皆道上古之传誉,先王之成功。儒者饰辞曰:“听吾言则可以霸王。”此说者之巫祝,有度之主不受也。故明主举实事,去无用,不道仁义者故[⑤],不听学者之言。

〔注释〕

①巫祝:古代从事迷信活动的人。

②聒(guō):声音嘈杂。

③征:效验。

④简:怠慢,轻慢。

⑤者:犹“之”。故:事。

〔译文〕

如今的巫祝为人祈祷时总是说:“愿你长生,能够千秋万岁!”这种“千秋万岁”的声音在耳边嘈杂不休,可是连给人多活一天的效验也没有,这就是人们看不起巫祝的原因。现在世上的儒家游说君主时,不谈现在如何才能治理好国家,反而说一些过去治理国家取得的功绩;不去考察官府法令这样的事务,不了解奸诈邪恶的实情,却都去称道上古流传的美谈和古代先王成就的功业。儒家言过其实地说:“要是听从我的主张,就可以称王称霸。”这就是游说者中的巫祝,实行法治的君主是不会接受的。所以,英明的君主做有实效的事情,抛弃对治国无用的东西,不空谈仁义道德,也不听信儒生的花言巧语。

今不知治者必曰:“得民之心。”欲得民之心而可以为治,则是伊尹、管仲无所用也,将听民而已矣。民智之不可用,犹婴儿之心也。夫婴儿不剔首则腹痛,不揊痤则寖益[①]。剔首、揊痤,必一人抱之,慈母治之,然犹啼呼不止。婴儿子不知犯其所小苦[②],致其所大利也。今上急耕田垦草以厚民产也,而以上为酷;修刑重罚以为禁邪也,而以上为严;征赋钱粟以实仓库,且以救饥馑、备军旅也,而以上为贪;境内必知介而无私解[③],并力疾斗,所以禽虏也[④],而以上为暴。此四者所以治安也,而民不知悦也。夫求圣通之士者，为民知之不足师用[5]。昔禹决江浚河，而民聚瓦石；子产开亩树桑，郑人谤訾[6]。禹利天下，子产存郑[7]，皆以受谤，夫民智之不足用亦明矣。故举士而求贤智，为政而期适[8]民，皆乱之端，未可与为治也。

〔注释〕

①揊(pì)：破开，割开。痤(cuó)：疖子。寖(jìn)益：渐渐加重。寖，逐渐。

②犯：这里指遭受。

③介：铠甲，代指武装。解：指免除兵役。

④禽：同"擒"。

⑤知：同"智"，智谋。师用：学习和采纳。

⑥谤訾(zī)：毁谤，咒骂。

⑦存：存问，关心。

⑧适：迎合。

〔译文〕

现在，不懂得如何治理国家的人一定会说："要顺应民心。"如果顺应民心就可以治理好国家，那么像伊尹、管仲这样的人才也就没有用处了，只要听任民众的意愿就可以了。民众的智谋是不可以采用的，就像婴儿的心智一样。婴儿不剃头发就会肚子痛，不剖开疖子病情就逐渐加重。而要给婴儿剃头发和剖疖子的时候，必须由一个人抱着，由慈爱的母亲去给他处理，即使这样他还会哭喊不止，因为婴儿并不知道承受一点小的痛苦就会得到解除痛苦的大利。如今君主急切地督促开荒种田，为的是增加民众的收入，却被民众认为是严酷；制定刑法，加重惩罚，为的是禁止奸邪的活动，却被民众认为是严厉；征收钱粮的赋税，用来充实国家的仓库，为的是把它们用于救济灾荒、供养军队，却被民众认为是贪婪；使国内民众必须知道披甲上阵，而不准私自免除兵役，同心协力并力作战，为的是虏获敌人，却被民众认为是暴虐。上述四项措施，都是为了使民众生活安定，可是民众却不知道为此高兴。君主所以要寻求圣明通达的人，就是因为民众的智谋不足以学习和采用。从前洪水泛滥时，大禹疏通江河，而民众却堆积瓦石去填塞；子产提倡开垦荒地、种桑养蚕，而郑国的民众却要责骂他。大禹使天下人获得利益，子产使郑国得以保全，但都受到人们的诽谤，可见民众的认识显然是不足以采用的。所以，选拔人才时希望得到贤人智士，治理国家时指望顺应民众的心理，都是造成混乱的根源，是不可能用来治理好国家的。